高等院校规划教材

U0818328

会计综合模拟实训教程

高新阳　史　琳　等编著

中国矿业大学出版社
·徐州·

内容简介

本书根据作者多年从事会计综合模拟实训教学的经验，依据财政部 2017 年印发修订的《企业会计准则》、2018 年发布的《〈企业会计准则第 14 号——收入〉应用指南 2018》《〈企业会计准则第 37 号——金融工具列报〉应用指南 2018》《〈企业会计准则第 22 号——金融工具确认和计量〉应用指南 2018》《〈企业会计准则第 42 号——持有待售的非流动资产、处置组和终止经营〉应用指南 2018》、2019 年发布的《关于修订印发 2019 年度一般企业财务报表格式的通知》等最新会计规范，以及财政部、国家税务总局 2019 年发布的《关于深化增值税改革有关政策的公告》，结合国际财务报告准则变化的最新动态，合理设计、精心编写而成。

本书遵循会计学专业课程之间的内在关联，实训内容体系完整，同时兼顾移动互联网等新技术给会计实务带来的挑战和冲击，强化了信息化实训。本实训教程具有内容完整、体系新颖、可操作性强、业务内容贴近企业实际、紧跟会计实务发展等特点，是应用型本科会计学专业模拟实训的经典之作。

图书在版编目(CIP)数据

会计综合模拟实训教程/高新阳等编著. —徐州：中国矿业大学出版社，2020.8

ISBN 978-7-5646-4448-2

Ⅰ. ①会… Ⅱ. ①高… Ⅲ. ①会计学—教材 Ⅳ. ①F230

中国版本图书馆 CIP 数据核字(2019)第 095587 号

书　　名　会计综合模拟实训教程
编　　著　高新阳　史　琳　等
责任编辑　姜　华
出版发行　中国矿业大学出版社有限责任公司
（江苏省徐州市解放南路　邮编 221008）
营销热线　(0516)83884103　83885105
出版服务　(0516)83995789　83884920
网　　址　http://www.cumtp.com　**E-mail**:cumtpvip@cumtp.com
印　　刷　虎彩印艺股份有限公司
开　　本　787 mm×1092 mm　1/16　**印张** 18.5　**字数** 460 千字
版次印次　2020 年 8 月第 1 版　2020 年 8 月第 1 次印刷
定　　价　48.00 元

前　言

大数据、人工智能、移动支付、云计算、数据挖掘等基于移动互联网的新技术革命正在颠覆传统的会计理论和会计方法，电子发票、电子档案、在线审计、数字签名、财务机器人、财务共享中心的出现对我国传统会计行业产生了前所未有的冲击。为了培养适应新技术、新产业、新业态、新模式要求的会计专业新人，我们在认真总结会计实训教学和研究成果的基础上，组织长期从事会计实训教学和研究的骨干教师对模拟企业会计实务进行精心设计，创造性地编写了《会计综合模拟实训教程》一书。本教程分上篇、中篇、下篇三部分。上篇为基础会计综合实训，中篇为财务会计综合实训，下篇为单项实训。本教程具有内容完整、体系新颖、可操作性强、业务内容贴近企业实际、紧跟会计业态发展等特点。

1. 业务内容新。本教程不但增加了体现会计业态新变化的业务内容，如原始凭证增加了支付宝、微信、网银等能够体现移动支付特色的票据，而且按照财政部 2017 年印发修订的《企业会计准则》、2018 年发布的《〈企业会计准则第 14 号——收入〉应用指南 2018》《〈企业会计准则第 37 号——金融工具列报〉应用指南 2018》《〈企业会计准则第 22 号——金融工具确认和计量〉应用指南 2018》《〈企业会计准则第 42 号——持有待售的非流动资产、处置组和终止经营〉应用指南 2018》、2019 年发布的《关于修订印发 2019 年度一般企业财务报表格式的通知》等最新会计规范以及财政部、国家税务总局 2019 年发布的《关于深化增值税改革有关政策的公告》的最新要求设计经济业务内容。

2. 综合性强。本教程综合了“基础会计”“财务会计”“成本会计”“税法”“财务分析”“审计学”“财务管理”“会计信息系统”等课程的核心内容和方法，设计的经济业务种类齐全，既包括企业最基本、最常见的经济业务，也包括在企业中虽然发生较少但实际工作中具有较强代表性的特殊业务。在实训内容的设计上，不但有传统的会计核算实训，而且增加了财务分析实训、审计实训、会计信息系统实训、ERP 沙盘模拟实训、审计信息系统实训、税务信息系统实训等内容，这些实训内容有利于培养学生的创新思维、提高学生的会计信息处理能力。

3. 业务安排循序渐进。本教程遵循课程之间的内在关联，循序渐进地安排实训内容。“基础会计综合实训”要求学生站在经济业务发生单位当事人的角度填制所有原始凭证，目的是让学生理解理论教学中经济业务的文字描述与原始凭证二者之间的异同，为“财务会计综合实训”奠定基础。“财务会计综合实训”中涉及的经济业务全部用真实的原始凭证来描述，目的是锻炼学生熟练解读原始凭证所描述的经济业务内容，从而实现理论与实践的融合。

4. 强化信息化系统实训。为了应对移动互联网给会计实务带来的挑战，为财务共享、业财融合、财务信息一体化等财务会计变革做好准备，本教程加大了信息化实训内容的比重，强化了专业软件的实训操作。比如：下篇增加了审计、纳税申报、ERP 沙盘模拟等多项信息化实训内容，通过在会计、审计、纳税申报等环节强化现代信息技术实训，切实提高学生的数据处理和数据分析能力。

5. 实训内容选择灵活。根据模拟实训时间长短，可以灵活选择本教程的实训内容。在实训过程设计上，支持采用分段实训的方式。模拟实训可以根据教学要求和时间安排，选择上篇、中篇、下篇三部分的全部或其中一部分进行实训。其中，中篇的“财务分析实训”和“审计实训”所需的资料可以以“会计核算实训”的结果为素材，也可以以上一年级学生已完成的会计模拟实训资料为素材。

本教程由华北科技学院高新阳和史琳等编著，并由高新阳对全书的框架结构进行了设计。各章节撰写分工如下：高新阳撰写了中篇的“财务分析实训”；史琳撰写了下篇的“税务信息系统实训”；高新阳和史琳合作撰写了上篇“基础会计综合实训”和中篇的“会计核算实训”；何其红撰写了中篇的“审计实训”和下篇的“审计信息系统实训”；路耀芬撰写了下篇的“ERP 沙盘模拟实训”；马春燕撰写了中篇的“会计信息系统实训”。由于编者水平有限，书中疏漏之处在所难免，恳请广大读者和同行批评指正。

高新阳

2020 年 2 月

目　录

上篇　基础会计综合实训

中篇　财务会计综合实训

下篇　单项实训

上篇　基础会计综合实训

基础会计综合实训是会计学专业重要的基础实践性教学环节之一，旨在让学生综合运用基础会计所学的基本理论、基本技能、基本知识，循序渐进地模拟一个企业的简单会计核算事项，着重练习原始凭证的填制方法，体会原始凭证在会计核算中的作用，完成记账凭证编制、账簿登记、成本计算、会计报表编制的简单会计循环过程，为顺利开展财务会计综合实训奠定基础。

一、实训目的

利用基础会计所学的会计核算方法进行账、证、表一体化实训，从实务层面进一步体会会计基本理论和会计基本方法在实际工作中的具体运用，实现理论与实际相结合。

二、实训要求

1. 掌握原始凭证的填制方法。认真领会红星食品厂 2019 年 12 月份每笔经济业务的实质，站在业务发生单位当事人的角度，填制与业务内容相关的所有原始凭证和汇总原始凭证。

2. 掌握记账凭证的填制方法。根据原始凭证填制收款凭证、付款凭证和转账凭证，认真领会借贷记账法在会计实务中的运用。

3. 掌握科目汇总表的编制，掌握日记账、总账和明细账的登记方法。

4. 掌握资产负债表和利润表的编制思路和方法。

三、实训资料

（一）企业概况

1. 企业名称：红星食品厂（增值税一般纳税人）；法定代表人：王金宝；主管会计工作负责人：李海波；会计机构负责人：周晓琳；会计：刘燕；出纳：田红玲；预留银行印鉴为：长宁市红星食品厂财务专用章和法定代表人王金宝私章。

2. 该企业位于长宁市建设路 27 号，电话 35578825，开户银行为中国工商银行广场办事处，账号 180021，税务登记号 13020185789236679L，库存现金限额 1 000 元。

3. 该企业设有面包车间和蛋糕车间两个生产车间，生产面包、蛋糕两种产品。

4. 存货按实际成本核算，材料出库单位成本采用月末一次加权平均法计算。其中，原材料及库存商品出库单位成本均保留两位小数，如有尾差计入结存存货成本。产品成本计算采用品种法，制造费用按生产工人比例在各种产品之间进行分配，分配率保留 4 位小数。领用材料月末统一计价入账。

5. 采用科目汇总表账务处理程序登记总账。

6. 按本月会计利润总额计算预缴企业所得税，年终汇算清缴。截至 2019 年 11 月 30

日，以前各年度应纳税所得额均大于零，本年度1～11月份各月会计利润总额均大于零，不存在不征税收入、免税收入、减免所得税额，且截至2019年11月30日无欠缴及多缴所得税情况。

7. 机器设备使用期限均为5年，房屋建筑物使用期限均为10年，固定资产均采用平均年限法计提折旧，无残值。

8. 动力电通过制造费用核算，然后分配到各产品成本中。

（二）业务往来单位信息

红星食品厂业务往来单位信息如下：

业务往来单位信息表

序号	名称	纳税人识别号	地址、电话	开户行及账号
1	长宁市面粉二厂	1302013687690546722L	长宁市周口路18号、36568825	工行周口办543216
2	长宁市欣欣食品店	1302045687690546824T	长宁市东风路27号、36566623	工行大同办567468
3	长宁市绿宝贸易公司	1302032687690546758N	长宁市和平街7号、34568800	工行和平办578954
4	刘万春		长宁市建设路16号、34568757	
5	长宁市青龙劳保用品商店	1302032687690543567B	长宁市远地街3号、39987634	工行远地办556823
6	长宁市机器设备厂	130201317579868678 5M	长宁市洪顺街8号、39987678	工行宏宇办554689
7	长宁市林香斋饭店	130201317579867854P	长宁市和顺街6号、39987359	工行春顺办525415
8	长宁市货物运输公司	130201317579872388R	长宁市大同街12号、39987561	工行大同办353360
9	长宁市红星食品店	130201317579872377Y	长宁市大明路12号、34567350	工行顺义办353322
10	长宁市华茂食品店	130201317579875577D	长宁市东胜路25号、34561689	工行前门办355588
11	长宁市自来水公司	130201317449875112B	长宁市花园路22号、34561624	工行花园办322266
12	长宁市供电局	130201317449854379Q	长宁市土桥路22号、34561758	工行土桥办254341

（三）期初余额表

红星食品厂 2019 年 12 月期初余额表如下：

红星食品厂期初余额表　　单位：元

总账科目	明细科目	借方余额	总账科目	明细科目	贷方余额
库存现金		500	短期借款		100 000
银行存款		20 000		银行借款	100 000
应收账款		2 100	应付账款		5 172
	华茂食品店	800		河东鸡场	2 000
	青胜蓝商场	1 300		面粉二厂	3 172
其他应收款		300	应付职工薪酬		8 000
	吴林	300	实收资本		150 000
原材料		4 872	利润分配		46 000
	面粉 1 400 kg	2 352		未分配利润	46 000
	奶油 40 kg	248	累计折旧		60 600
	鸡蛋 250 kg	1 050		面包炉 5 台	7 000
	白糖 250 kg	560		蛋糕机 3 台	3 600
	食油 100 kg	390		厂房 3 座	50 000
	酵母 8 kg	272			
固定资产		342 000			
	面包炉 5 台	30 000			
	蛋糕机 3 台	12 000			
	厂房 3 座	300 000			
合计		369 772	合计		369 772

（四）实训业务

长宁市红星食品厂 2019 年 12 月发生业务如下：

1. 1 日，从长宁市面粉二厂购面粉 1 200 kg，单价 1.68 元；价税用中国工商银行转账支票付讫，面粉已经验收入库。（附件 1-1、附件 1-2、附件 1-3、附件 1-4）

2. 1 日，面包车间领用面粉 500 kg，奶油 13 kg，鸡蛋 125 kg，白糖 50 kg，食用油 50 kg，酵母 2.5 kg；蛋糕车间领用面粉 250 kg，奶油 12 kg，鸡蛋 120 kg，白糖 50 kg，食用油 50 kg，酵母 2.5 kg。（附件 2-1、附件 2-2）

3. 2 日，销售给长宁市欣欣食品店面包 250 kg，单价 3.5 元；蛋糕 200 kg，单价 4.5 元；价税通过中国工商银行转账支票收讫。（附件 3-1、附件 3-2、附件 3-3）

4. 2 日，从长宁市河东鸡场购入鸡蛋 525 kg，单价 10.5 元；货款未付，鸡蛋已经入库。（附件 4-1、附件 4-2、附件 4-3）

5. 3 日，从长宁市绿宝贸易公司购入酵母 5 kg，单价 30 元；奶油 35 kg，单价 8 元；食用油 125 kg，单价 10 元；白糖 80 kg，单价 5 元；价税用中国工商银行转账支票付讫；原料验收入库。（附件 5-1、附件 5-2、附件 5-3、附件 5-4）

6. 3 日，从长宁市光大会计用品商店购买入库单 10 本，单价 1.0 元；收料单 20 本，单价 1.2 元；记账凭证 30 本，单价 1.5 元；总账 2 本，单价 8 元；上述办公用品的价税用现金支付，且由财务部门周杰在当日全部领用。（附件 6-1、附件 6-2、附件 6-3）

7. 7 日，面包车间的面包炉出现故障，以现金支付长宁市机修中心修理费 100 元。（附件7-1）

8. 8 日，销售给个体经济户刘万春面包 150 kg，单价 3 元；蛋糕 170 kg，单价 4.5 元；价税用现金收讫。（附件 8-1、附件 8-2）

9. 8 日，将第 8 笔业务中销售给个体经济户刘万春所获得的现金收入全额存入中国工商银行广场办事处。（附件 9-1）

10. 10 日，用中国工商银行网银转账从长宁市青龙劳保用品商店购买肥皂 100 块（单价 2.5 元）、毛巾 45 条（单价 2.0 元）；当即由车间张文领用肥皂 50 块、毛巾 23 条，管理部门陈光领用肥皂 50 块、毛巾 22 条。（附件 10-1、附件 10-2、附件 10-3、附件 10-4）

11. 12 日，业务员吴林前天去北京开会，昨天返回，今天报销差旅费。出差费用如下：高铁费 300 元，住宿费 250 元，出差住勤补助 120 元/天。（附件 11-1）

12. 14 日，签发现金支票从中国工商银行提现 6 760 元，备发工资。（附件 12-1）

13. 14 日，给管理部门李洋发放工资 2 060 元（其中：基本工资 1 110 元、津贴 440 元、奖金 510 元），给蛋糕生产工人王保发放工资 2 110 元（其中：基本工资 1 050 元、津贴 560 元、奖金 500 元），给面包生产工人张生发放工资 2 590 元（其中：基本工资 1 250 元、津贴 720 元、奖金 620 元）。（附件 13-1）

14. 15 日，面包车间领用面粉 500 kg，奶油 12 kg，鸡蛋 125 kg，白糖 50 kg，食用油 50 kg，酵母 2.5 kg；蛋糕车间领用面粉 250 kg，奶油 13 kg，鸡蛋 130 kg，白糖 50 kg，食用油 50 kg，酵母 2.5 kg。（附件 14-1、附件 14-2）

15. 17 日，从长宁市机器设备厂购入型号 XL-124 的打蛋机 1 台，预计使用年限 5 年，价税合计 2 000 元，验收合格，并于当日交蛋糕车间使用；价税用中国工商银行银行汇票支付。（附件 15-1、附件 15-2、附件 15-3、附件 15-4）

16. 18 日，收到永红商场用现金支付的违约罚款 500 元。（附件 16-1）

17. 19 日，用现金支付面包生产工人范永江生活困难补助 200 元。（附件 17-1）

18. 24 日，用支付宝支付长宁市林香斋饭店餐费价税合计 300 元。（附件 18-1、附件 18-2）

19. 25 日，以现金从中国工商银行购买银行结算用现金支票 5 本，单价 2 元；转账支票 10 本，单价 2 元。（附件 19-1）

20. 26 日，用支付宝支付长宁市货物运输公司将面包和蛋糕从长宁市建设路厂部运至长宁市华岩路百货公司的运输费 500 元。（附件 20-1、附件 20-2、附件 20-3）

21. 26 日，销售给长宁市红星食品店面粉 200 kg，价税合计 600 元；收到微信转账收入，并结转成本。（附件 21-1、附件 21-2、附件 21-3）

22. 26 日，用现金支付长宁市环保局环保罚金 800 元。（附件 22-1）

23. 29 日，销售给长宁市华茂食品店面包 3 200 kg，单价 3.0 元；蛋糕 1 250 kg，单价

4.8 元；款项未收。（附件 23-1、附件 23-2）

24. 30 日，使用中国工商银行网银转账向长宁市自来水公司支付本月水费及增值税。经统计，该厂本月用水共 1 850 t（其中：面包车间耗用 800 t、蛋糕车间耗用 700 t、厂部耗用 350 t），单价为 3.65 元/t，并且按用途分配本月水费。（附件 24-1、附件 24-2、附件24-3、附件 24-4）

25. 30 日，使用中国工商银行网银转账向长宁市供电局支付本月电费及增值税。经统计，该厂本月用电共 1 728 度（其中：面包车间耗用 670 度、蛋糕车间耗用 958 度、厂部耗用 100 度），单价为 0.55 元/度，并且按用途分配本月电费。（附件 25-1、附件 25-2、附件 25-3、附件 25-4）

26. 31 日，根据本月领料单编制“发出材料汇总表”，并据以分配材料费用。（附件 26-1）

27. 31 日，经统计，面包生产工人工资 3 580 元、蛋糕生产工人工资 3 260 元、车间管理人员工资 1 980 元、厂部管理人员工资 4 020 元、销售部门人员工资 1 500 元，根据以上数据编制“工资结算汇总表”，并据以分配本月工资费用。（附件 27-1）

28. 31 日，计提本月折旧费用。车间上年 10 月份购入面包炉 5 台、6 000 元/台，上年 5 月份购入蛋糕机 3 台、4 000 元/台，占用未到使用年限的厂房一座，原值 240 000 元；厂部占用未到使用年限的办公楼一座，原值 60 000 元。（附件 28-1）

29. 31 日，按生产工人工资比例分配制造费用。（附件 29-1）

30. 31 日，结转面包和蛋糕的生产成本，产品全部完工。本月共生产面包 12 000 kg，蛋糕 6 000 kg（每天完工入库面包 400 kg，蛋糕 200 kg）。（附件 30-1、附件 30-2、附件 30-3）

31. 31 日，结转已销产品成本。（附件 31-1）

32. 31 日，结转本月收入。

33. 31 日，结转本月成本、费用、支出。

34. 31 日，计算并结转所得税。（附件 34-1）

35. 31 日，结转“本年利润”至“利润分配——未分配利润”账户。

36. 31 日，结转本期末应交增值税。

37. 编制科目汇总表，登记总账。（附件 37-1）

38. 编制资产负债表、利润表。（附件 38-1、附件 38-2）

四、实训步骤

（一）建账

1. 建总分类账

（1）科目设置：依据上期已封账的旧账，根据法规变动、管理要求、业务变动的情况确定应设置的科目名称，并按科目表中的先后顺序排列，一次开设齐全。本实训共应设置 27 个科目。

① 资产类科目。有“库存现金、银行存款、应收账款、其他应收款、原材料、库存商品、固定资产、累计折旧”共 8 个科目。

② 负债类科目。有“短期借款、应付账款、应付职工薪酬、应交税费”共 4 个科目。

③ 所有者权益类科目。有“实收资本、本年利润、利润分配”共 3 个科目。

④ 生产成本类科目。有“生产成本、制造费用”共 2 个科目。

⑤ 损益类科目。有“主营业务收入、主营业务成本、销售费用、其他业务收入、其他业务成本、管理费用、财务费用、营业外收入、营业外支出、所得税费用”共 10 个科目。

（2）建账程序。

① 为了明确经济责任，首先需要登记账簿启用记录及交接记录。

② 开户。即在空白账页上登记科目名称。在账页的左上方（或右上方），在“科目”后面的横线上，填写一级科目名称。

③ 登记期初余额。“日期”均登记 2019 年 12 月 1 日，“凭证编号”栏不填，摘要栏均填写“期初余额”四个字，金额只在余额栏登记，借方栏、贷方栏均不登记，在“借或贷”栏，按余额表中的方向填写“借”字或是“贷”字。

④ 一个科目所占页数，因账务处理程序不同而不同。若采用科目汇总表账务处理程序且每月汇总一次，则不需要累计的科目每月只占一行。年终作本年合计，再加“上期结转”一行，全年共占 14 行。需要累计的成本费用类、损益类科目，由于 1 月份无累计，所以 2～12 月累计数占 11 行，全年占 25 行，故每个科目占一页即可。

⑤ 填写账户目录，贴口取纸。

2. 建日记账和明细分类账①

（1）账页设置。

① 日记账（订本式）。有“库存现金日记账”和“银行存款日记账”共 2 个账户。

② 三栏式明细账（活页式）。主要涉及“应收账款”科目，“其他应收款”科目，“短期借款”科目，“应付账款”科目，“应付职工薪酬” 科目，“应交税费”科目，“实收资本”科目，“本年利润”科目，“利润分配”科目，“其他业务收入”科目，“其他业务成本”科目，“营业外收入”科目，“营业外支出”科目，“所得税费用”科目共 14 个账户。

③ 数量金额式明细账（活页式）。有“原材料”科目所属的面粉、奶油，鸡蛋、白糖、食油、酵母，“库存商品”科目所属的面包、蛋糕，“主营业务收入”科目所属的面包、蛋糕，“主营业务成本”科目所属的面包、蛋糕共 12 个账户。

④ 多栏式明细账（活页式）。有“生产成本”科目所属的面包、蛋糕，“制造费用”科目所属的面包、蛋糕，“管理费用”，“财务费用”，“销售费用”共 7 个账户。

⑤ 专用格式明细账。有“应交税费”科目所属的应交增值税，“固定资产”科目，“累计折旧”科目共 3 个账户。

（2）开户。在空白账页上登记科目名称。

① 三栏式账页。

三栏式账页又称甲式账页。在账页的中间上方“账”字前面的横线上，写“明细”两个字。在右上角（或是左上角）的“本户页数”栏，填写该明细科目的页次，每一个明细科目从第一页开始；“本账页数”栏，在建账时不填，到年终封账，账页不再变动时，按本账填写连续号，确定本账的页数。在右上角（或是左上角）“科目”二字前面的横线上写一级科目名称，在后面的横线上写二级科目名称，没有二级科目的可以不写。

② 数量金额式账页。

数量金额式账页又称乙式账页。在账页的中间上方“明细账”的左边横线上写一级科目名称，即总分类科目名称。在左上方“明细科目”右边的横线上写二级科目名称，即类别；在左上方“品名”右边的横线上写三级科目名称，即产品的名称；在“规格”右边的横线上写四级

---

① 明细分类账因采用活页式不要求一次建齐，但考虑到同学为初次建账，本实训可一次建齐。

科目名称，即具体规格。在“计量单位”右边的横线上写统一的计量单位，计量单位确定之后，不应轻易改变，实际业务的计量单位与此不符时要折合成统一的计量单位。在右上角“分页第____页”的横线上，填写该明细科目的页次，每一个明细科目从第一页开始；“总页第____页”的横线上，在建账时不填，到年终封账，账页不再变动时，按本账填写连续号，确定本账的页数。

③ 多栏式账页。

多栏式账页又称分析式账页，它以左右两张账页为一份账页，除了借、贷、余三栏之外还有分析栏，用于进一步分析、明确业务具体内容。在中间上方“明细账”的左边填写一级科目名称。在左上方(或右上方)“科目名称”的右边横线上填写二级科目名称，若没有二级科目可以不填。在右上方的方框内“本户页数”栏，填写该明细账的页次，每一个明细科目从第一号开始编起；“本账页数”栏，在建账时不填，到年终封账，账页不再变动时，按本账填写连续号，确定本账的页数。

3. 登记期初余额

① 甲式账页、乙式账页期初余额的登记同总分类账。

② 分析式账页。只在余额栏登记。如何登记分析栏，按照本实训涉及的生产成本、制造费用、管理费用、财务费用、销售费用共5个科目具体说明如下：

“生产成本”科目，在分析栏设置直接人工、直接材料、制造费用、其他共4个成本项目。在本实训中，“生产成本”科目有面包、蛋糕2个明细账户。

“制造费用”科目，在分析栏设置工资、折旧费、水电费、修理费、其他共5个费用项目。在本实训中，“制造费用”科目有面包、蛋糕2个明细账户。

“管理费用”科目，在分析栏设置工资、办公费、差旅费、招待费、折旧费、水电费、其他共7个费用项目。

“财务费用”科目，在分析栏设置利息支出、利息收入、手续费、其他共4个费用项目。

“销售费用”科目，在分析栏设置工资、运输费、广告费、其他共4个费用项目。

③ 固定资产明细账。在账页上登记好各项目数值，然后在固定资产原值和累计折旧余额栏分别登记金额，并计算出净值。

（二）填制原始凭证

1. 原始凭证填制的基本要求

原始凭证中记录的事项和数据是进行会计核算时具有法律效力的证明文件。为了保证会计核算资料的真实、正确和及时，原始凭证的填制必须符合一定的规范。

(1) 记录要真实。原始凭证所填列的经济业务内容和数字，必须真实可靠，符合实际情况，不得歪曲经济业务真相、弄虚作假。对实物数量和金额的计算，要准确无误，不得以匡算数和估算数填入。

(2) 内容要完整。原始凭证所要求填列的项目必须逐项填列齐全，不得遗漏和省略。

(3) 手续要完备。企业自制的原始凭证，必须有经办人和单位领导人或者其他指定人员的签名或盖章；对外开出的原始凭证，必须加盖本单位公章；从外部取得的原始凭证，必须盖有填制单位的公章；从个人取得的原始凭证，必须有填制人员的签名或盖章。

(4) 书写要清楚、规范。原始凭证要按规定填写，文字要简要，字迹要清楚，易于辨认，不得使用未经国务院公布的简化汉字。如有差错，应按规定的办法更正，不得随意涂改、刮擦和挖补。同时应遵守以下技术要求：

① 小写金额用阿拉伯数字逐个书写，不得写连笔字。在金额前要填写人民币符号“¥”，人民币符号“¥”与阿拉伯数字之间不得留有空白。金额数字一律填写到角分；无角分的，写“00”或符号“—”；有角无分的，分位写“0”，不得用符号“—”代替。

② 汉字大写金额用汉字壹、贰、叁、肆、伍、陆、柒、捌、玖、拾、佰、仟、万、亿、元、角、分、零、整等，一律用正楷或行书字书写。大写金额前没有印“人民币”字样的，应加写“人民币”三个字，“人民币”字样和大写金额之间不得留有空白。大写金额到元或角为止的，后面要写“整”字；有分的，不写“整”字。

③ 凡规定填写大写金额的各种凭证，如银行结算凭证、发票等，必须在填写小写金额的同时填写大写金额。大写金额之前没有印制货币名称的，应当增填货币名称，货币名称与货币金额数字之间不得留有空白。阿拉伯金额数字之间有“0”时，汉字大写金额要写“零”字；阿拉伯数字金额中间连续有几个“0”时，汉字大写金额中可以只写一个“零”字；阿拉伯金额数字元位是“0”，或者数字之间连续有几个“0”、元位也是“0”但角位不是“0”时，汉字大写金额可以只写一个“零”字，也可以不写“零”字。

(5) 编号要连续。如果原始凭证已预先印定编号，在写坏作废时，应加盖“作废”截记，妥善保管，不得撕毁。

(6) 不得涂改、刮擦和挖补。原始凭证有错误的，应当由出具单位重开或更正，更正处应当加盖出具单位印章。原始凭证金额有错误的，应当由出具单位重开，不得在原始凭证上更正。

(7) 填制要及时。各种原始凭证一定要及时填写，并按规定的程序及时送交会计机构、会计人员进行审核。

2. 常用原始凭证的填制方法

(1) 签发支票

① 应使用碳素墨水钢笔填写支票。

② 禁止签发空头支票，不得签发与预留银行印鉴不符的支票。

③ “出票日期”应为大写，小写无效。规则为：月份为1、2和10的前面加“零”，分别写为零壹月、零贰月、零壹拾月。日为1～9、10、20、30的前加“零”，如1日为零壹日，20日为零贰拾日，30日为零叁拾日，日为11～19的前加“壹”，如11日写成壹拾壹日，以此类推。

④ 大写金额与“人民币“字样之间不得留有空白，小写金额前应加“¥”符号。

⑤ “收款人”、“出票日期”和金额不得更改，更改则无效，发生错误时只能作废重开，作废支票的存根和正本部分应一并保存。

⑥ “付款行名称”应填写本支票对应的开户银行名称，“出票人账号”应确写本支票对应的开户银行账号。

⑦ “用途”根据实际用途填写。

⑧ 小写金额下的方框为密码区，应根据支付密码器生成的密码填写。

⑨ 出票人签章一般应使用两枚预留银行的印鉴，通常一枚是单位的财务专用章，另一枚是单位法定代表人的个人名章。

(2) 填制进账单

① 日期按填制进账单当日的日期填写。

② “出票人”信息应根据收到的票据上注明的出票人或申请人信息填写。

③“收款人”信息应根据收到的票据或本单位实际情况填写。

④“金额”应根据收到的票据上注明的金额填写。

⑤“票据种类”应根据实际收到的票据类别(如支票、银行汇票、银行本票等)填写。

⑥“票据号码”和“票据张数”应根据收到的票据上注明的号码及实际张数填写。

(3)填制银行汇票申请书

①“币别”按申请结算币种填写。

②日期按填制该申请书的日期填写。

③“业务类型”应根据申请的结算方式并在相应的方框内打“√”。

④填写“付款方式”时,除申请人和收款人同为个人时而在现金前的方框内打“√”外,其余的均在转账前的方框内打“√”。

⑤“申请人”及“账号”应填写申请人名称及银行账号。

⑥“收款人”及“账号”应填写收款人名称及银行账号。

⑦“用途”应根据实际用途填写。

⑧“金额”应根据申请支付金额填写。

⑨“客户签章”处应加盖申请人银行预留印鉴。

⑩支付密码:在小写金额的右下方一行处写上支付密码。

(4)收款人取得的银行汇票

①对收到的银行汇票进行审查,审查的主要内容为收款人是否为本单位、银行汇票是否过期、背书是否连续等。

②将审核无误的银行汇票第二及第三联上的“实际结算金额”与“多余金额”填写完整。“实际结算金额”的填写应遵循实际结算金额与出票金额孰低原则,如果实际结算金额小于出票金额,则按实际结算金额填写,“多余金额”按差额填写;如果实际结算金额大于出票金额,则按出票金额填写。

③如果是本单位办理进账手续,则应在银行汇票背面的持票人向银行提示付款签章处加盖银行预留印鉴,同时填制进账单后到本单位开户银行办理进账手续;如果是背书转让给其他单位,则应在银行汇票背面的背书人签章处加盖银行预留印鉴,在被背书人处填写接受该银行汇票人的名称,并将银行汇票第二及第三联交给被背书人。

(5)签发银行承兑汇票

◇签发流程:

①出票人与承兑银行签订承兑协议。

②出票人支付保证金(全额保证金或差额保证金)。

③出票人填制银行承兑汇票并提交承兑银行。

④承兑银行承兑并将银行承兑汇票返还给出票人。

◇签发要求:

①银行承兑汇票到期日为企业约定的付款期满的当日。

②其他要求同支票的签发要求。

(6)填制现金解款单

①日期按将现金交存银行当天日期填写。

②“币别”按企业实际解款的币种填写。

③“收款单位”和“交款人”均填写本单位。

④“账号”按企业根据需要选择的账号填写。

⑤“款项来源”按取得现金的实际来源填写。

⑥金额按实际解款的金额填写。

(7)填制收料单

①收料单应由仓库管理人员填写。

②“材料编号”应根据企业材料目录中的编号填写。

③“供应单位”、“名称”、“单位”、“规格”及“应收数量”应根据取得的发票填写并与合同核对。

④“实收数量”应根据验收合格入库数量填写,并由收料人及交料人双方签字认可。

⑤仓库管理人员在填写收料单时不需要填写“实际成本”栏,可以由财务人员在进行账务处理时填写。

⑥收料单是预先编号的自制原始凭证,如果填写错误,不能撕毁,应注明“作废”字样,连同其他联次一起保存。本说明也适用于其他有预先编号的自制原始凭证。

(8)填制领料单

①领料单一般应由领料人填写。

②“领用单位”应根据实际领料部门填写。

③“用途”应根据实际用途填写。

④“数量”根据仓库实际发放的数量填写,并由领料人及发料人双方签字认可。

(9)发料汇总表的填制

①仓库人员根据领料单存根联的用途、名称分别汇总填制“用途”、“名称”和“数量”栏。

②“金额”及其“合计”栏由会计人员填写。

③“制表”处由填制本表的仓库人员及会计人员签章,“复核”处由仓库及财务部门负责审核的人员签章。

(10)填制借款单

①“借款人”应根据借款人的姓名填写。

②“所属部门”应根据借款人所在部门填写。

③“借款用途”应根据实际借款用途填写。

④“借款金额”应根据实际借款金额分别填写大写与小写金额。

⑤“部门负责人审批”应由借款人所在部门的负责人填写。

⑥“借款人(签章)”应由借款人签字。

⑦“财务部门审核”应由财务部门负责人审核后签字。

⑧“单位负责人批示及签字”应由单位负责人签署是否同意的意见后签字。

⑨“核销记录”应由财务人员在结清借款时根据实际情况填写。

(11)填制差旅费报销单

①“姓名”应填列全部的出差人员姓名。

②“工作部门”应根据出差人员所属部门填写。

③“出差事由”应根据实际事由填写。

④“日期”的起讫应填写出差之日和回到单位所在地之日。

⑤“车船费金额”应根据实际发生数(粘贴在背面的车船费发票合计金额)与单位规定

的出差车船费标准孰低原则填写。

⑥ “住宿费”应根据实际发生数与单位规定的出差住宿费标准孰低原则填写。

⑦ “交通补贴”、“夜间乘车补贴”、“住勤补贴”等根据单位的内部规章制度规定的标准填写。

⑧ “报销金额合计”应根据各项报销金额的合计数填写。

⑨ 只有在预借了差旅费的出差人员报销时才会出现需要补付现金或退回现金的情况，“补付金额”和“退回金额”应按照实际补付或退回的金额填写。

⑩ 差旅费报销单应由报销人签字后交其所在部门负责人签字，审核通过后由会计人员签字、会计主管签字。

(12) 填制收款收据

① “日期”应根据收款日期填写。

② “交款单位”应根据交来款项单位或个人的全称填写。

③ “金额”应根据实际收到金额填写。

④ “收款事由”应根据实际收款事由填写。

⑤ 相关人员签章处出纳必须签章。

⑥ 在第三联上加盖本单位财务专用章或公章。

⑦ 收款方式如为现金则加现金收讫章。

(13) 填制普通发票

① 该普通发票是机打发票。

② “纳税人识别号”为收款单位的税号。

③ 发票第二联上必须加盖收款单位发票专用章或财务专用章。

(14) 填制增值税专用发票

① 增值税专用发票一律由计算机填开，手写发票一律无效。

② “销货单位”的资料由计算机自动生成。

③ “购货单位”的资料应根据购货方提供的资料填开，如发生差错，应作废后重新填开。

④ “密码区”由开票系统自动生成，不需要输入。

⑤ 发票上的内容必须清晰可见，不得压线，也不得填开到表格外面。

⑥ 在发票的第二联、第三联上加盖销售(收款)单位发票专用章。

(15) 取得的网银转账凭证

网银转账后，可直接从网银系统打印交易凭证，或到银行柜台取得盖红章后的打印凭证。应注意检查核对以下信息：

① 日期按转账当日的日期填写。

② “付款人”信息一般应按本单位信息填写。

③ “收款人”信息应根据收款单位或收款人实际情况填写。

④ “金额”应根据交易金额填写，大小写金额应填写一致。

⑤ “用途”应根据交易内容或性质填写(如支付货款、往来款、支付保险、支付税款等)。

⑥ “联系人”和“联系电话”应为出纳人员姓名和单位电话。

(16) 取得的支付宝结算凭证

支付宝收付款后，可直接从支付宝系统打印或截取交易凭证。应注意检查核对以下信息：

① “商户名称”应填写付款单位名称或付款人姓名。

② “付款金额”应根据交易金额填写。

③ “当前状态”应为“已付款”或“已完成”。

④ “支付方式”应为“余额”或“余额宝”。

⑤ “商品或服务名称”应按交易商品或服务的名称填写。

⑥ “交易时间”应为付款当日的日期。

⑦ “交易单号”和“商户单号”按系统自动生成。

(17) 取得的微信结算凭证

微信收付款后，可直接从微信系统打印或截取交易凭证。应注意检查核对以下信息：

① “付款金额”应根据交易金额填写。

② “商品或服务名称”应按交易商品或服务的名称填写。

③ “商户名称”应填写付款单位名称或付款人姓名。

④ “当前状态”应为“已付款”或“已完成”。

⑤ “交易时间”应为付款当日的日期。

⑥ “支付方式”应为“零钱”。

⑦ “交易单号”和“商户单号”按系统自动生成。

(三) 编制记账凭证

1. 记账凭证编制的基本要求

(1) 记账凭证各项内容必须填制完整。

(2) 记账凭证应连续编号。记账凭证应由主管该项经济业务的会计人员，按经济业务发生顺序连续编号。如果一笔经济业务需要填制多张记账凭证的，可以采用分数编号法编号。如 $5\frac{1}{3}$，“5”表示第 5 张记账凭证，“3”表示该业务共编制了三张记账凭证，“1”表示该凭证是三张记账凭证中的第 1 张。

(3) 记账凭证的书写应清楚、规范。相关要求同原始凭证。

(4) 记账凭证可以根据每一张原始凭证填制，或根据若干张同类原始凭证汇总填制，也可以根据原始凭证汇总表填制；但不得将不同内容和类别的原始凭证汇总填制在一张记账凭证上。

(5) 除结账和更正错误的记账凭证可以不附原始凭证外，其他记账凭证必须附有原始凭证。所附原始凭证必须完整，并在记账凭证上注明原始凭证的张数，以便核对摘要及所编会计分录的正确性。如一张原始凭证需要填制两张及以上记账凭证的，应在未附原始凭证的记账凭证上注明其原始凭证已附在某张记账凭证后，以便查阅。

(6) 填制记账凭证时若发生错误，应当重新填制。已登记入账的记账凭证在当年内发现填写错误时，可以用红字填写与原内容相同的记账凭证，在摘要栏注明“注销某月某日某号凭证”字样，同时再用蓝字重新填制正确的记账凭证，注明“订正某月某日某号凭证”字样。如果会计科目没有错误，只是金额错误，也可以将正确数字与错误数字之间的差额另外编制调整的记账凭证，调增金额用蓝字，调减金额用红字。发现以前年度记账凭证有错误的，应当用蓝字填制更正的记账凭证。

(7) 记账凭证的内容填制完整后，如有空行，应当自金额栏最后一笔金额数字下的空行处至合计数上的空行处画线注销。

2. 记账凭证的填制方法

(1) 凭证各项目的填制方法

① 日期。应按编制记账凭证的日期填写，实训时按业务提供的日期填写。

② 编号。各类记账凭证每月分别从 1 号开始连续编号。

③ 摘要。把经济业务内容扼要地描述出来。如从银行提取现金，可简化为“提现”二字。使用“银行存款”科目时，如果企业在不同专业银行开户，则在“银行存款”总账科目后面的明细科目中加专业银行简称及代码即可。银行支票结算业务，有支票号码的应填写支票号码的最后四位数，以便将来和银行对账。材料的收发，可简化为“购料”和“领料”等。如果业务涉及三级科目，应在摘要栏进行提示。例如：某企业原材料科目按三级设置明细科目，发生用银行支票采购规格是 ϕ8、单价 2 500 元/吨的圆钢 2 吨的业务，银行支票号码是 825408，则在摘要栏填写“购 ϕ8 圆钢 2 吨，@2 500 元，支票 5 408”。这样可以看出：一级科目是原材料，二级科目是圆钢，三级科目是 ϕ8，数量是 2 吨，单价是 2 500 元/吨，支票号码最后四位数是 5408。又如：发生购买厂部用纸的业务，则在摘要栏填写“购办公用纸”，就能知道是要求登记到“管理费用”账户中办公费的费用项目。

④ 金额。记账凭证中的借方金额、贷方金额两栏，用以表示应借、应贷科目的记账方向。编制凭证时，借方科目的金额写在“借方金额”栏；贷方科目的金额写在“贷方金额”栏。每个账户的业务金额填写之后，应在合计行填写合计数，并且其前面书写人民币符号，若有空行应在业务金额和合计金额之间画一条斜线注销。

⑤ 记账符号。记账符号是在登记账簿之后在记账凭证“记账”栏画勾。如果是根据各账户的业务金额登账，则在业务行画勾；如是根据合计数登账，则在合计行画勾。

⑥ 附件。附件是指附在记账凭证后面的原始凭证，张数以独立的原始凭证计数。附件应整理好之后粘贴在记账凭证的后面。粘贴时应注意两点：一是左边要留一定空白，避免装订时被装订线钉住；二是应当尽量将凭证均匀地上下排列整齐之后再粘贴，避免凭证装订成册时一边厚、一边薄。

⑦ 签字。在编好记账凭证之后，应在下面的制单处签上制单人的名字。

（2）收、付、转凭证的填制方法

① 收、付、转凭证的选择。根据题意分析是否涉及“库存现金”和“银行存款”科目。不涉及“库存现金”和“银行存款”科目的，选择转账凭证；涉及“库存现金”和“银行存款”科目的，再分析是属于收款还是付款，收款业务填制收款凭证，付款业务填制付款凭证；涉及库存现金和银行存款相互划转业务的，只编付款凭证。

② 收、付、转凭证的填制。

a. 收款凭证的填制。收款凭证的左上方，在“借方科目”右边的横线上填写“库存现金”和“银行存款”科目。若是在不同专业银行开户，则在“银行存款”四个字的后面加专业银行的代号，如在中国工商银行的存款户收款，则在收款凭证的左上方填写“银行存款（工）”即可。贷方总账科目栏，填写有对应关系的一级科目名称。明细科目栏，填写有对应关系的明细科目名称。若是涉及三级科目的业务，应在摘要栏表示。出纳账页栏是指出纳登记日记账之后，把所登日记账的页数记到这里，也可以画勾。分户账页是指登记对方科目后，把所登对方科目的本户页数号码填到这里，也可以画勾。

b. 付款凭证的填制。付款凭证的左上方，在“贷方科目”右边的横线上填写“库存现金”和“银行存款”科目。若是在不同专业银行开户，则在“银行存款”四个字的后面加专业银行的代号，如在中国工商银行的存款户付款，则在付款凭证的左上方填写“银行付款（工）”即可。借方总账科目栏，填写有对应关系的一级科目名称。明细科目栏，填写有对应关系的明细科目名称。若是涉及三级科目的业务，应在摘要栏表示。出纳账页栏是指出纳登记日记账之后，把所登日记账的页数记到这里，也可以画勾。分户账页是指登记对方科目后，把所登对方科目的本户页数号码填到这里，也可以画勾。

c. 转账凭证的填制。转账凭证的左上方，不填科目名称，科目名称都填在表体内。有借方金额、贷方金额两个金额栏，用以表示应借、应贷科目的记账方向。编制时，应先写借方科目名称，金额写在借方金额栏；后写贷方科目名称，金额写在贷方金额栏。由于转账业务涉及的科目较多，因而，可能出现一笔业务需用两张甚至三张记账凭证的情况，这时的编号应用分数表示。

(四) 登记账簿

1. 会计账簿登记的要求

(1) 登记会计账簿时，应当将会计凭证日期、编号、经济业务内容摘要、金额和其他有关资料逐项记入账内，做到数字准确、摘要清楚、登记及时、字迹工整。

(2) 登记完毕后，要在记账凭证上签名或者盖章，并注明已经登账的符号，表示已经记账。

(3) 账簿中书写的文字和数字上面要留有适当空格，不要写满格，一般应占格距的1/2。

(4) 为了使账簿记录清晰、防止涂改，记账时应使用蓝色墨水或者碳素墨水书写，不得使用圆珠笔或者铅笔书写。

(5) 下列情况，可以用红色墨水记账。

① 按照红字冲账的记账凭证，冲销错误记录。

② 在不设借、贷等栏的多栏式账页中，登记减少数。

③ 在三栏式账户的余额栏前，如未印明余额方向的，在余额栏内登记负数余额。

④ 根据国家统一的会计制度的规定，可以用红字登记的其他会计记录。

(6) 各种账簿应按页次顺序连续登记，不得跳行、隔页。如果发生跳行、隔页，应当将空行、空页画线注销，或者注明“此行空白”、“此页空白”字样，并由记账人员签名或者盖章。对订本式账簿不得任意撕毁账页，对活页式账簿不得任意抽换账页。

(7) 凡需要结出余额的账户结出余额后，应当在“借或贷”等栏内写明“借”或者“贷”等字样。没有余额的账户，应在“借或贷”栏内写“平”字，并在“余额”栏用“—0—”表示。现金日记账和银行存款日记账必须逐日结出余额。

(8) 账页记满时，应办理转页手续。每一账页登记完毕结转下页时，应当结出本页合计数及余额，写在本页最后一行和下页第一行有关栏内，并在摘要栏内注明“过次页”和“承前页”字样；也可以将本页合计数及金额只写在下页第一行有关栏内，并在摘要栏内注明“承前页”字样。对需要结计本月发生额的账户，结计“过次页”的本页合计数应当为自本月初起至本页末止的发生额合计数，如现金日记账和银行存款日记账。对需要结计本年累计发生额的账户，结计“过次页”的本页合计数应当为自年初起至本页末止的累计数，如主营业务收入、管理费用等。对既不需要结计本月发生额，也不需要结计本年累计发生额的账户，可以只将每页末的余额结转次页。

2. 会计账簿登记的方法

(1) 登记日记账和明细账

◇ 共同的登记方法：

① 依据。必须根据记账凭证登记账簿。

② 日期。按照记账凭证上的日期登记。

③ 记账凭证字号。若用第 2 号记账凭证登记账薄，则在账薄的“凭证号数”栏填写凭证编号即可。

④ 摘要。大部分摘要可以按照记账凭证上的摘要登记，有的则要加以修改。如结转产品销售成本，依据的是记账凭证，摘要栏写的是“转出成本”，登记产成品账户时是合适的，登记主营业务成本账户时就显得不合适了，应改为“转入”才合适。

⑤ 对方科目。它是指同一张记账凭证上具有对应关系的总账科目，若对方科目有几个一级科目，则可简写。

⑥ 金额。按对应科目同一行上的金额登记。记账凭证的金额栏，分为借方金额和贷方金额两栏，各个科目都根据对应的同一行的金额登记。登到账上时注意不要把借、贷方向弄错。

⑦ 转下页、承上页。按记账凭证登账，只能登到倒数第二行，最后一行在摘要栏写“转下页”三个字，把本月本页的发生额汇总起来，登记在借方和贷方，并计算出余额。在下一页第一行的摘要栏写“承上页”三个字，把上页最后一行的数据转登过来，以便继续进行汇总，用以减轻月末汇总的工作量。

⑧ 更正错账。必须按照规定的更正方法更正。

⑨ 跳行、隔页的处理。若发生跳行、隔页，应将空白行或空白页用红线工整地划去，并盖上人名章，表明此行或此页空白，无数据。

◇ 不同的登记方法：

① 日记账。要求每天结算出当天的余额。

② 明细账。

a. 采用数量金额式账页的账户要将数量、金额栏填齐。

b. 采用分析式账页的账户一定要登记好分析栏。登记借方发生额时，同时在分析栏用蓝字登记分析的数据；登记贷方发生额时，同时在分析栏用红字登记分析的数据；月初、月末有余额时，分析栏的数据之和应和余额相等。

(2) 登记总账

◇ 依据。登记总账的依据要视所采用的记账程序而定。采用记账凭证账务处理程序时，根据记账凭证登记总账。采用科目汇总表账务处理程序时，根据科目汇总表登记总账。本实训采用科目汇总表账务处理程序。

科目汇总表的编制如下：

① 科目名称栏。应按科目表的顺序排列，没有用到的科目可以不在表中填列。

② 期初余额栏。可以根据上期科目汇总表的期末余额栏的数据填列，或是按总账上相应数据填列，借方、贷方的合计数应相等。

③ 本期发生额栏。应按记账凭证汇总表的数据填列，不应当根据一级科目的发生额合计数填列，借方、贷方的合计数应相等。

④ 期末余额栏。应按照表上资料计算填列，不应当按账上的有关数据填列。

◇ 总账的登记。“日期”按编制科目汇总表的日期登记。凭证字号以“汇”为“字”，按编号登记“号”。例如：5 月份科目汇总表的编号为 5，则在总账的凭证字号栏写上“汇 5”。摘要栏可以只写“汇总”二字，在登记金额时可以将借方、贷方的发生额登记在同一行上。

(3) 对账、结账、封账

◇ 对账。这里是指账账之间的核对。总账账户的期末余额应和所属二级明细账的期末余额之和相等,二级明细账的期末余额应和所属三级明细账的期末余额之和相等。

◇ 结账。这里的结账是指月末或是年末在账簿上登记月计、累计数。

① 凡是本月有发生额的账户都要进行结账。

② 月计。月计是指月度终了,各账户要计算出本月的发生额合计和月末余额。在摘要栏写"月计"二字,把本月汇总的发生额分别登记在借方和贷方,并计算、登记期末余额。同时在这一行的上、下两边各画一条通栏红线,以使其更加醒目。

③ 累计。为了提供时期性资料,部分账户要计算累计数,如"主营业务收入"、"主营业务成本"、"销售费用"、"税金及附加"、"生产成本"、"制造费用"、"管理费用"、"财务费用"、"其他业务收入"、"其他业务成本"、"营业外收入"、"营业外支出"等总账和明细账账户,都要计算到本月止的累计数。在摘要栏写"累计"二字,把到本月止的累计数分别登记在借方和贷方,并计算、登记期末余额。在这一行的下面画一条红线,以使其更加醒目。

◇ 封账。在每个账户的最后一行数据的下边画两条红线并在下一行摘要栏写"结转下年"字样以示封账。计算累计数的明细账、日记账账户,就在 12 月份累计行的下边加画一条红线,没有累计行的就在 12 月份的月计下边加画一条红线,12 月份没有发生额的则在最后一次月计下边加画一条红线。本年度没有发生额的,在期初余额下面画两条红线。

(五) 编制会计报表

1. 会计报表编制基本原则

(1) 真实可靠。财务报表各项目的数据必须建立在真实可靠的基础之上,使企业财务报表能够如实地反映企业的财务状况、经营成果和现金流量情况。因此,财务报表必须根据审核无误的账簿及相关资料编制,不得以任何方式弄虚作假。

(2) 相关可比。财务报表所提供的财务会计信息,必须与报表使用者的决策需要相关,并且便于不同企业或同一企业不同时期之间相互比较。只有提供相关而且可比的信息,才能使报表使用者分析企业在整个社会,特别是同行业中的地位,了解、判断企业过去、现在的情况,预测企业未来的发展趋势,进而为报表使用者的决策服务。

(3) 全面完整。企业的财务报表应当全面披露企业的财务状况、经营成果和现金流量情况,完整地反映企业财务活动的过程和结果,以满足各有关方面对财务会计信息资料的需要。为了保证财务报表的全面完整,企业在编制财务报表时,应当按照《企业会计准则》规定的格式和内容填报。特别对某些重要事项应当按要求在财务报表附注中说明,不得漏编、漏报。

(4) 编报及时。企业财务报表所提供的信息资料,应当具有很强的时效性。只有及时编制和报送财务报表,才能为使用者提供决策所需的信息。否则,即使财务报表的编制非常真实可靠、全面完整且具有可比性,但由于编报不及时,也可能失去其应有的价值。随着市场经济和信息技术的迅速发展,财务报表的及时性要求将变得日益重要。

(5) 便于理解。编制的财务报表应当清晰明了、便于理解。如果提供的财务报表晦涩难懂、不易理解,使用者就不能据以作出准确的判断,所提供财务报表的作用也就大大减少。当然,这一要求是建立在财务报表使用者具有一定的财务报表阅读能力的基础上的。

2. 会计报表的编制方法

会计报表需要根据总账和明细账编制，此处只阐述资产负债表和利润表两张主表的编制方法。

(1) 资产负债表

“年初余额”按上期资产负债表填列，本实训未提供资料可省略不填。

“期末余额”填列方法如下：

① 根据总分类账上各科目的期末余额填列。如：“应收票据”、“短期借款”、“应付票据”、“应付职工薪酬”、“实收资本”、“盈余公积”等。另外，未分配利润项目根据利润分配科目的余额填列。

② 根据几个总账科目余额相加之后填列。如：“货币资金”项目根据“库存现金”、“银行存款”两个科目余领之和填列；“存货”项目根据“原材料”、“周转材料”、“库存商品”和“生产成本”等十几个科目余额之和填列。

③ 根据明细账的余额分析汇总后分别填列。如：“应收账款”和“应付账款”，“预付账款”和“预收账款”的填列。

④ 按表内计算关系计算填列。如各类资产、负债、所有者权益合计的填列。

⑤ 以上所说余额都是指科目正常方向的余额，若是余额在相反方向，则以负数填列。

⑥ 资产总计数和负债及所有者权益总计数应当相等，否则表明计算有误。

(2) 利润表

① “营业收入”项目为“主营业务收入”加上“其他业务收入”。

② “营业成本“项目为“主营业务成本”加上“其他业务成本”。

③ “投资收益”项目是指投资净收益。按本期的发生额填列，贷方发生的投资收益减去借方发生的投资损失就是本期的投资净收益，相减结果若是负数，在表上也填负数。期末余额就是到本月止的累计数。

④ “税金及附加”、“销售费用”、“管理费用”、“财务费用”、“营业外收入”、“营业外支出”、“所得税费用”项目按实际发生数填列。

(六) 整理实训资料

1. 填页数、写目录

(1) 在活页式账簿的右上方“本账页数”栏填写连续编号，即不分账户，从第一张账页开始编号，从 1 号开始编起，一直连续往后编号，在最后一页还要注明本账簿共多少页。“本户页数”即以一个账户为整体，从 1 号开始编起。

(2) 写目录时要写清明细科目，在目录表上按纵向排列，页数写本账页数。

2. 装订记账凭证

(1) 记账凭证的整理。记账凭证一定要按凭证的种类分开，并且按顺序号从小到大排好，整理整齐。若有原始凭证或是表格大于记账凭证，要把四边折叠得和记账凭证齐平，并且保证在装订之后能顺利地打开。科目汇总表应放在记账凭证的最前面。

(2) 装订。装订线不能露在外边。

(3) 装订完成之后，在凭证的封面上填写凭证起止号码。

五、实训用原始凭证

附件 1-1

增值税专用发票

发 票 联

5100195160 No 00362520

校验码 58989 21127 26316 69702 开票日期:20 年 月 日

<table>
<tr><td>购买单位</td><td colspan="4">名　　称：
纳税人识别号：
地 址 、电 话：
开户行及账号：</td><td>密码区</td><td colspan="3">略</td></tr>
<tr><td colspan="2">货物或应税劳务名称

合　计</td><td>规格型号</td><td>单位</td><td>数量</td><td>单价</td><td>金额</td><td>税率</td><td>税额</td></tr>
<tr><td colspan="2">价税合计(大写)</td><td colspan="7">(小写)¥</td></tr>
<tr><td>销售单位</td><td colspan="4">名　　称：
纳税人识别号：
地 址 、电 话：
开户行及账号：</td><td>备注</td><td colspan="3">(销售单位发票专用章)</td></tr>
</table>

收款人： 复核： 开票人： 销售单位:(章)

附件 1-2

增值税专用发票

抵 扣 联

5100195160 No 00362520

校验码 58989 21127 26316 69702 开票日期:20 年 月 日

<table>
<tr><td>购买单位</td><td colspan="4">名　　称：
纳税人识别号：
地 址 、电 话：
开户行及账号：</td><td>密码区</td><td colspan="3">略</td></tr>
<tr><td colspan="2">货物或应税劳务名称

合　计</td><td>规格型号</td><td>单位</td><td>数量</td><td>单价</td><td>金额</td><td>税率</td><td>税额</td></tr>
<tr><td colspan="2">价税合计(大写)</td><td colspan="7">(小写)¥</td></tr>
<tr><td>销售单位</td><td colspan="4">名　　称：
纳税人识别号：
地 址 、电 话：
开户行及账号：</td><td>备注</td><td colspan="3">(销售单位发票专用章)</td></tr>
</table>

收款人： 复核： 开票人： 销售单位:(章)

附件 1-3

中国工商银行 转账支票存根 10203399 08114700 附加信息 出票日期：　年　月　日 收款人： 金　额： 用　途： 备　注： 单位主管：　会计：	10203399 中国工商银行　**转账支票**　08114700 出票日期(大写)：　年　月　日　付款行名称： 收款人：　出票人账号： 人民币（大写） 亿 千 百 十 万 千 百 十 元 角 分 用途＿＿＿　密码＿＿＿ 上列款项请从　行号＿＿＿ 我账户内支付 出票人签章　复核　记账

附件 1-4

收　料　单

供应单位：　年　月　日　编号：

材料编号	名称	单位	规格	应收数量	实收数量	单价	金额(元)
合　计							

负责人：　收料人：　交料人：

附件 2-1

领　料　单

领料单位：　年　月　日　编号：

材料编号	名称	单位	规格	数量	单价	金额(元)	用途
合 计							

部门主管：　领料人：　发料人：　制单：

附件 2-2

领　料　单

领料单位：　　　　年　月　日　　　　编号：

材料编号	名称	单位	规格	数量	单价	金额(元)	用途
合 计							

部门主管：　　　　领料人：　　　　发料人：　　　　制单：

附件 3-1

增值税专用发票

记 账 联

5100193130　　　　No 00362550

校验码 58989 21127 26315 60702　　　　开票日期:20　　年　月　日

购买单位	名　　称： 纳税人识别号： 地 址 、电 话： 开户行及账号：	密码区	略

货物或应税劳务名称	规格型号	单位	数量	单价	金额	税率	税额
合　计							
价税合计(大写)	(小写)¥						

销售单位	名　　称： 纳税人识别号： 地 址 、电 话： 开户行及账号：	备注	(销售单位发票专用章)

收款人：　　　　复核：　　　　开票人：　　　　销售单位：(章)

附件 3-2

出　库　单

购买单位：　　　　年　月　日　　　　编号：

产品编号	名称	单位	规格	数量	单价	金额(元)
合 计						

负责人：　　　　收料人：　　　　交料人：

附件 3-3

中国工商银行　进账单(收账通知)　3

年　月　日

<table>
<tr><td rowspan="3">出票人</td><td>全　　称</td><td></td><td rowspan="3">收款人</td><td>全　　称</td><td colspan="11"></td></tr>
<tr><td>账　　号</td><td></td><td>账　　号</td><td colspan="11"></td></tr>
<tr><td>开户银行</td><td></td><td>开户银行</td><td colspan="11"></td></tr>
<tr><td rowspan="2">金额</td><td colspan="4" rowspan="2">人民币
(大写)</td><td>亿</td><td>千</td><td>百</td><td>十</td><td>万</td><td>千</td><td>百</td><td>十</td><td>元</td><td>角</td><td>分</td></tr>
<tr><td></td><td></td><td></td><td></td><td></td><td></td><td></td><td></td><td></td><td></td><td></td></tr>
<tr><td>票据种类</td><td></td><td>票据张数</td><td></td><td colspan="12" rowspan="3">(开户银行签章)</td></tr>
<tr><td>票据号码</td><td colspan="3"></td></tr>
<tr><td colspan="4">复核　　　　　　记账</td></tr>
</table>

附件 4-1

增值税专用发票

发票联

5100191130　　　　No　00362526

校验码 58989 21127 26316 69711　　　　开票日期:20　　年　月　日

<table>
<tr><td>购买单位</td><td colspan="4">名　　称:
纳税人识别号:
地 址 、电 话:
开户行及账号:</td><td>密码区</td><td colspan="3">略</td></tr>
<tr><td colspan="2">货物或应税劳务名称

合　计</td><td>规格型号</td><td>单位</td><td>数量</td><td>单价</td><td>金额</td><td>税率</td><td>税额</td></tr>
<tr><td colspan="2">价税合计(大写)</td><td colspan="7">(小写)¥</td></tr>
<tr><td>销售单位</td><td colspan="4">名　　称:
纳税人识别号:
地 址 、电 话:
开户行及账号:</td><td>备注</td><td colspan="3">(销售单位发票专用章)</td></tr>
</table>

收款人:　　　　复核:　　　　开票人:　　　　销售单位:(章)

附件 4-2

增值税专用发票

抵 扣 联

5100191130 No 00362526

校验码 58989 21127 26316 69711 开票日期:20 年 月 日

<table>
<tr><td rowspan="4">购买单位</td><td colspan="3">名 称:</td><td rowspan="4">密码区</td><td colspan="4" rowspan="4">略</td></tr>
<tr><td colspan="3">纳税人识别号:</td></tr>
<tr><td colspan="3">地 址 、电 话:</td></tr>
<tr><td colspan="3">开户行及账号:</td></tr>
<tr><td colspan="2">货物或应税劳务名称</td><td>规格型号</td><td>单位</td><td>数量</td><td>单价</td><td>金额</td><td>税率</td><td>税额</td></tr>
<tr><td colspan="2">合 计</td><td></td><td></td><td></td><td></td><td></td><td></td><td></td></tr>
<tr><td colspan="2">价税合计(大写)</td><td colspan="7">(小写)¥</td></tr>
<tr><td rowspan="4">销售单位</td><td colspan="3">名 称:</td><td rowspan="4">备注</td><td colspan="4" rowspan="4">(销售单位发票专用章)</td></tr>
<tr><td colspan="3">纳税人识别号:</td></tr>
<tr><td colspan="3">地 址 、电 话:</td></tr>
<tr><td colspan="3">开户行及账号:</td></tr>
</table>

收款人: 复核: 开票人: 销售单位:(章)

附件 4-3

收 料 单

供应单位: 年 月 日 编号:

材料编号	名称	单位	规格	应收数量	实收数量	单价	金额(元)
合 计							

负责人: 收料人: 交料人:

附件 5-1

收 料 单

供应单位: 年 月 日 编号:

材料编号	名称	单位	规格	应收数量	实收数量	单价	金额(元)
合 计							

负责人: 收料人: 交料人:

附件 5-2

增值税专用发票

发 票 联

5100192160　　　　No　01362526

校验码 58989 21127 26316 69722　　　　开票日期:20　　年　月　日

<table>
<tr><td>购买单位</td><td colspan="4">名　　称:
纳税人识别号:
地 址 、电 话:
开户行及账号:</td><td>密码区</td><td colspan="3">略</td></tr>
<tr><td colspan="2">货物或应税劳务名称

合　计</td><td>规格型号</td><td>单位</td><td>数量</td><td>单价</td><td>金额</td><td>税率</td><td>税额</td></tr>
<tr><td colspan="2">价税合计(大写)</td><td colspan="7">(小写)¥</td></tr>
<tr><td>销售单位</td><td colspan="4">名　　称:
纳税人识别号:
地 址 、电 话:
开户行及账号:</td><td>备注</td><td colspan="3">(销售单位发票专用章)</td></tr>
</table>

收款人:　　　　复核:　　　　开票人:　　　　销售单位:(章)

附件 5-3

增值税专用发票

抵 扣 联

5100192160　　　　No　01362526

校验码 58989 21127 26316 69722　　　　开票日期:20　　年　月　日

<table>
<tr><td>购买单位</td><td colspan="4">名　　称:
纳税人识别号:
地 址 、电 话:
开户行及账号:</td><td>密码区</td><td colspan="3">略</td></tr>
<tr><td colspan="2">货物或应税劳务名称

合　计</td><td>规格型号</td><td>单位</td><td>数量</td><td>单价</td><td>金额</td><td>税率</td><td>税额</td></tr>
<tr><td colspan="2">价税合计(大写)</td><td colspan="7">(小写)¥</td></tr>
<tr><td>销售单位</td><td colspan="4">名　　称:
纳税人识别号:
地 址 、电 话:
开户行及账号:</td><td>备注</td><td colspan="3">(销售单位发票专用章)</td></tr>
</table>

收款人:　　　　复核:　　　　开票人:　　　　销售单位:(章)

附件 5-4

中国工商银行 转账支票存根

10203399

08114701

附加信息______________

____

____

出票日期：　　年　月　日

收款人：	
金　额：	
用　途：	
备　注：	

单位主管：　　会计：

10203399

中国工商银行 转账支票 08114701

出票日期(大写)：　　年　月　日　　付款行名称：

收款人：　　出票人账号：

人民币（大写）	亿	千	百	十	万	千	百	十	元	角	分

用途______________　密码______________

上列款项请从　行号______________

我账户内支付

出票人签章　　复核　　记账

附件 6-1

增值税专用发票

发 票 联

5100193160　　No 013342526

校验码 58989 21127 26316 69734　　开票日期：20　年　月　日

购买单位	名　称： 纳税人识别号： 地 址 、电 话： 开户行及账号：			密码区	略		
货物或应税劳务名称	规格型号	单位	数量	单价	金额	税率	税额
合　计							
价税合计(大写)					(小写)¥		
销售单位	名　称： 纳税人识别号： 地 址 、电 话： 开户行及账号：			备注	(销售单位发票专用章)		

收款人：　　复核：　　开票人：　　销售单位：(章)

附件 6-2

增值税专用发票

抵 扣 联

5100193160　　　　No　013342526

校验码 58989 21127 26316 69734　　　　开票日期:20　　年　月　日

<table>
<tr><td>购买单位</td><td colspan="3">名　　　称:
纳税人识别号:
地 址 、电 话:
开户行及账号:</td><td>密码区</td><td colspan="3">略</td></tr>
<tr><td>货物或应税劳务名称

合　计</td><td>规格型号</td><td>单位</td><td>数量</td><td>单价</td><td>金额</td><td>税率</td><td>税额</td></tr>
<tr><td>价税合计(大写)</td><td colspan="7">(小写)￥</td></tr>
<tr><td>销售单位</td><td colspan="3">名　　　称:
纳税人识别号:
地 址 、电 话:
开户行及账号:</td><td>备注</td><td colspan="3">(销售单位发票专用章)</td></tr>
</table>

收款人:　　　　复核:　　　　开票人:　　　　销售单位:(章)

附件 6-3

办公用品领用单

年　月　日

领用部门	物品名称	数量	领用人
合计			

发放人:　　　　审批人:

附件 7-1

增值税普通发票

发 票 联

051001901004　　　　No　00362520

校验码 58989 21127 26316 69702　　　　开票日期:20　　年　月　日

<table>
<tr><td>购买单位</td><td colspan="4">名　　称:
纳税人识别号:
地 址 、电 话:
开户行及账号:</td><td>密码区</td><td colspan="3">略</td></tr>
<tr><td colspan="2">货物或应税劳务名称

合　计</td><td>规格型号</td><td>单位</td><td>数量</td><td>单价</td><td>金额</td><td>税率</td><td>税额</td></tr>
<tr><td colspan="2">价税合计(大写)</td><td colspan="7">(小写)¥</td></tr>
<tr><td>销售单位</td><td colspan="4">名　　称:
纳税人识别号:
地 址 、电 话:
开户行及账号:</td><td>备注</td><td colspan="3">(销售单位发票专用章)</td></tr>
</table>

收款人:　　　　复核:　　　　开票人:　　　　销售单位:(章)

附件 8-1

增值税普通发票

记 账 联

051001900805　　　　No　00362567

校验码 58989 21127 26315 60452　　　　开票日期:20　　年　月　日

<table>
<tr><td>购买单位</td><td colspan="4">名　　称:
纳税人识别号:
地 址 、电 话:
开户行及账号:</td><td>密码区</td><td colspan="3">略</td></tr>
<tr><td colspan="2">货物或应税劳务名称

合　计</td><td>规格型号</td><td>单位</td><td>数量</td><td>单价</td><td>金额</td><td>税率</td><td>税额</td></tr>
<tr><td colspan="2">价税合计(大写)</td><td colspan="7">(小写)¥</td></tr>
<tr><td>销售单位</td><td colspan="4">名　　称:
纳税人识别号:
地 址 、电 话:
开户行及账号:</td><td>备注</td><td colspan="3">(销售单位发票专用章)</td></tr>
</table>

收款人:　　　　复核:　　　　开票人:　　　　销售单位:(章)

附件 8-2

出　库　单

购买单位：　　　　　　　　　　年　月　日　　　　　　　　　　编号：

产品编号	名称	单位	规格	数量	单价	金额(元)
合 计						

负责人：　　　　　　　　　　收料人：　　　　　　　　　　交料人：

附件 9-1

中国工商银行　现金解款单(回单)

币别：　　　　　　　　　　年　月　日　　　　　　　　　　流水号：

<table>
<tr><td rowspan="4">单位填写</td><td>收款单位</td><td colspan="4"></td><td colspan="2">交款人</td><td colspan="6"></td></tr>
<tr><td>账　　号</td><td colspan="4"></td><td colspan="2">款项来源</td><td colspan="6"></td></tr>
<tr><td colspan="2" rowspan="2">(大写)</td><td>亿</td><td>千</td><td>百</td><td>十</td><td>万</td><td>千</td><td>百</td><td>十</td><td>元</td><td>角</td><td>分</td></tr>
<tr><td></td><td></td><td></td><td></td><td></td><td></td><td></td><td></td><td></td><td></td><td></td></tr>
<tr><td>银行确认栏</td><td colspan="13">会计确认栏：收款账号：
收款人户名：
缴款人户名：　　　　(收款银行盖章)
交易码　收付　金额
实收金额：
交易日期：　　　　现金回单(无银行打印记录及银行签章此单无效)</td></tr>
</table>

复核：　　　　　　　　　　录入：　　　　　　　　　　出纳：

附件 10-1

网银转账凭证

网银流水号(略)　　　　　　　　　　日期：　年　月　日

<table>
<tr><td rowspan="4">付款人</td><td>户名</td><td colspan="2"></td><td rowspan="4">收款人</td><td>户名</td><td colspan="2"></td></tr>
<tr><td>账号</td><td colspan="2"></td><td>账号</td><td colspan="2"></td></tr>
<tr><td>开户行</td><td colspan="2"></td><td>开户行</td><td colspan="2"></td></tr>
<tr><td>账户性质</td><td colspan="2"></td><td>账户性质</td><td colspan="2"></td></tr>
<tr><td rowspan="2">金额</td><td>小写</td><td colspan="2" rowspan="2"></td><td colspan="4" rowspan="2">用途</td></tr>
<tr><td>(大写)</td></tr>
<tr><td>网银客户编号</td><td colspan="3"></td><td>业务种类</td><td colspan="3"></td></tr>
<tr><td>是否加急</td><td colspan="3"></td><td colspan="4" rowspan="2"></td></tr>
<tr><td>联系人</td><td></td><td>联系电话</td><td></td></tr>
<tr><td>交易状态</td><td colspan="3">交易成功</td><td>复核</td><td></td><td>时间</td><td></td></tr>
</table>

附件 10-2

增值税专用发票

发 票 联

5100192130　　No 01311526

校验码 58989 21127 26316 69766　　开票日期:20　　年　月　日

<table>
<tr><td>购买单位</td><td colspan="3">名　　称:
纳税人识别号:
地 址 、电 话:
开户行及账号:</td><td>密码区</td><td colspan="4">略</td></tr>
<tr><td colspan="2">货物或应税劳务名称

合　计</td><td>规格型号</td><td>单位</td><td>数量</td><td>单价</td><td>金额</td><td>税率</td><td>税额</td></tr>
<tr><td colspan="2">价税合计(大写)</td><td colspan="7">(小写)¥</td></tr>
<tr><td>销售单位</td><td colspan="3">名　　称:
纳税人识别号:
地 址 、电 话:
开户行及账号:</td><td>备注</td><td colspan="4">(销售单位发票专用章)</td></tr>
</table>

收款人:　　复核:　　开票人:　　销售单位:(章)

附件 10-3

增值税专用发票

抵 扣 联

5100192130　　No 01311526

校验码 58989 21127 26316 69766　　开票日期:20　　年　月　日

<table>
<tr><td>购买单位</td><td colspan="3">名　　称:
纳税人识别号:
地 址 、电 话:
开户行及账号:</td><td>密码区</td><td colspan="4">略</td></tr>
<tr><td colspan="2">货物或应税劳务名称

合　计</td><td>规格型号</td><td>单位</td><td>数量</td><td>单价</td><td>金额</td><td>税率</td><td>税额</td></tr>
<tr><td colspan="2">价税合计(大写)</td><td colspan="7">(小写)¥</td></tr>
<tr><td>销售单位</td><td colspan="3">名　　称:
纳税人识别号:
地 址 、电 话:
开户行及账号:</td><td>备注</td><td colspan="4">(销售单位发票专用章)</td></tr>
</table>

收款人:　　复核:　　开票人:　　销售单位:(章)

附件 10-4

劳保用品领用表

年　月　日

物品名称	计量单位	数量	单价	金额(元)	领用单位	领用人
合计						

发货人：　　　　　　　　　　　　　　　　　　审批人：

附件 11-1

差旅费报销单

附原始单据：　张　　　　　20　年　月　日

<table>
<tr><td>工作部门</td><td colspan="3"></td><td>姓名</td><td colspan="2"></td><td colspan="2">职务/职称</td><td colspan="3"></td></tr>
<tr><td>出差事由</td><td colspan="6"></td><td colspan="4" rowspan="2">出发时间：
返程时间：</td><td rowspan="2">共　天</td></tr>
<tr><td>起讫地点</td><td colspan="6"></td></tr>
<tr><td rowspan="3">项目</td><td colspan="4">车船费</td><td colspan="2">交通费</td><td rowspan="2">住宿费</td><td colspan="4">出差补助</td></tr>
<tr><td>火车</td><td>汽车</td><td>飞机</td><td>轮船</td><td>出租车</td><td>其他</td><td>夜间乘车补贴</td><td>住勤补贴</td><td>交通补贴</td><td>其他</td></tr>
<tr><td></td><td></td><td></td><td></td><td></td><td></td><td></td><td></td><td></td><td></td><td></td></tr>
<tr><td colspan="10">报销金额合计(大写)：</td><td colspan="2">(小写)：</td></tr>
</table>

领导批示：　　　　会计主管：　　　　部门负责人：　　　　审核：　　　　报销人：

附件 12-1

中国工商银行
现金支票存根

10523124
02334603

附加信息

出票日期：　　年　月　日

收款人：	
金　额：	
用　途：	
备　注：	

单位主管：　　　会计：

10523124

中国工商银行　现金支票　02334603

出票日期(大写)：　　年　月　日　　　　付款行名称：

收款人：　　　　　　　　　　　　　　　出票人账号：

人民币(大写)	亿	千	百	十	万	千	百	十	元	角	分

用途＿＿＿＿＿＿　　　密码＿＿＿＿＿＿

上列款项请从　　　　　行号＿＿＿＿＿＿

我账户内支付

出票人签章　　　　　复核　　　　　记账

附件 13-1

工资结算汇总表

年　月

部门名称	人员类别	基本工资	津贴	奖金	实发工资合计	领款人签名

制表：　　　　审核：

附件 14-1

领　料　单

领料单位：　　　　年　月　日　　　　编号：

材料编号	名称	单位	规格	数量	单价	金额(元)	用途
合　计							

部门主管：　　　　领料人：　　　　发料人：　　　　制单：

附件 14-2

领　料　单

领料单位：　　　　年　月　日　　　　编号：

材料编号	名称	单位	规格	数量	单价	金额(元)	用途
合　计							

部门主管：　　　　领料人：　　　　发料人：　　　　制单：

附件 15-1

新增固定资产登记表

年　月　日

固定资产名称	规格型号	种类	单位	数量	购入日期	投入使用日期	使用部门	预计使用年限

制表人：　　　　复核人：

附件 15-2

增值税专用发票

发 票 联

5100196130　　　　No　01311459

校验码 58989 21127 36516 69766　　　　开票日期:20　　年　月　日

<table>
<tr><td>购买单位</td><td colspan="4">名　　　称:
纳税人识别号:
地 址 、电 话:
开户行及账号:</td><td>密码区</td><td colspan="3">略</td></tr>
<tr><td colspan="2">货物或应税劳务名称

合　计</td><td>规格型号</td><td>单位</td><td>数量</td><td>单价</td><td>金额</td><td>税率</td><td>税额</td></tr>
<tr><td colspan="2">价税合计(大写)</td><td colspan="7">(小写)￥</td></tr>
<tr><td>销售单位</td><td colspan="4">名　　　称:
纳税人识别号:
地 址 、电 话:
开户行及账号:</td><td>备注</td><td colspan="3">(销售单位发票专用章)</td></tr>
</table>

收款人:　　　　复核:　　　　开票人:　　　　销售单位:(章)

附件 15-3

增值税专用发票

抵 扣 联

5100196130　　　　No　01311459

校验码 58989 21127 36516 69766　　　　开票日期:20　　年　月　日

<table>
<tr><td>购买单位</td><td colspan="4">名　　　称:
纳税人识别号:
地 址 、电 话:
开户行及账号:</td><td>密码区</td><td colspan="3">略</td></tr>
<tr><td colspan="2">货物或应税劳务名称

合　计</td><td>规格型号</td><td>单位</td><td>数量</td><td>单价</td><td>金额</td><td>税率</td><td>税额</td></tr>
<tr><td colspan="2">价税合计(大写)</td><td colspan="7">(小写)￥</td></tr>
<tr><td>销售单位</td><td colspan="4">名　　　称:
纳税人识别号:
地 址 、电 话:
开户行及账号:</td><td>备注</td><td colspan="3">(销售单位发票专用章)</td></tr>
</table>

收款人:　　　　复核:　　　　开票人:　　　　销售单位:(章)

附件 15-4

付款期限一个月

中国工商银行
银行汇票

编号：略

<table>
<tr><td colspan="3">出票日期　　　年　　月　　日
（大写）</td><td colspan="2">代理付款行</td></tr>
<tr><td colspan="3"></td><td colspan="2">行号</td></tr>
<tr><td>收款人</td><td colspan="2"></td><td>账号</td><td></td></tr>
<tr><td rowspan="2">出票金额</td><td>人民币</td><td colspan="3" rowspan="2"></td></tr>
<tr><td>（大写）</td></tr>
<tr><td rowspan="2">实际结算金额</td><td>人民币</td><td rowspan="2"></td><td colspan="2">小写</td></tr>
<tr><td>（大写）</td><td colspan="2"></td></tr>
</table>

申请人：　　　　　　　　　　　　　　　　账号：

<table>
<tr><td>出票行：　　　　　　行号：</td><td rowspan="2">密押</td><td colspan="2" rowspan="3">科目（借）
对方科目（贷）
付讫日期　　年　月　日</td></tr>
<tr><td>备注：</td></tr>
<tr><td rowspan="2">见票付款
出票行盖章</td><td rowspan="2">多余金额（小写）：</td></tr>
<tr><td>复核</td><td>记账</td></tr>
</table>

附件 16-1

收　款　收　据

年　月　日

交款单位：________	收款方式：________
人民币（大写）：________	（小写）：________
收款事由：________	

单位盖章：　　　会计主管：　　　记账：　　　交款人：　　　收款人：

附件 17-1

职工困难补助申请支付表（代现金收据）

年　月　日

申请人姓名	所在部门	申请金额	申请理由	签字

领导意见：　　　部门意见：　　　制表：　　　审核：

附件 18-1

支付宝结算凭证

商户名称	
付款金额	
当前状态	
支付方式	
商品或服务名称	
交易时间	
交易单号	
商户单号	

附件 18-2

增值税普通发票

发 票 联

051001900804　　No　01311467

校验码 58989 21127 36516 69845　　开票日期:20　　年　月　日

<table>
<tr><td>购买单位</td><td colspan="4">名　　称:
纳税人识别号:
地 址 、电 话:
开户行及账号:</td><td>密码区</td><td colspan="3">略</td></tr>
<tr><td colspan="2">货物或应税劳务名称

合　计</td><td>规格型号</td><td>单位</td><td>数量</td><td>单价</td><td>金额</td><td>税率</td><td>税额</td></tr>
<tr><td colspan="2">价税合计(大写)</td><td colspan="7">(小写)￥</td></tr>
<tr><td>销售单位</td><td colspan="4">名　　称:
纳税人识别号:
地 址 、电 话:
开户行及账号:</td><td>备注</td><td colspan="3">(销售单位发票专用章)</td></tr>
</table>

收款人:　　复核:　　开票人:　　销售单位:(章)

附件 19-1

中国工商银行　空白凭证领用单

年　月　日　　　　　　　　　　　　　　　　第　　号

科目(借)：　　　　　　　　　　　　　　　　对方科目(贷)：

户名：　　　　　　　　　　　　　　　　　　账号：

凭证种类			数量	单价	金额
页(份)数	名称	号码			
合计	人民币(大写)				¥

附件 20-1

货物运输业增值税专用发票

发 票 联

5100199160　　　　　　　　　　　　　　　　No　41311455

校验码 58989 21127 36516 63344　　　　　　开票日期:20　　年　月　日

<table>
<tr><td>承运人及纳税人识别号</td><td colspan="5"></td><td>密码区</td><td colspan="3" rowspan="2">略</td></tr>
<tr><td>实际受票方及纳税人识别号</td><td colspan="6"></td></tr>
<tr><td>收货人及纳税人识别号</td><td colspan="5"></td><td colspan="2">发货人及纳税人识别号</td><td colspan="2"></td></tr>
<tr><td>起运地、经由、目的地</td><td colspan="9"></td></tr>
<tr><td>费用项目及金额</td><td colspan="6">费用项目　　金额　　费用项目　　金额</td><td>运输货物信息</td><td colspan="2"></td></tr>
<tr><td>合　计</td><td colspan="2"></td><td>税率</td><td></td><td>税额</td><td></td><td>货物编号</td><td colspan="2"></td></tr>
<tr><td>价税合计(大写)</td><td colspan="9">(小写)¥</td></tr>
<tr><td>车种车号</td><td></td><td>车船吨位</td><td colspan="2"></td><td>备注</td><td colspan="4" rowspan="2">(承运人发票专用章)</td></tr>
<tr><td>主管税务机关及代码</td><td colspan="4"></td><td></td></tr>
</table>

收款人：　　　　　　复核：　　　　　　开票人：　　　　　　承运人:(章)

附件 20-2

货物运输业增值税专用发票

抵 扣 联

5100199160 No 41311455

校验码 58989 21127 36516 63344 开票日期:20 年 月 日

承运人及纳税人识别号					密码区	略	
实际受票方及纳税人识别号							
收货人及纳税人识别号				发货人及纳税人识别号			
起运地、经由、目的地							
费用项目及金额	费用项目	金额	费用项目	金额	运输货物信息		
合　计		税率		税额		货物编号	
价税合计(大写)					（小写）¥		
车种车号		车船吨位			备注	（承运人发票专用章）	
主管税务机关及代码							

收款人：　　复核：　　开票人：　　承运人：(章)

附件 20-3

支付宝结算凭证

商户名称	
付款金额	
当前状态	
支付方式	
商品或服务名称	
交易时间	
交易单号	
商户单号	

附件 21-1

增值税专用发票

记账联

5100193130　　No 00362551

校验码 58989 21127 26315 60123　　开票日期:20　年　月　日

购买单位	名　　称： 纳税人识别号： 地 址 、电 话： 开户行及账号：			密码区	略		
货物或应税劳务名称	规格型号	单位	数量	单价	金额	税率	税额
合　计							
价税合计(大写)					(小写)¥		
销售单位	名　　称： 纳税人识别号： 地 址 、电 话： 开户行及账号：			备注	(销售单位发票专用章)		

收款人：　　复核：　　开票人：　　销售单位:(章)

附件 21-2

出　库　单

购买单位：　　年　月　日　　编号：

产品编号	名称	单位	规格	数量	单价	金额(元)
合 计						

负责人：　　收料人：　　交料人：

附件 21-3

微信结算凭证

付款金额	
商品或服务名称	
商户名称	
当前状态	
交易时间	
支付方式	
交易单号	
商户单号	

附件 22-1

代收罚款收据

No. 4358619

年　月　日

<table>
<tr><td>被处罚单位</td><td colspan="4"></td><td>地址</td><td colspan="11"></td></tr>
<tr><td>罚没原因</td><td colspan="16"></td></tr>
<tr><td rowspan="2">金额(大写)</td><td rowspan="2" colspan="5"></td><td>亿</td><td>千</td><td>百</td><td>十</td><td>万</td><td>千</td><td>百</td><td>十</td><td>元</td><td>角</td><td>分</td></tr>
<tr><td></td><td></td><td></td><td></td><td></td><td></td><td></td><td></td><td></td><td></td><td></td></tr>
<tr><td>实物(品名)</td><td colspan="16"></td></tr>
<tr><td>执法机关或经办单位</td><td colspan="4">(执法机关发票专用章)</td><td>经办人</td><td colspan="4">(章)</td><td>收款人</td><td colspan="6">(章)</td></tr>
</table>

附件 23-1

增值税专用发票

记 账 联

5100193130　　　　No　00362552

校验码 58989 21127 26315 70857　　　　开票日期:20　年　月　日

<table>
<tr><td>购买单位</td><td colspan="5">名　　　称:
纳税人识别号:
地 址 、电 话:
开户行及账号:</td><td>密码区</td><td colspan="3">略</td></tr>
<tr><td colspan="2">货物或应税劳务名称

合　计</td><td>规格型号</td><td>单位</td><td>数量</td><td>单价</td><td>金额</td><td>税率</td><td>税额</td><td></td></tr>
<tr><td colspan="2">价税合计(大写)</td><td colspan="8">(小写)¥</td></tr>
<tr><td>销售单位</td><td colspan="5">名　　　称:
纳税人识别号:
地 址 、电 话:
开户行及账号:</td><td>备注</td><td colspan="3">(销售单位发票专用章)</td></tr>
</table>

收款人:　　　　复核:　　　　开票人:　　　　销售单位:(章)

附件 23-2

出 库 单

购买单位： 年 月 日 编号：

产品编号	名称	单位	规格	数量	单价	金额(元)
合 计						

负责人： 收料人： 交料人：

附件 24-1

网银转账凭证

网银流水号(略) 日期： 年 月 日

付款人	户名		收款人	户名		
	账号			账号		
	开户行			开户行		
	账户性质			账户性质		
金额	小写		用途：			
	(大写)					
网银客户编号			业务种类			
是否加急						
联系人		联系电话				
交易状态	交易成功		复核		时间	

附件 24-2

水 费 分 配 表

年 月 金额单位:元

使用部门	计量单位	耗用量	单价	金额(元)	备注
合计					

制表： 审核

附件 24-3

增值税专用发票

发 票 联

5100197130 No 01311433

校验码 58989 21127 36516 64567 开票日期:20 年 月 日

<table>
<tr><td>购买单位</td><td colspan="3">名 称:
纳税人识别号:
地 址 、电 话:
开户行及账号:</td><td>密码区</td><td colspan="3">略</td></tr>
<tr><td colspan="2">货物或应税劳务名称

合 计</td><td>规格型号</td><td>单位</td><td>数量</td><td>单价</td><td>金额</td><td>税率</td><td>税额</td></tr>
<tr><td colspan="2">价税合计(大写)</td><td colspan="7">(小写)¥</td></tr>
<tr><td>销售单位</td><td colspan="3">名 称:
纳税人识别号:
地 址 、电 话:
开户行及账号:</td><td>备注</td><td colspan="3">(销售单位发票专用章)</td></tr>
</table>

收款人: 复核: 开票人: 销售单位:(章)

附件 24-4

增值税专用发票

抵 扣 联

5100197130 No 01311433

校验码 58989 21127 36516 64567 开票日期:20 年 月 日

<table>
<tr><td>购买单位</td><td colspan="3">名 称:
纳税人识别号:
地 址 、电 话:
开户行及账号:</td><td>密码区</td><td colspan="3">略</td></tr>
<tr><td colspan="2">货物或应税劳务名称

合 计</td><td>规格型号</td><td>单位</td><td>数量</td><td>单价</td><td>金额</td><td>税率</td><td>税额</td></tr>
<tr><td colspan="2">价税合计(大写)</td><td colspan="7">(小写)¥</td></tr>
<tr><td>销售单位</td><td colspan="3">名 称:
纳税人识别号:
地 址 、电 话:
开户行及账号:</td><td>备注</td><td colspan="3">(销售单位发票专用章)</td></tr>
</table>

收款人: 复核: 开票人: 销售单位:(章)

附件 25-1

增值税专用发票

发 票 联

5100196160　　　　No　01311555

校验码 58989 21127 36516 64777　　　　开票日期：20　　年　月　日

购买单位	名　　称： 纳税人识别号： 地 址 、电 话： 开户行及账号：			密码区	略		
货物或应税劳务名称 合　计	规格型号	单位	数量	单价	金额	税率	税额
价税合计(大写)					(小写)¥		
销售单位	名　　称： 纳税人识别号： 地 址 、电 话： 开户行及账号：			备注	(销售单位发票专用章)		

收款人：　　　　复核：　　　　开票人：　　　　销售单位：(章)

附件 25-2

增值税专用发票

抵 扣 联

5100196160　　　　No　01311555

校验码 58989 21127 36516 64777　　　　开票日期：20　　年　月　日

购买单位	名　　称： 纳税人识别号： 地 址 、电 话： 开户行及账号：			密码区	略		
货物或应税劳务名称 合　计	规格型号	单位	数量	单价	金额	税率	税额
价税合计(大写)					(小写)¥		
销售单位	名　　称： 纳税人识别号： 地 址 、电 话： 开户行及账号：			备注	(销售单位发票专用章)		

收款人：　　　　复核：　　　　开票人：　　　　销售单位：(章)

附件 25-3

网银转账凭证

网银流水号（略）　　　　　　　　　　　　　　　　　　日期：　　年　　月　　日

付款人	户名		收款人	户名	
	账号			账号	
	开户行			开户行	
	账户性质			账户性质	
金额	小写		用途：		
	（大写）				
网银客户编号			业务种类		
是否加急					
联系人		联系电话			
交易状态	交易成功		复核		时间

附件 25-4

电费分配表

年　月　　　　　　　　　　　　　　　　金额单位：元

使用部门	计量单位	耗用量	单价	金额（元）	备注
合计					

制表：　　　　　　　　　　　　　　　　　　审核：

附件 26-1

发出材料汇总表

年　月　日　　　　　　　　　　　　　　　金额单位：元

使用部门 / 材料名称	单价	面包车间		蛋糕车间		合计	
		数量/kg	金额	数量/kg	金额	数量/kg	金额
合计							

复核：　　　　　　　　　　　　　　　　　　制表：

附件 27-1

工资结算汇总表

年　月　日　　　　金额单位：元

部门名称	生产工人工资	管理人员工资		销售人员工资	合计
		车间	厂部		
合计					

复核：　　　　制表：

附件 28-1

固定资产折旧计算表

年　月　日　　　　金额单位：元

固定资产类别	使用部门	品名	单位	数量	原价	预计使用年限	月折旧率	月折旧额
合计								

复核：　　　　制表：

附件 29-1

制造费用分配表

年　月　日　　　　金额单位：元

部门 / 应借科目	面包车间		蛋糕车间		合计
	分配率	分配金额	分配率	分配金额	
合计					

复核：　　　　制表：

附件 30-1

成本计算单

2019 年 12 月 31 日

产品名称：　　　完工产品：　　件　　月末在产品：　　件　　　　　　完工率：

摘要	直接材料	直接人工	制造费用	合计
期初在产品成本				
本月发生费用				
生产费用合计				
约当产量				
单位成本				
完工产品成本				
月末在产品成本				

制单：　　　　　　　　　　　　　　　　审核：

附件 30-2

成本计算单

2019 年 12 月 31 日

产品名称：　　　完工产品：　　件　　月末在产品：　　件　　　　　　完工率：

摘要	直接材料	直接人工	制造费用	合计
期初在产品成本				
本月发生费用				
生产费用合计				
约当产量				
单位成本				
完工产品成本				
月末在产品成本				

制单：　　　　　　　　　　　　　　　　审核：

附件 30-3

入　库　单

2019 年 12 月 31 日　　　　　　　编号：

产品编号	名称	规格	计量单位	数量	单价	金额	备注
合计							

交库人：　　　　　　　　　　　　　　　收货人：

附件 31-1

产品销售成本计算表

年 月 日

金额单位：元

产品名称	期初结存			本期入库			本期销售		
	数量(kg)	单位成本	金额	数量(kg)	单位成本	金额	数量(kg)	单位成本	金额
合计									

复核： 制表：

附件 34-1

所得税费用计算表

年 月 日

单位：元

项目	本期数
一、营业收入	
减：营业成本	
销售费用	
管理费用	
财务费用	
二、营业利润	
加：营业外收入	
减：营业外支出	
三、利润总额	
四、所得税费用	

复核： 制表：

附件 37-1 科目汇总表（略）

附件 38-1 资产负债表(略)

附件 38-2 利润表(略)

中篇　财务会计综合实训

财务会计综合实训是会计学专业的重要实践性教学环节，旨在让学生综合运用基础会计、财务会计、成本会计、税法、审计学、会计信息系统和财务分析等学科所学的基本理论、基本技能、基本知识，模拟一个企业一个会计期间从原始凭证的取得开始，到编制记账凭证、登记账簿、成本计算和编制会计报表的一个会计循环，在此基础上，利用手工会计核算的结果，进行财务分析和手工审计。同时，将手工模拟实训的会计资料通过 ERP 财务业务一体化系统进行电算化处理，使学生切身体会到从手工做账到会计电算化的演进过程，从不同的视角理解所学专业知识，完成所学理论知识从理性认识到感性认识的转变，实现理论与实际相结合的教学目标，锻炼学生综合运用所学专业知识分析问题、解决问题的能力，为拓宽学生的专业视野和培养学生的创新思维提供实训平台。

第一部分　会计核算实训

一、实训目的

1. 识别不同外来原始凭证所描述的经济业务内容，掌握各种常用自制原始凭证的设计方法，掌握原始凭证、记账凭证的填制和审核方法。

2. 了解各类账簿的基本结构，熟悉各类账簿的账页格式，掌握会计账簿的启用、设置、登记以及对账、结账等基本操作技能和技巧。熟悉主要财务报表的基本结构，掌握财务报表编制的基本方法。

3. 将所学课程的理论知识通过模拟操作运用于实际，实现学生对所学专业知识由理性认识到感性认识的过渡，通过理论与实际相结合，加深学生对所学专业知识的理解，提高学生的财务会计专业技能和实际操作能力。

4. 通过对模拟实训内容和会计处理程序进行精心设计，训练学生求真务实的工作作风，拓宽学生的思维和视野。

二、实训要求

1. 按照《企业会计准则》、企业会计政策和税收法规等的相关要求对企业经济业务进行规范的会计处理。

2. 填制部分自制原始凭证和汇总原始凭证、编制通用记账凭证、登记明细账、编制科目汇总表、登记总账、编制会计报表、整理装订记账凭证及其他会计资料、撰写实训报告。

三、实训准备

实训准备阶段主要包括实训材料准备和熟悉实训资料两项内容。

1. 实训材料准备。实训材料主要包括通用记账凭证、各类不同格式的账页、科目汇总表、财务报表、凭证封皮包角、账簿标签、会计科目等相关印章、胶水、剪刀、账绳、装订机、长尾夹等。

2. 熟悉实训资料。充分阅读实训资料，了解实训流程，预习实训内容，熟悉模拟公司的基本情况、主要会计政策、主要税费政策、会计核算形式、期初资料、经济业务及有关说明事项；对实训所需的理论知识进行事前复习，为顺利完成实训操作奠定基础。

四、实训步骤

（一）建账并登记期初余额

根据天津华丽股份有限公司2019年12月份期初资料（见附件1）和本月发生的经济业务内容（见附件2），选择不同格式的账页进行建账并登记各有关日记账、明细账和总账的期初余额。没有期初余额的账户，在实际经济业务发生时陆续开设账页。

1. 建总分类账

依据上期已封账的旧账，根据法规变动、管理要求、业务变动情况确定应设置的科目名称，并按科目表的顺序排列，一次建齐所涉及的会计科目。

2. 建日记账和明细分类账[①]

包括库存现金日记账和银行存款日记账、三栏式明细账（活页式）、数量金额式明细账（活页式）、多栏式明细账（活页式）、专用格式明细账。

3. 登记期初余额

（1）甲式账页、乙式账页期初余额的登记同总分类账。

（2）分析式账页。只在余额栏登记。如何登记分析栏，按照本实训涉及的生产成本、制造费用、管理费用、财务费用、销售费用5个科目具体说明如下：

生产成本科目，在分析栏设置直接人工、直接材料、直接动力、制造费用、其他共5个成本项目。

制造费用科目，在分析栏设置工资、折旧费、水电费、修理费、其他共5个费用项目。

管理费用科目，在分析栏设置工资、办公费、差旅费、保险费、水电费、修理费、其他共7个费用项目。

财务费用科目，在分析栏设置利息、手续费、汇兑损失、其他共4个费用项目。

销售费用科目，在分析栏设置工资、折旧费、广告费、运输费、保险费、包装费、其他共7个费用项目。

（3）固定资产明细账。在账页上登记好各项目数值，然后在固定资产原值和累计折旧余额栏分别登记金额，并计算出净值。

（二）编制记账凭证

根据资料中提供的原始凭证或原始凭证汇总表的内容编制记账凭证并进行审核，记账凭证要求从1号开始连续编号。如果资料中涉及自制原始凭证内容填写不全的，必须首先将自制原始凭证内容填写完整后，再编制记账凭证。

---

① 明细分类账因采用活页账不要求一次建齐。

（三）登记日记账和明细账

根据审核无误的记账凭证登记现金日记账、银行存款日记账和其他明细账。

（四）登记总账

根据记账凭证按旬进行汇总，编制科目汇总表，并据此登记有关总账。

（五）成本计算

根据企业会计政策和相关资料计算期末在产品和完工产品成本。

（六）年终转账

采用“账结法”计算当月利润总额和净利润，年终对全年利润总额进行分配，并结清除“未分配利润”以外的所有“利润分配”的明细账户。

（七）对账、结账

月末，对各类账簿进行核对并结账。

（八）编制会计报表

根据账簿资料，编制资产负债表、利润表和现金流量表。

（九）整理和装订

将上述会计资料整理完毕后装订成册。

五、实训资料

（一）公司基本情况

名称：天津华丽股份有限公司

性质：股份有限公司

地址：天津新北区河海东路 65 号

电话：022-85499890

注册资本：人民币 1 000 万元

注册登记号：320400009898880

税务登记号：320400009898880

法定代表人（董事长）：刘晓宁

主管会计工作负责人（总经理）：马亦琳

会计机构负责人（财务部经理）：王春景

开户银行及账号：

中国建设银行新北区支行（人民币户—基本户）	2300098776
（人民币户—保证金专户）	2300098012
（人民币户—华泰证券托管户）	977633333
（美元户—结算户）	2400048801
中国银行新北区支行（人民币户—结算户）	2400040015
（美元户—结算户）	3400040002

天津华丽股份有限公司于 1999 年 12 月 18 日成立。公司下设行政部——厂部办公室（负责人萧雨）、财务部、采购部（负责人郝欣然）、生产部（负责人江伍）、专设销售机构（负责人刘丽）等 5 个职能部门，一车间、二车间 2 个基本生产车间，机修车间、动力车间 2 个辅助生产车间，以及服务部门食堂、仓库（总负责人刘海），另设材料库（责任人王嘉）、低值易耗品

库(责任人王嘉)、产品库(责任人张虹)。

其中,财务部有5人。财务部经理王春景,全面负责财务部的工作;财务部经理助理王伟,负责审核及会计报表的编制工作;出纳姚敏,负责货币资金的收付、有关凭证的填制以及现金日记账和银行存款日记账的登记;成本会计董洁,负责材料采购、入库、领用等记账凭证的填制以及相关明细账的登记,负责各种成本、费用的归集、分配及成本计算等记账凭证的填制及相关明细账的登记;记账徐子雅,负责其他业务记账凭证的填制以及相关明细账的登记,编制科目汇总表并登记总账。

一车间生产半成品G、半成品M;二车间生产A产品、B产品;机修车间对内提供机器设备的维护、保养、修理服务;动力车间对内供应电力。

公司产品、主要原材料及生产流程为:公司一车间生产的半成品G、半成品M均需领用甲材料、乙材料、丙材料,当月完工半成品G、M均直接移送二车间用于连续生产;二车间领用半成品G继续加工生产A产品,领用半成品M继续加工生产B产品。半成品和产品完工后均入半成品和产成品库。

(二)主要会计政策

本公司业务均按照财政部2018年后最新修订和颁布的《企业会计准则》和2018年后的最新税收法律法规进行处理。对于可选择的会计政策和会计方法,公司具体规定如下。

1. 财务报表的编制基础

本公司财务报表以持续经营假设为基础,根据实际发生的交易和事项,并基于以下所述重要会计政策、会计估计进行编制。

2. 会计期间

本公司的会计期间分为年度和中期,会计年度为自公历1月1日起至12月31日止,中期包括月度、季度和半年度。

3. 记账本位币

本公司以人民币为记账本位币。

4. 现金及现金等价物的确定标准

本公司现金流量表中的现金是指库存现金以及可以随时用于支取的存款。现金等价物是指持有期限短(一般是指从购买日起3个月内到期)、流动性强、易于转换为已知金额现金、价值变动风险很小的投资。

5. 外币业务

对发生的外币交易,采用交易发生当日汇率(即中国人民银行公布的人民币外汇牌价中间价)折合为人民币记账。其中,对发生的外币兑换或涉及外币兑换的交易,按照交易时实际采用的汇率进行折算。

资产负债表日,将外币货币性资产和负债账户余额,按资产负债表日中国人民银行公布的市场汇率中间价折算为记账本位币金额。按照资产负债表日折算汇率折算的记账本位币金额与原账面记账本位币金额的差额,作为汇兑损益处理。其中,与购建固定资产有关的外币借款产生的汇兑损益,按借款费用资本化的原则处理;属于开办期间发生的汇兑损益计入开办费;其余计入当期的财务费用。

资产负债表日对以历史成本计量的外币非货币项目,仍按交易发生日中国人民银行公布的市场汇率中间价折算,不改变其原记账本位币金额。

6. 金融工具

遵循《企业会计准则第 22 号——金融工具确认和计量》(2018)的相关规定进行确认和计量。企业应当根据其管理金融资产的业务模式和金融资产的合同现金流量特征将金融资产划分为以下三类：

(1) 以摊余成本计量的金融资产。

(2) 以公允价值计量且其变动计入其他综合收益的金融资产。

(3) 以公允价值计量且其变动计入当期损益的金融资产。

7. 应收款项

(1) 债务人破产或死亡，以其破产财产或者遗产清偿后仍无法收回的，或因债务人逾期未履行偿债义务超过 3 年而且具有明显特征表明无法收回的应收款项，确认为坏账。

(2) 坏账损失采用备抵法核算。对单项金额重大的应收款项(包括应收账款和其他应收款，本公司将应收账款 500 万元、其他应收款 100 万元视为单项金额重大项目)进行单独减值测试，按该应收款项预计未来现金流量现值低于其账面价值的差额计提坏账准备；单项金额重大且未减值的应收款项，并入剔除单项金额重大应收款项后的应收款项，按期末余额的账龄分析计提坏账准备并计入当期损益。

(3) 应收款项各账龄段坏账准备计提的比例如下：

账龄	计提比例(%)
1 年以内	5
1～2 年	10
2～3 年	50
3 年以上	100

8. 存货

存货的盘存制度为永续盘存制。

(1) 存货分类。公司存货分为原材料、自制半成品、在产品、库存商品、低值易耗品等。

(2) 存货成本的计算。存货采用实际成本核算，其中：① 材料采购发生的共同采购费用按照材料买价比例进行分配，分配率除得尽的需要保留所有的小数位数。② 材料发出采用月末一次加权平均法：完工产品成本的计算采用品种法，其中，动力车间发生的辅助生产费用按照所提供的劳务量进行分配，机修车间发生的辅助生产费用按工人工时计入一车间、二车间制造费用；生产费用在完工产品与在产品之间的分配采用约当产量法(材料在生产开始一次投入)，工资、五险一金等费用按照生产工时比例进行分配，制造费用按照生产工时比例在各种半成品、完工产品之间进行分配。③ 盘盈、盘亏的材料按其月末一次加权平均单价作为入账价值，涉及进项税额转出的，按照规定的增值税税率计算转出。

(3) 存货跌价准备的计提方法。期末存货按成本与可变现净值孰低原则计价。期末，在对存货进行全面盘点的基础上，对于存货因遭受毁损、全部或部分陈旧过时或售价低于成本等情况，预计其成本不可收回的部分，提取存货跌价准备。存货跌价准备按单个存货项目的成本高于其可变现净值的差额提取。

库存商品和用于出售的材料等可直接用于出售的存货，其可变现净值按该类存货的估计售价减去估计的销售费用和相关税费后的金额确定；用于生产而持有的材料等存货，其可变现净值按所生产的产成品的估计售价减去至完工时估计将要发生的成本、估计的销售费用和相关税费后的金额确定。为执行销售合同或者劳务合同而持有的存货，其可变现净值以合同价格为基础计算；企业持有存货的数量多于销售合同订购数量的，超出部分的存货可变现净值以一般销售价格为基础计算。

9. 固定资产

固定资产是指为生产商品、提供劳务、出租或经营管理而持有的使用年限超过1年，单位价值较高的有形资产。固定资产以取得时的实际成本入账，并从其达到预定可使用状态的次月起，采用直线法计提折旧。

折旧标准如下：

固定资产类别	折旧年限(年)	残值率(%)	年折旧率(%)
房屋及建筑物	20	4	4.8
机器设备	10	5	9.5
运输设备	3	4	32
电子设备	3	4	32
工具器具	5	5	19
家具	5	4	19.2

其他项目均按准则规定处理。

（三）主要税费政策

1. 增值税

基本税率13%，货物运输业税率9%，服务业税率6%，其他业务根据要求使用税率或征收率，按月申报。不动产租赁采用简易计税方法。

2. 城市维护建设税

按7%计缴，按月申报。

3. 教育费附加

按5%计缴，其中，3%为教育费附加，2%为地方教育费附加，按月申报。

4. 城镇土地使用税

公司占地总面积4 377 m^2，年单位税额8元，按季申报。

5. 房产税

自有房屋按照房屋原值的70%为计税基数，税率为1.2%，按季申报；出租房屋按照租金收入的12%计缴，按月申报。

6. 企业所得税

适用税率为25%，根据实际利润额按月预缴，年终汇算清缴。

（四）会计核算形式

公司采用科目汇总表核算形式，按旬汇总。其中：

(1) 凭证组织。公司采用通用记账凭证和科目汇总表等。凭证编号按照实训资料提供的业务顺序编号；一笔经济业务如果需要编制多张记账凭证的，采用分数编号法。

(2) 账簿组织。公司开设总账、日记账和明细账，其中，日记账采用专用格式的三栏式账页；原材料、库存商品、低值易耗品等存货明细账采用数量金额式账页；固定资产及累计折旧明细账采用专用格式的固定资产账页；应交增值税、基本生产成本、辅助生产成本、收入、费用类以及制造费用明细账采用多栏式账页；其他明组账及总账采用三栏式账页。

(五) 会计核算期初资料

天津华丽股份有限公司 2019 年 12 月份期初资料见附件 1。

(六) 经济业务的原始凭证

天津华丽股份有限公司 2019 年 12 月份经济业务的原始凭证见附件 2。

(七) 其他说明事项

(1) 根据公司章程规定，1 000 万元以内的经济业务授权管理层决策并承担责任。

(2) 公司 2019 年度发生的交易均为非关联方交易。1～11 月收入的 80%为现销收入。

(3) 公司按月确认金融资产公允价值变动和资产减值准备；按年确认递延所得税。截至 2019 年 12 月 31 日，公司应收款项的账龄均在 1 年以内，且单项金额重大的应收款项经单独测试均未发生减值。

(4) 公司发生的长期债权投资和长期借款业务的实际利率与票面利率一致。

(5) 公司于每月月末计算提取贷款的利息支出；银行于每月 21 日收取其发放贷款的利息，于每季 21 日支付其收存存款的利息。

(6) 与外币业务相关的美元对人民币汇率：2019 年 11 月 30 日 6.754 3，12 月 1 日 6.667 3，12 月 20 日 6.657 2，12 月 28 日 6.657 3，12 月 31 日 6.643 2。

(7) 工会经费全年累计计提 136 562.49 元，全年累计使用 134 139.49 元；职工教育经费全年累计计提 170 703.11 元，全年累计使用 167 647.11 元；业务招待费全年累计发生 496 730元；福利费全年累计发生 735 749.69 元。

(8) 截至 2018 年 12 月 31 日，以前各年度应纳税所得额均大于零，本年度 1～11 月累计会计利润总额大于零，不存在不征税收入、免税收入、减免所得税额，且截至 2019 年 11 月 30 日无欠缴及多缴所得税情况。

(9) 凡能作为进项税额抵扣的增值税专用发票抵扣联均在当月办妥税务认证。

(10) 工会经费和职工教育经费按规定比例计提的金额全部计入管理费用。

(11) 除特别说明外，公司经济业务中涉及的有关分配率、折旧率、单价、单位成本均保留 6 位小数，其余均保留 2 位小数。其中，发出材料的尾差计入结存存货成本，各项成本费用按用途计入各对象时，如有差额计入最后一个受益对象。

(12) 公司于次年 1 月 1～5 日期间自制或取得的应归属于本年度相关经济业务的原始凭证，在实际工作中，均作为本年 12 月 31 日的经济业务处理。

(13) 公司 2019 年度财务报告编制完成日为 2020 年 1 月 5 日；2019 年度财务报告报出日期为 2020 年 4 月 25 日。

附件1 天津华丽股份有限公司2019年12月期初资料

一、企业经营往来单位资料

（一）供货单位信息

序号	单位名称	地址	纳税识别号	开户行及行号	账号	电话
1	北京宏程	北京西城区白云路33号	110105592187869	中国工商银行白云路支行	1110360145678654	010-59874321
2	北方长江	北京朝阳区春江路1号	600107593168009	中国工商银行春江路支行	1186510674360145	010-53829873
3	山东益阳	山东济南南京路369号	411025921333663	中国建设银行南京路支行	2186746014551036	0579-67834256
4	河北江陵	河北石家庄前进大街89号	200108591789600	中国银行前进大街支行	3400040015235	0311-73295857
5	河北景业	河北石家庄五四大街200号	210106591785205	中国银行五四大街支行	3400152304005	0311-67239892
6	天津机械	天津南开区八一路1号	320400763327909	中国建设银行八一路支行	23007609875367	022-65399755
7	天津金林	天津河西区前进道65号	121150087327217	中国建设银行前进路支行	23060987670753	022-75347793
8	北京景虹	北京东城区东四大街77号	110085986377952	中国工商银行东四支行	1110258674976423	010-79573583
9	天津紫冠	天津东丽区顺达路52号	210300865727623	中国银行通达路支行	23053670760987	022-53279523
10	美国劳伦斯公司	美国加州林肯路563号	EIN37-4557089	美国银行加州分行	S2435445557	1-626-780-7552

（二）销货单位信息

序号	单位名称	地址	纳税识别号	开户行及行号	账号	电话
1	济南昌达	山东济南泉州路33号	511136633302592	中国工商银行泉州路支行	110367860145654	0579-59874321
2	河北贝科	河北石家庄幸福大街9号	320400727909633	中国银行幸福大街支行	2186510674360145	0311-53829873
3	山东远东	山东济南南京路369号	511025921333663	中国建设银行南京路支行	3186746014551036	0579-67834256
4	博瑞克	北京海淀区学院路31号	100108591789600	中国工商银行学院路支行	1400040015235	010-73295857

续表

序号	单位名称	地址	纳税识别号	开户行及行号	账号	电话
5	江苏河海	江苏南京前进路65号	610106591785205	中国建设银行前进路支行	3400152304005	0532-67239892
6	北京东风	北京朝阳区大屯路1号	100107593168009	中国建设银行大屯路支行	33007609875367	010-65399755
7	河北商贸	河北石家庄五四大街50号	321150087327217	中国银行五四大街支行	23025234546368	0311-75347793
8	天津跃进	天津东丽区东风路32号	210085986377952	中国工商银行东风路支行	13060987670753	022-53279523
9	秦皇岛海业	河北秦皇岛八一路19号	310300865727623	中国银行八一路支行	23053670760987	0323-73953952
10	北京机械	北京东城区东四大街77号	115592010187869	中国银行东四大街支行	21102586749723	010-83795735

（三）其他单位信息

序号	单位名称	地址	纳税识别号	开户行及行号	账号	电话
1	山东黄河物流	山东济南南京路369号	311025921333663	中国建设银行南京路支行	3186746014551036	0579-67834256
2	天津海通物流	天津河北区学院路31号	200108591789600	中国工商银行学院路支行	1400040015235	022-73295857
3	天津金海购物中心	天津河西区大屯路1号	200107593168009	中国建设银行大屯路支行	33007609875367	022-65399755
4	天津江海培训中心	天津南开区五四大路50号	221150087327636	中国银行南开区支行	23025234546368	022-75347793
5	中华机械	天津东丽区东风路32号	210085986377952	中国工商银行东风路支行	13060987670753	022-53279523
6	人保财险公司	天津河北区八一路19号	210300865727623	中国银行河北区支行	23053670760987	022-73953952
7	天津二手设备调剂公司	天津东城丽区东四路77号	215592010187869	中国银行东四路支行	21102586749723	022-83795735
8	天津凯达酒店	天津河西区白云路33号	210105592187532	中国工商银行白云路支行	1110360145678654	022-59874321
9	天津大众	天津塘沽区前进大街89号	200108591783670	中国银行塘沽区支行	3400040015235	022-73295857
10	天津工业展览馆	天津塘沽区五四大街200号	210106591785205	中国银行五四大街支行	3400152304005	022-67239892

续表

序号	单位名称	地址	纳税识别号	开户行及行号	账号	电话
11	天津伟业建筑工程公司	天津南开区八一路1号	220400763327909	中国建设银行八一路支行	23007609875367	022-65399755
12	天津人和维修公司	天津河西区前进道65号	221150087327217	中国建设银行前进路支行	23060987670753	022-75347793
13	邮政公司	天津新北区春江路1号	200107593168009	中国工商银行春江路支行	1186510674360145	022-53829873
14	电力公司	天津新北区南京路369号	211025921334564	中国建设银行南京路支行	2186746014551036	022-67834256
15	自来水公司	天津新北区春江路10号	200107593168257	中国工商银行春江路支行	1186510674360145	022-53829873
16	河北城市大学	河北石家庄前进大街89号	300108591743676	中国银行前进大街支行	3400040015235	0311-73295857
17	天津金力研究所	天津南开区七一路1号	220400763327909	中国建设银行七一路支行	23007609875367	022-65399755
18	天津电视台	天津河西区前进道65号	221150087327231	中国建设银行前进路支行	23060987670753	022-75347793
19	江晨餐饮公司	天津东丽区顺达路52号	210300865727567	中国银行顺达路支行	23053670760987	022-53279523
20	天津市环保局	天津南开区新开路8号	234535644656757	中国农业银行新开路支行	64643676997978	022-56889442

二、期初会计数据资料

（一）资产负债表资料

2018年12月31日资产负债表如下：

资产负债表

会企01表

编制单位：天津华丽股份有限公司　　2018年12月31日　　单位：元

资产	年初余额	期末余额	负债及所有者权益	年初余额	期末余额
流动资产：			流动负债：		
货币资金	3 970 800	6 955 711.25	短期借款	300 000	500 000
交易性金融资产	60 000	89 000	交易性金融负债		
衍生金融资产			衍生金融负债		
应收票据		50 000	应付票据	55 000	0
应收账款	120 000	90 000	应付账款		
应收款项融资			预收账款		
预付账款			应付职工薪酬	260 000	290 000

续表

资产	年初余额	期末余额	负债及所有者权益	年初余额	期末余额
其他应收款	0		应交税费	57 000	63 950
存货	3 000 000	3 500 000	其他应付款	155 360	193 000
合同资产			其中:应付利息	(5 360)	(8 000)
持有待售资产	0		其他应付款	(150 000)	(185 000)
1 年内到期的非流动资产			持有待售负债		
其他流动资产			1 年内到期的非流动负债		
流动资产合计	7 150 800	10 684 711.25	其他流动负债		
非流动资产:			流动负债合计	827 360	1 046 950
债权投资			非流动负债:		
其他债权投资			长期借款		
长期应收款			应付债券		
长期股权投资	2 000 000	1 950 000	租赁负债		
其他权益工具投资			长期应付款		
其他非流动金融资产			预计负债		
投资性房地产			递延收益		
固定资产	3 000 000	3 300 000	递延所得税负债		
在建工程			其他非流动负债		
生产性生物资产			负债合计	827 360	1 046 950
使用权资产			所有者权益(或股东权益):		
无形资产	0	100 000	实收资本(或股本)	10 000 000	10 000 000
开发支出			其他权益工具		
商誉			资本公积	800 000	2 000 000
长期待摊费用			减:库存股		
递延所得税资产			其他综合收益		
其他非流动资产			专项储备		
非流动资产合计	5 000 000	5 350 000	盈余公积	350 000	750 000
			未分配利润	173 440	2 237 761.25
			所有者权益(或股东权益)合计	13 313 440	14 987 761.25
资产总计	12 150 800	16 034 711.25	负债及所有者权益(或股东权益)总计	12 150 800	16 034 711.25

公司法定代表人:　　　　　　　　主管会计工作负责人:　　　　　　　　会计机构负责人:

备注:交易性金融资产面值 120 000 元,变动损益(贷方)31 000 元;固定资产原值 7 600 000 元,累计折旧 4 300 000 元,无形资产原值 160 000 元,累计摊销 60 000 元。

（二）利润表资料

1. 2019 年 1～11 月损益类账户累计发生额

项目	本期数	1～11 月累计
一、营业收入		42 477 688
主营业务收入		42 027 688
其他业务收入		450 000
减：营业成本		－31 720 239.6
主营业务成本		31 365 172.4
其他业务成本		355 067.2
税金及附加		－235 488
销售费用		－1 520 000
管理费用		－308 500
研发费用		－200 000
财务费用		－21 000
其中：利息费用		－25 000
利息收入		3 000
加：其他收益		6 000
投资收益		7 000
其中：对联营企业和合营企业的投资收益		
公允价值变动收益		0
信用减值损失		
资产减值损失		－12 000
资产处置收益		0
二、营业利润		8 473 460.4
加：营业外收入		2 800
减：营业外支出		0
三、利润总额		8 476 260.4
减：所得税费用		2 119 065.1
四、净利润		5 352 374.948

公司法定代表人：　　　　主管会计工作负责人：　　　　会计机构负责人：

2. 2018年利润表

利　润　表

编制单位:天津华丽股份有限公司　　　　2018年度　　　　单位:元

项目	本年数	
一、营业收入	20 746 621	
减:营业成本	17 321 310	
税金及附加	238 648	
销售费用	1 380 000	
管理费用	317 900	
研发费用	100 000	
财务费用	20 000	
其中:利息费用		
利息收入		
加:其他收益	8 000	
投资收益	5 000	
其中:对联营企业和合营企业的投资收益		
以摊余成本计量的金融资产终止确认收益		
净敞口套期收益		
公允价值变动收益	0	
信用减值损失		
资产减值损失	8 000	
资产处置收益	0	
二、营业利润	1 373 763	
加:营业外收入		
减:营业外支出		
三、利润总额	1 373 763	
减:所得税费用	343 440.75	
四、净利润	1 030 322.25	
(一)持续经营净利润		
(二)终止经营净利润		
五、其他综合收益的税后净额		
(一)不能重分类进损益的其他综合收益		
1. 重新计量设定受益计划变动额		
2. 权益法下不能转损益的其他综合收益		

续表

项目	本年数	
3. 其他权益工具投资公允价值变动		
4. 企业自身信用风险公允价值变动		
（二）重分类进损益的其他综合收益		
1. 权益法下可转损益的其他综合收益		
2. 其他债权投资公允价值变动损益		
3. 金融资产重分类计入其他综合收益的金额		
4. 其他债权投资信用减值准备		
5. 现金流量套期储备		
6. 外币报表折算差额		
六、综合收益总额		
七、每股收益		
（一）基本每股收益		
（二）稀释每股收益		

公司法定代表人： 主管会计工作负责人： 会计机构负责人：

备注：主营业务收入 20 208 621 元，其他业务收入 538 000 元，主营业务成本 17 054 310 元，其他业务成本 267 000 元。

（三）现金流量表资料

1. 2018 年现金流量表

现金流量表

会企 03 表

编制单位：天津华丽股份有限公司 2018 年度 单位：元

项目		本期金额	上期金额
一、经营活动产生的现金流量			
销售产成品、商品、提供劳务收到的现金		23 980 000	
收到的税费返还		0	
收到的其他与经营活动有关的现金		195 000	
经营活动现金流入小计		24 175 000	
购买原材料、商品、接受劳务支付的现金		20 630 000	
支付给职工以及为职工支付的现金		290 000	
支付的各项税费		582 088.75	
支付的其他与经营活动有关的现金		0	
经营活动现金流出小计		21 502 088.75	
经营活动产生的现金流量净额		2 672 911.25	
二、投资活动产生的现金流量			

续表

项目		本期金额	上期金额
收回短期投资、长期债券投资和长期股权投资收到的现金		21 000	
取得投资收益收到的现金		13 000	
处置固定资产、无形资产和其他非流动资产收回的现金净额		100 000	
处置子公司及其他经营单位收回的现金净额		0	
收到其他与投资活动有关的现金		0	
投资活动现金流入小计		134 000	
短期投资、长期债券投资和长期股权投资支付的现金		0	
购置固定资产、无形资产和其他非流动资产支付的现金		0	
取得子公司及其他经营单位收回的现金净额		0	
支付其他与投资活动有关的现金		0	
投资活动现金流出小计		0	
投资活动产生的现金流量净额		134 000	
三、筹资活动产生的现金流量			
取得借款收到的现金		200 000	
吸收投资者投资收到的现金		0	
收到其他与筹资活动有关的现金		0	
筹资活动现金流入小计		200 000	
偿还债务支付的现金		0	
分配股利、利润和偿还利息支付的现金		22 000	
支付其他与筹资活动有关的现金		0	
筹资活动现金流出小计		22 000	
筹资活动产生的现金流量净额		178 000	
四、汇率变动对现金及现金等价物的影响		0	
五、现金及现金等价物净增加额		2 984 911.25	
加：期初现金及现金等价物余额		3 970 800	
六、期末现金及现金等价物余额		6 955 711.25	

2. 2019 年 1～11 月现金流量表

现金流量表

会企 03 表

编制单位：天津华丽股份有限公司　　2019 年 1～11 月　　单位：元

项目		本期金额	上期金额
一、经营活动产生的现金流量			
销售产成品、商品、提供劳务收到的现金		39 439 694.5	23 980 000
收到的税费返还		0	0
收到的其他与经营活动有关的现金		232 850.06	195 000
经营活动现金流入小计		39 672 544.56	24 175 000

续表

项目		本期金额	上期金额
购买原材料、商品、接受劳务支付的现金		36 561 467.2	20 630 000
支付给职工以及为职工支付的现金		345 600	290 000
支付的各项税费		2 354 553.1	582 088.75
支付的其他与经营活动有关的现金			0
经营活动现金流出小计		39 261 620.3	21 502 088.75
经营活动产生的现金流量净额		410 924.26	2 672 911.25
二、投资活动产生的现金流量			
收回短期投资、长期债券投资和长期股权投资收到的现金		0	21 000
取得投资收益收到的现金		13 000	13 000
处置固定资产、无形资产和其他非流动资产收回现金净额			100 000
处置子公司及其他经营单位收回的现金净额			0
收到其他与投资活动有关的现金			0
投资活动现金流入小计		13 000	134 000
短期投资、长期债券投资和长期股权投资支付的现金		476 000	0
购置固定资产、无形资产和其他非流动资产支付的现金		125 228	0
取得子公司及其他经营单位收回的现金净额			0
支付其他与投资活动有关的现金			0
投资活动现金流出小计		601 228	0
投资活动产生的现金流量净额		−588 228	134 000
三、筹资活动产生的现金流量			
取得借款收到的现金		900 000	200 000
吸收投资者投资收到的现金		0	0
收到其他与筹资活动有关的现金		0	0
筹资活动现金流入小计		900 000	200 000
偿还债务支付的现金		0	0
分配股利、利润和偿还利息支付的现金		25 000	22 000
支付其他与筹资活动有关的现金		0	0
筹资活动现金流出小计		25 000	22 000
筹资活动产生的现金流量净额		875 000	178 000
四、汇率变动对现金及现金等价物的影响			0
五、现金及现金等价物净增加额		697 696.26	2 984 911.25
加：期初现金及现金等价物余额		6 955 711.25	3 970 800
六、期末现金及现金等价物余额		7 653 407.5	6 955 711.25

（四）所有者权益变动表

1. 2018 年所有者权益变动表

所有者权益变动表

会企 04 表

2018 年度

编制单位：天津华丽股份有限公司　　　　单位：元

项目	本年金额										上年金额									
	实收资本（或股本）	其他权益工具			资本公积	减：库存股	其他综合收益	专项储备	盈余公积	未分配利润	所有者权益合计	实收资本（或股本）	其他权益工具			资本公积	减：库存股	其他综合收益	专项储备	盈余公积	未分配利润	所有者权益合计
		优先股	永续债	其他									优先股	永续债	其他							
一、上年年末余额																					
加：会计政策变更																					
前期差错更正																					
二、本年年初余额	10 000 000				366 001				350 000	1 607 439	12 323 440										
三、本年增减变动金额（减少以“—”号填列）																					
（一）综合收益总额										1 030 322.25											
（二）所有者投入和减少资本	0																				
1. 所有者投入的普通股																					
2. 其他权益工具持有者投入资本																					
3. 股份支付计入所有者权益的金额																					
4. 其他					1 633 999																
（三）利润分配																					
1. 提取盈余公积									400 000	−400 000											

续表

项目	本年金额											上年金额										
	实收资本(或股本)	其他权益工具			资本公积	减:库存股	其他综合收益	专项储备	盈余公积	未分配利润	所有者权益合计	实收资本(或股本)	其他权益工具			资本公积	减:库存股	其他综合收益	专项储备	盈余公积	未分配利润	所有者权益合计
		优先股	永续债	其他									优先股	永续债	其他							
2. 对所有者(或股东)的分配																						
3. 其他																						
(四) 所有者权益内部结转	0																					
1. 资本公积转增资本(或股本)																						
2. 盈余公积转增资本(或股本)																						
3. 盈余公积弥补亏损																						
4. 设定受益计划变动额结转留存收益																						
5. 其他综合收益结转留存收益																						
6. 其他																						
四、本年年末余额	10 000 000				2 000 000				750 000	2 237 761.25	14 987 761.25											

（五）2019 年 12 月初账簿资料

1. 2019 年 12 月初总账和明细账余额资料

总账科目	明细科目	数量	单价	借方余额	总账科目	明细科目	数量	单价	贷方余额
库存现金				8 500	短期借款				
银行存款						建行			0
	建行—人民币			5 862 285		中行			1 000 000
	建行—美元	50 000	6.754 3	337 715	应付票据				
	中行—人民币			593 245.7		山东益阳			75 000
	中行—美元	1 000	6.754 3	6 754.3	应付账款				
其他货币资金						北京宏程			90 200
	信用证存款			75 067.5					
	银行汇票			59 840	应付职工薪酬				
	存出保证金			210 000		应付工资			345 600
交易性金融资产					其他应付款				
	东方股票—成本	5 000	17	85 000		应付社保费			152 422.8
	东方股票—公允价值变动			−10 000		应付公积金			69 120
	洪州股份—成本	4 000	15	60 000	应交税费				
应收账款						未交增值税			56 080
	河北贝科			160 000		应交车船税			925.84
其他应收款						应交房产税			1 200
	李微			1 000		应交城建税			3 925.6
	周宏			1 000		应交教育费附加			2 804
资产减值准备					应付利息				8 507.26
	坏账准备			−900	股本				10 000 000
其他债权投资					资本公积				2 000 000
	红光债券	面值		80 000	盈余公积				1 399 560
长期股权投资	海天公司	25%		2 000 000	利润分配				
	金日公司	5%		500 000		未分配利润			6 000 000
原材料									
	甲	4 190	110	460 900					
	乙	3 580	180	644 400					
	丙	6 900	100	690 000					
低值易耗品	工作鞋	180	20	3 600					
	手套	350	1	350					

续表

总账科目	明细科目	数量	单价	借方余额	总账科目	明细科目	数量	单价	贷方余额
自制半成品	G	2 000	530	1 060 000					
	M	1 800	350	630 000					
库存商品	A	900	800	720 000					
	B	2 000	590	1 180 000					
在产品	A	1 000	800	800 000					
	B	800	577.25	461 800					
固定资产					累计折旧				
	厂房—二车间			3 000 000		厂房—二车间			−1 656 000
	厂房—一车间			3 000 000		厂房—一车间			−1 440 000
	办公楼			2 000 000		办公楼			−1 104 000
	设备 K	1		20 000		设备 K	1		−19 000
	设备 L	1		300 000		设备 L	1		−142 500
	设备 Q	1		62 400		设备 Q	1		−8 892
	设备 T	1		100 000		设备 T			−95 000
	设备 D			200 000		设备 D			−57 000
	设备 N			100 000		设备 N			−85 500
	设备 S			120 000		设备 S			−34 200
	设备 F			80 000		设备 F			−53 200
	HP 电脑	4		36 000		HP 电脑	4		−17 280
	联想电脑	5		50 000		联想电脑	5		−40 000
	DELL 电脑			18 000		DELL 电脑			−11 520
	办公桌椅			80 000		办公桌椅			−61 440
	文件柜			30 000		文件柜			−17 280
	汽车—丰田			180 000		汽车—丰田			−172 800
无形资产					累计摊销				
	专利 T			150 000		专利 T			−70 000
	专利 K			120 000		专利 K			−36 000
合计				26 326 957.5	合计				26 326 957.5

2. 固定资产明细账

总账科目	明细科目	资产数量	金额	使用部门	购入时间	已使用时间
固定资产	厂房—二车间		3 000 000	二车间	2008.05.30	11.5
	厂房—一车间		3 000 000	一车间	2009.11.30	10
	办公楼		2 000 000	行政部(管理部门)	2008.05.30	11.5
	设备 K	1	20 000	一车间	2009.11.30	10

续表

总账科目	明细科目	资产数量	金额	使用部门	购入时间	已使用时间
	设备 L	1	300 000	一车间	2014.11.30	5
	设备 Q	1	62 400	一车间	2018.05.30	1.5
	设备 T	1	100 000	二车间	2009.11.30	10
	设备 D		200 000	一车间	2016.11.30	3
	设备 N		100 000	一车间	2010.11.30	9
	设备 S		120 000	二车间	2016.11.30	3
	设备 F		80 000	二车间	2012.11.30	7
	HP 电脑	4	36 000	行政部(管理部门)	2018.05.30	1.5
	联想电脑	5	50 000	行政部(管理部门)	2017.05.30	2.5
	DELL 电脑		18 000	行政部(管理部门)	2017.11.30	2
	办公桌椅		80 000	行政部(管理部门)	2015.11.30	4
	文件柜		30 000	行政部(管理部门)	2016.11.30	3
	汽车—丰田		180 000	行政部(管理部门)	2016.11.30	3
总计			9 376 400			
累计折旧						
	厂房—二车间		−1 656 000		2008.05.30	11.5
	厂房—一车间		−1 440 000		2009.11.30	10
	办公楼		−1 104 000		2008.05.30	11.5
	设备 K	1	−19 000		2009.11.30	10
	设备 L	1	−142 500		2014.11.30	5
	设备 Q	1	−8 892		2018.05.30	1.5
	设备 T		−95 000		2009.11.30	10
	设备 D		−57 000		2016.11.30	3
	设备 N		−85 500		2010.11.30	9
	设备 S		−34 200		2016.11.30	3
	设备 F		−53 200		2012.11.30	7
	HP 电脑	4	−17 280		2018.05.30	1.5
	联想电脑	5	−40 000		2017.05.30	2.5
	DELL 电脑		−11 520		2017.11.30	2
	办公桌椅		−61 440		2015.11.30	4
	文件柜		−17 280		2016.11.30	3
	汽车—丰田		−172 800		2016.11.30	3
总计			−5 015 612			

3. 库存商品明细账

摘要	数量	直接材料	直接人工	制造费用	合计	单位成本
库存商品						
A	900				720 000	800
B	2 000				1 180 000	590
合计					1 900 000	
在产品						
A	1 000	560 000	208 000	32 000	800 000	800
B	800	278 000	170 000	13 800	461 800	577.25
合计					1 261 800	
自制半成品						
G	2 000	952 000	63 200	44 800	1 060 000	530
M	1 800	579 600	37 800	12 600	630 000	350
合计					1 690 000	

4. 各车间产品工时

各车间产品工时

2019 年 12 月 31 日

第一车间		第二车间	
产品名称	工时(小时)	产品名称	工时(小时)
G 半成品	9 000	A 产品	16 000
M 半成品	3 000	B 产品	14 000
合计	12 000		30 000

制单： 审核：

三、特别事项

由于后续审计模拟实训主要是根据天津华丽股份有限公司的业务资料及会计模拟实训的结果开展审计业务，为了丰富审计业务的内容，在本月会计记账过程中，设置以下漏洞：

(1) 第 76 笔和第 105 笔业务不记账。

(2) 第 11 笔业务的“应收账款”明细账登记为天津跃进有限责任公司。

(3) 第 117 笔业务的记账凭证登记为 10 台退货。

附件2 天津华丽股份有限公司2019年12月经济业务原始凭证

1-1

原材料暂估入账清单

2019年11月30日

材料名称	合同号	供货单位	数量	合同单价	合同金额	入库日期
丙材料	略	天津机械厂	2 500	100	￥250 000	2019.11.30
合计						

制单：王嘉 审核：刘海

2-1

中国建设银行
转账支票存根
10203399
08114700

附加信息

出票日期：2019年12月01日

收款人：	北京宏程公司
金　额：	￥352 560.00
用　途：	支付货款
备　注：	

单位主管：王春景 会计：姚敏

10203399

中国建设银行 **转账支票** 08114700

出票日期(大写)：贰零壹玖年壹拾贰月零壹日 付款行名称：中国建设银行新北区支行

收款人：北京宏程有限责任公司 出票人账号：2300098776

人民币（大写）	亿	千	百	十	万	千	百	十	元	角	分
叁拾伍万贰仟伍佰陆拾元整			￥	3	5	2	5	6	0	0	0

用途 支付货款 密码

上列款项请从 行号

我账户内支付

出票人签章 复核 记账

2-2

收　料　单

仓库号：材料库 2019年12月02日 编号：1201

材料编号	名称	单位	规格	数量	单价	金额(元)
略	甲材料	kg		2 600		
合　计						

负责人： 收料人：王嘉 交料人：周宏

2-3

增值税专用发票

发 票 联

1100198160　　　　No 00362520

校验码 58989 21127 26316 69702　　　　开票日期:2019 年 12 月 01 日

购买单位	名　　称:天津华丽股份有限公司 纳税人识别号:320400009898880 地 址 、电 话:天津新北区河海东路 65 号 022-85499890 开户行及账号:中国建设银行新北区支行 2300098776				密码区	略	
货物或应税劳务名称	规格型号	单位	数量	单价	金额	税率	税额
甲材料		kg	2 600	120	312 000	13%	40 560
合　计					312 000		40 560
价税合计(大写)	人民币叁拾伍万贰仟伍佰陆拾元整				(小写)¥352 560		
销售单位	名　　称:北京宏程有限责任公司 纳税人识别号:110105592187869 地 址 、电 话:北京西城区白云路 33 号 010-59874321 开户行及账号:中国工商银行白云路支行 1110360145678654				备注	(销售单位发票专用章)	

收款人:　　　　复核:　　　　开票人:　　　　销售单位:(章)

2-4

增值税专用发票

抵 扣 联

1100198160　　　　No 00362520

校验码 58989 21127 26316 69702　　　　开票日期:2019 年 12 月 01　日

购买单位	名　　称:天津华丽股份有限公司 纳税人识别号:320400009898880 地 址 、电 话:天津新北区河海东路 65 号 022-85499890 开户行及账号:中国建设银行新北区支行 2300098776				密码区	略	
货物或应税劳务名称	规格型号	单位	数量	单价	金额	税率	税额
甲材料		kg	2 600	120	312 000	13%	40 560
合　计					312 000		40 560
价税合计(大写)	人民币叁拾伍万贰仟伍佰陆拾元整				(小写)¥352 560		
销售单位	名　　称:北京宏程有限责任公司 纳税人识别号:110105592187869 地 址 、电 话:北京西城区白云路 33 号 010-59874321 开户行及账号:中国工商银行白云路支行 1110360145678654				备注	(销售单位发票专用章)	

收款人:　　　　复核:　　　　开票人:　　　　销售单位:(章)

3-1

增值税专用发票

记 账 联

1200196160　　　　No　00362520

校验码 58989 21127 26316 69702　　　　开票日期：2019 年 12 月 01 日

购买单位	名　　称：天津跃进股份有限公司 纳税人识别号：210085986377952 地 址 、电 话：天津东丽区东风路 32 号 022-53279523 开户行及账号：中国工商银行东风路支行 13060987670753				密码区	略	
货物或应税劳务名称	规格型号	单位	数量	单价	金额	税率	税额
A 产品		件	410	1 050	430 500	13%	55 965
合　计					430 500		55 965
价税合计(大写)	人民币肆拾捌万陆仟肆佰陆拾伍元整　　(小写)¥486 465						
销售单位	名　　称：天津华丽股份有限公司 纳税人识别号：320400009898880 地 址 、电 话：天津新北区河海东路 65 号 022-85499890 开户行及账号：中国建设银行新北区支行 2300098776				备注	(销售单位发票专用章)	

收款人：　　复核：　　开票人：　　销售单位：(章)

3-2

中国建设银行　进账单(收账通知) 3

2019 年 12 月 01 日

出票人	全　称	天津跃进股份有限公司	收款人	全　称	天津华丽股份有限公司
	账　号	13060987670753		账　号	2300098776
	开户银行	中国工商银行东风路支行		开户银行	中国建设银行新北区支行

金额	亿	千	百	十	万	千	百	十	元	角	分
人民币(大写)肆拾捌万陆仟肆佰陆拾伍元整			¥	4	8	6	4	6	5	0	0

票据种类	支票	票据张数	1	(开户银行签章)
票据号码	略			
复核　　记账				

3-3

出 库 单

仓库号:产品库　　2019 年 12 月 01 日　　编号:1201

商品编号	名称	单位	规格	数量	单价	金额(元)
略	A 产品	件		410		
合 计						

部门主管:　　领用单位:天津跃进　　发货人:张虹　　制单:张虹

4-1

借款单(记账联)

借款时间	2019.12.01		借款人	李一鑫	
借款金额	大写	壹仟贰佰元整		小写	¥1 200
借款事由	出差				
单位主管签字	萧雨		领款人签字	李一鑫	

负责人:王伟　　会计:徐子雅　　出纳:姚敏

5-1

办公用品领用单

2019 年 12 月 01 日

领用部门	物品名称	数量	领用人
一车间	计算器	3	肖杰
二车间	计算器	2	李岩
办公室	计算器	5	梁涛
合计			

发放人:王嘉　　审批人:王伟

5-2

增值税专用发票

发票联

1200195130 No 00536220

校验码 58989 21127 26316 97602 开票日期:2019 年 12 月 01 日

购买单位	名 称:天津华丽股份有限公司 纳税人识别号:320400009898880 地 址 、电 话:天津新北区河海东路 65 号 022-85499890 开户行及账号:中国建设银行新北区支行 2300098776				密码区	略	
货物或应税劳务名称	规格型号	单位	数量	单价	金额	税率	税额
办公用品计算器		个	10	60	600	13%	78
合 计					600		78
价税合计(大写)	人民币陆佰柒拾捌元整				(小写)¥678		
销售单位	名 称:天津金海购物中心 纳税人识别号:200107593168009 地 址 、电 话:天津河西区大屯路 1 号 022-65399755 开户行及账号:中国建设银行大屯路支行 33007609875367				备注	(销售单位发票专用章)	

收款人: 复核: 开票人: 销售单位:(章)

5-3

增值税专用发票

抵扣联

1200195130 No 00536220

校验码 58989 21127 26316 97602 开票日期:2019 年 12 月 01 日

购买单位	名 称:天津华丽股份有限公司 纳税人识别号:320400009898880 地 址 、电 话:天津新北区河海东路 65 号 022-85499890 开户行及账号:中国建设银行新北区支行 2300098776				密码区	略	
货物或应税劳务名称	规格型号	单位	数量	单价	金额	税率	税额
办公用品计算器		个	10	60	600	13%	78
合 计					600		78
价税合计(大写)	人民币陆佰柒拾捌元整				(小写)¥678		
销售单位	名 称:天津金海购物中心 纳税人识别号:200107593168009 地 址 、电 话:天津河西区大屯路 1 号 022-65399755 开户行及账号:中国建设银行大屯路支行 33007609875367				备注	(销售单位发票专用章)	

收款人: 复核: 开票人: 销售单位:(章)

6-1

增值税专用发票

记账联

1200196160 No 00362521

校验码 58989 21127 26316 79206 开票日期:2019年12月01日

购买单位	名　　称:天津跃进股份有限公司 纳税人识别号:210085986377952 地 址 、电 话:天津东丽区东风路32号 022-53279523 开户行及账号:中国工商银行东风路支行 13060987670753				密码区	略	
货物或应税劳务名称	规格型号	单位	数量	单价	金额	税率	税额
T专利权		件	1		100 000	6%	6 000
合　计					100 000		6 000
价税合计(大写)	人民币壹拾万陆仟元整				(小写)¥106 000		
销售单位	名　　称:天津华丽股份有限公司 纳税人识别号:320400009898880 地 址 、电 话:天津新北区河海东路65号 022-85499890 开户行及账号:中国建设银行新北区支行 2300098776				备注	(销售单位发票专用章)	

收款人:　　复核:　　开票人:　　销售单位:(章)

6-2

无形资产报废/处置申请单

2019.12.01 编号:W01

无形资产名称	T专利权	规格型号	略
购入时间	2014.03.01	资产编号	略
使用部门	办公室	使用人	
资产原值	150 000元	资产净值	80 000元
规定使用年限	10年	实际使用年限	4年8个月
报废/处置原因	转让出售		
部门主管意见	同意　　萧雨		
财务部门意见	同意　　王景春		
经理意见	同意　　刘晓宁		

6-3

中国建设银行　进账单(收账通知)　3

2019 年 12 月 01 日

出票人	全　称	天津跃进股份有限公司				收款人	全　称	天津华丽股份有限公司							
	账　号	13060987670753					账　号	2300098776							
	开户银行	中国工商银行东风路支行					开户银行	中国建设银行新北区支行							
金额	人民币(大写)壹拾万陆仟元整					亿	千	百	十	万	千	百	十	元	角	分
								¥	1	0	6	0	0	0	0	0
票据种类	支票	票据张数	1			(开户银行签章)										
票据号码	略															
复核　　记账																

7-1

收　料　单

仓库号:材料库　　2019 年 12 月 01 日　　编号:1202

材料编号	名称	单位	规格	数量	单价	金额(元)
略	甲材料	kg		900		
合　计						

负责人:　　收料人:王嘉　　交料人:周宏

7-2

增值税专用发票

发 票 联

1100192160 No 00326502

校验码 58989 21127 26316 20697 开票日期:2019 年 12 月 01 日

购买单位	名　　称:天津华丽股份有限公司 纳税人识别号:320400009898880 地 址 、电 话:天津新北区河海东路 65 号 022-85499890 开户行及账号:中国建设银行新北区支行 2300098776				密码区	略	
货物或应税劳务名称	规格型号	单位	数量	单价	金额	税率	税额
甲材料		kg	900	120	108 000	13%	14 040
合　计					108 000		14 040
价税合计(大写)	人民币壹拾贰万贰仟零肆拾元整				(小写)¥122 040		
销售单位	名　　称:北京景虹有限责任公司 纳税人识别号:110085986377952 地 址 、电 话:北京东城区东四大街 77 号 010-79573583 开户行及账号:中国工商银行东四支行 1110258674976423				备注	(销售单位发票专用章)	

收款人: 复核: 开票人: 销售单位:(章)

7-3

增值税专用发票

抵 扣 联

1100192160 No 00326502

校验码 58989 21127 26316 20697 开票日期:2019 年 12 月 01 日

购买单位	名　　称:天津华丽股份有限公司 纳税人识别号:320400009898880 地 址 、电 话:天津新北区河海东路 65 号 022-85499890 开户行及账号:中国建设银行新北区支行 2300098776				密码区	略	
货物或应税劳务名称	规格型号	单位	数量	单价	金额	税率	税额
甲材料		kg	900	120	108 000	13%	14 040
合　计					108 000		14 040
价税合计(大写)	人民币壹拾贰万贰仟零肆拾元整				(小写)¥122 040		
销售单位	名　　称:北京景虹有限责任公司 纳税人识别号:110085986377952 地 址 、电 话:北京东城区东四大街 77 号 010-79573583 开户行及账号:中国工商银行东四支行 1110258674976423				备注	(销售单位发票专用章)	

收款人: 复核: 开票人: 销售单位:(章)

8-1

网银转账凭证

网银流水号(略)　　日期:2019 年 12 月 01 日

付款人	户名	天津华丽股份有限公司	收款人	户名	天津华丽股份有限公司
	账号	2300098776		账号	2400040015
	开户行	中国建设银行新北区支行		开户行	中国银行新北区支行
	账户性质	基本户		账户性质	结算户
金额	小写	USD10 000	用途:转账付款		
	大写	美元壹万元整			
网银客户编号	2300098776		业务种类		
是否加急	否				
联系人	王春景	联系电话 022-85499890			
交易状态	交易成功		复核		时间 2019.12.01

9-1

领　料　单

领料单位:一车间　　2019 年 12 月 01 日　　编号:1201

材料编号	名称	单位	规格	数量	单价	金额(元)
	甲材料	kg		7 500		
	乙材料	kg		3 300		
	丙材料	kg		4 200		
合 计						

部门主管:　　领料人:　　发料人:王嘉　　制单:王嘉

10-1

入　库　单

仓库号:产品库　　2019 年 12 月 02 日　　编号:1201

商品编号	名称	单位	规格	数量	单价	金额(元)
略	A 产品	件		1 000		
	G 半成品	件		500		
	M 半成品	件		500		
合 计						

部门主管:刘海　　收货人:张虹　　制单:张虹

10-2

出 库 单

仓库号:产品库　　2019 年 12 月 02 日　　编号:1202

商品编号	名称	单位	规格	数量	单价	金额(元)
	G 半成品	件		2 500		
	M 半成品	件		2 000		
合 计						

部门主管:　　领用单位:二车间　　发货人:张虹　　制单:张虹

11-1

货物运输业增值税专用发票

发 票 联

1200193160　　No 41311455

校验码 58989 21127 36516 63344　　开票日期:2019 年 12 月 02 日

<table>
<tr><td colspan="2">承运人及纳税人识别号</td><td colspan="5">天津海通物流有限责任公司
200108591789600</td><td rowspan="2">密码区</td><td colspan="3" rowspan="2">略</td></tr>
<tr><td colspan="2">实际受票方及纳税人识别号</td><td colspan="5">天津华丽股份有限公司
320400009898880</td></tr>
<tr><td colspan="2">收货人及纳税人识别号</td><td colspan="5">济南昌达股份有限公司
511136633302592</td><td colspan="2">发货人及纳税人识别号</td><td colspan="2">天津华丽股份有限公司
320400009898880</td></tr>
<tr><td colspan="2">起运地、经由、目的地</td><td colspan="9">天津一济南</td></tr>
<tr><td>费用项目及金额</td><td colspan="6">费用项目　金额　费用项目　金额
运输费　800</td><td>运输货物信息</td><td colspan="3">略</td></tr>
<tr><td>合　计</td><td colspan="3">800</td><td>税率</td><td>9%</td><td>税额</td><td>72</td><td>货物编号</td><td colspan="2"></td></tr>
<tr><td colspan="2">价税合计(大写)</td><td colspan="9">人民币捌佰柒拾贰拾元整　(小写)￥872</td></tr>
<tr><td colspan="2">车种车号</td><td colspan="2"></td><td>车船吨位</td><td colspan="2"></td><td rowspan="2">备注</td><td colspan="3" rowspan="2">(承运人发票专用章)</td></tr>
<tr><td colspan="2">主管税务机关及代码</td><td colspan="5">略</td></tr>
</table>

收款人:　　复核:　　开票人:　　承运人:(章)

11-2

货物运输业增值税专用发票

抵扣联

1200193160　　　　　　　　　　　　　　　　　　No 41311455

校验码 58989 21127 36516 63344　　　　　　　　开票日期：2019 年 12 月 02 日

<table>
<tr><td colspan="2">承运人及纳税人识别号</td><td colspan="4">天津海通物流有限责任公司
200108591789600</td><td rowspan="2">密码区</td><td rowspan="2">略</td></tr>
<tr><td colspan="2">实际受票方及纳税人识别号</td><td colspan="4">天津华丽股份有限公司
320400009898880</td></tr>
<tr><td colspan="2">收货人及纳税人识别号</td><td colspan="3">济南昌达股份有限公司
511136633302592</td><td>发货人及纳税人识别号</td><td colspan="2">天津华丽股份有限公司
320400009898880</td></tr>
<tr><td colspan="2">起运地、经由、目的地</td><td colspan="6">天津—济南</td></tr>
<tr><td>费用项目及金额</td><td colspan="5">费用项目　金额　费用项目　金额
运输费　800</td><td>运输货物信息</td><td>略</td></tr>
<tr><td>合　计</td><td colspan="2">800</td><td>税率</td><td>9%</td><td>税额</td><td>72</td><td>货物编号</td></tr>
<tr><td colspan="2">价税合计(大写)</td><td colspan="6">人民币捌佰柒拾贰拾元整　　（小写）¥872</td></tr>
<tr><td colspan="2">车种车号</td><td></td><td>车船吨位</td><td></td><td rowspan="2">备注</td><td colspan="2" rowspan="2">（承运人发票专用章）</td></tr>
<tr><td colspan="2">主管税务机关及代码</td><td colspan="3">略</td></tr>
</table>

收款人：　　　　复核：　　　　开票人：　　　　承运人：（章）

11-3

出 库 单

仓库号：产品库　　　　2019 年 12 月 02 日　　　　编号：1203

商品编号	名称	单位	规格	数量	单价	金额(元)
略	A 产品	件		300		
合 计						

部门主管：　　　　领用单位：济南昌达　　　　发货人：张虹　　　　制单：张虹

11-4

增值税专用发票

记 账 联

1200196160　　　　No　00362522

校验码 58989 21127 26316 92607　　　　开票日期:2019 年 12 月 02 日

<table>
<tr><td>购买单位</td><td colspan="5">名　　称:济南昌达股份有限公司
纳税人识别号:511136633302592
地 址 、电 话:山东济南泉州路 33 号 0579-59874321
开户行及账号:中国工商银行泉州路支行 10367860145654</td><td>密码区</td><td colspan="2">略</td></tr>
<tr><td colspan="2">货物或应税劳务名称</td><td>规格型号</td><td>单位</td><td>数量</td><td>单价</td><td>金额</td><td>税率</td><td>税额</td></tr>
<tr><td colspan="2">A 产品</td><td></td><td>件</td><td>300</td><td>1 000</td><td>300 000</td><td>13%</td><td>39 000</td></tr>
<tr><td colspan="2">合　计</td><td></td><td></td><td></td><td></td><td>300 000</td><td></td><td>39 000</td></tr>
<tr><td colspan="2">价税合计(大写)</td><td colspan="7">人民币叁拾叁万玖仟元整　　　　(小写)¥339 000</td></tr>
<tr><td>销售单位</td><td colspan="5">名　　称:天津华丽股份有限公司
纳税人识别号:320400009898880
地 址 、电 话:天津新北区河海东路 65 号 022-85499890
开户行及账号:中国建设银行新北区支行 2300098776</td><td>备注</td><td colspan="2">(销售单位发票专用章)</td></tr>
</table>

收款人:　　　　复核:　　　　开票人:　　　　销售单位:(章)

12-1

增值税专用发票

发 票 联

1200199130　　　　No　00623025

校验码 58989 21127 26316 07906　　　　开票日期:2019 年 12 月 02 日

<table>
<tr><td>购买单位</td><td colspan="5">名　　称:天津华丽股份有限公司
纳税人识别号:320400009898880
地 址 、电 话:天津新北区河海东路 65 号 022-85499890
开户行及账号:中国建设银行新北区支行 2300098776</td><td>密码区</td><td colspan="2">略</td></tr>
<tr><td colspan="2">货物或应税劳务名称</td><td>规格型号</td><td>单位</td><td>数量</td><td>单价</td><td>金额</td><td>税率</td><td>税额</td></tr>
<tr><td colspan="2">电信服务—电话费</td><td></td><td></td><td>9 000</td><td>0.2</td><td>1 800</td><td>9%</td><td>162</td></tr>
<tr><td colspan="2">合　计</td><td></td><td></td><td></td><td></td><td>1 800</td><td></td><td>162</td></tr>
<tr><td colspan="2">价税合计(大写)</td><td colspan="7">人民币壹仟玖佰陆拾贰元整　　　　(小写)¥1 962</td></tr>
<tr><td>销售单位</td><td colspan="5">名　　称:天津电信公司
纳税人识别号:250400790976332
地 址 、电 话:天津河西区前进道 06 号 022-75654322
开户行及账号:中国建设银行前进路支行 23060987670753</td><td>备注</td><td colspan="2">(销售单位发票专用章)</td></tr>
</table>

收款人:　　　　复核:　　　　开票人:　　　　销售单位:(章)

12-2

增值税专用发票

抵 扣 联

1200199130　　　　No　00623025

校验码 58989 21127 26316 07906　　　　开票日期:2019 年 12 月 02 日

<table>
<tr><td>购买单位</td><td colspan="5">名　　　称:天津华丽股份有限公司
纳税人识别号:320400009898880
地 址 、电 话:天津新北区河海东路 65 号 022-85499890
开户行及账号:中国建设银行新北区支行 2300098776</td><td>密码区</td><td colspan="2">略</td></tr>
<tr><td colspan="2">货物或应税劳务名称</td><td>规格型号</td><td>单位</td><td>数量</td><td>单价</td><td>金额</td><td>税率</td><td>税额</td></tr>
<tr><td colspan="2">电信服务—电话费</td><td></td><td></td><td>9 000</td><td>0.2</td><td>1 800</td><td>9%</td><td>162</td></tr>
<tr><td colspan="2">合　计</td><td></td><td></td><td></td><td></td><td>1 800</td><td></td><td>162</td></tr>
<tr><td colspan="2">价税合计(大写)</td><td colspan="7">人民币壹仟玖佰陆拾贰元整　　　(小写)¥1 962</td></tr>
<tr><td>销售单位</td><td colspan="5">名　　　称:天津电信公司
纳税人识别号:250400790976332
地 址 、电 话:天津河西区前进道 06 号 022-75654322
开户行及账号:中国建设银行前进路支行 23060987670753</td><td>备注</td><td colspan="2">(销售单位发票专用章)</td></tr>
</table>

收款人:　　　复核:　　　开票人:　　　销售单位:(章)

12-3

费用报销单

部门:行政部　　　报销日期 2019 年 12 月 02 日　　　附件:1 张

<table>
<tr><td>费用项目</td><td>类别</td><td>金额(元)</td><td rowspan="3">部门负责人
(签章)</td><td rowspan="3">萧雨</td></tr>
<tr><td>电话费</td><td>管理费用</td><td>1 962</td></tr>
<tr><td></td><td></td><td></td></tr>
<tr><td></td><td></td><td></td><td rowspan="2">报销人</td><td rowspan="2">李一鑫</td></tr>
<tr><td></td><td></td><td></td></tr>
<tr><td>报销金额合计</td><td></td><td>¥1 962</td><td colspan="2"></td></tr>
<tr><td>报销金额合计(大写)</td><td colspan="4">人民币壹仟捌佰陆拾贰元整　　　¥1 962</td></tr>
</table>

会计:徐子雅　　　复核:徐子雅　　　出纳:姚敏

13-1

收　料　单

仓库号:材料库　　　2019 年 12 月 02 日　　　编号:1203

材料编号	名称	单位	规格	数量	单价	金额(元)
略	乙材料	kg		500		
合　计				500		

负责人:　　　收料人:王嘉　　　交料人:周宏

13-2

增值税专用发票

发 票 联

1100195160 No 00562320

校验码 58989 21127 26316 92760 开票日期:2019 年 12 月 02 日

<table>
<tr><td>购买单位</td><td colspan="5">名 称:天津华丽股份有限公司
纳税人识别号:320400009898880
地 址 、电 话:天津新北区河海东路 65 号 022-85499890
开户行及账号:中国建设银行新北区支行 2300098776</td><td>密码区</td><td colspan="2">略</td></tr>
<tr><td colspan="2">货物或应税劳务名称</td><td>规格型号</td><td>单位</td><td>数量</td><td>单价</td><td>金额</td><td>税率</td><td>税额</td></tr>
<tr><td colspan="2">乙材料</td><td></td><td>kg</td><td>500</td><td>200</td><td>100 000</td><td>13%</td><td>13 000</td></tr>
<tr><td colspan="2">合 计</td><td></td><td></td><td></td><td></td><td>100 000</td><td></td><td>13 000</td></tr>
<tr><td colspan="2">价税合计(大写)</td><td colspan="7">人民币壹拾壹万叁仟元整 (小写)¥113 000</td></tr>
<tr><td>销售单位</td><td colspan="5">名 称:北方长江股份有限公司
纳税人识别号:600107593168009
地 址 、电 话:北京朝阳区春江路 1 号 010-53829873
开户行及账号:中国工商银行春江路支行 86510674360145</td><td>备注</td><td colspan="2">(销售单位发票专用章)</td></tr>
</table>

收款人: 复核: 开票人: 销售单位:(章)

13-3

增值税专用发票

抵 扣 联

1100195160 No 00562320

校验码 58989 21127 26316 92760 开票日期:2019 年 12 月 02 日

<table>
<tr><td>购买单位</td><td colspan="5">名 称:天津华丽股份有限公司
纳税人识别号:320400009898880
地 址 、电 话:天津新北区河海东路 65 号 022-85499890
开户行及账号:中国建设银行新北区支行 2300098776</td><td>密码区</td><td colspan="2">略</td></tr>
<tr><td colspan="2">货物或应税劳务名称</td><td>规格型号</td><td>单位</td><td>数量</td><td>单价</td><td>金额</td><td>税率</td><td>税额</td></tr>
<tr><td colspan="2">乙材料</td><td></td><td>kg</td><td>500</td><td>200</td><td>100 000</td><td>13%</td><td>13 000</td></tr>
<tr><td colspan="2">合 计</td><td></td><td></td><td></td><td></td><td>100 000</td><td></td><td>13 000</td></tr>
<tr><td colspan="2">价税合计(大写)</td><td colspan="7">人民币壹拾壹万叁仟元整 (小写)¥113 000</td></tr>
<tr><td>销售单位</td><td colspan="5">名 称:北方长江股份有限公司
纳税人识别号:600107593168009
地 址 、电 话:北京朝阳区春江路 1 号 010-53829873
开户行及账号:中国工商银行春江路支行 86510674360145</td><td>备注</td><td colspan="2">(销售单位发票专用章)</td></tr>
</table>

收款人: 复核: 开票人: 销售单位:(章)

13-4

货物运输业增值税专用发票

发 票 联

1200193160　　　　No 41311460

校验码 58989 21127 36516 43643　　　　开票日期:2019 年 12 月 02 日

承运人及纳税人识别号	天津海通物流有限责任公司 200108591789600					密码区	略	
实际受票方及纳税人识别号	天津华丽股份有限公司 320400009898880							
收货人及纳税人识别号	北方长江股份有限公司 600107593168009				发货人及纳税人识别号	天津华丽股份有限公司 320400009898880		
起运地、经由、目的地	天津—北京							
费用项目及金额	费用项目 运输费	金额 1 000	费用项目	金额		运输货物信息	略	
合　计	1 000		税率	9%	税额	90	货物编号	
价税合计(大写)	人民币壹仟零玖拾元整			(小写)¥1 090				
车种车号		车船吨位			备注	(承运人发票专用章)		
主管税务机关及代码	略							

收款人:　　　复核:　　　开票人:　　　承运人:(章)

13-5

货物运输业增值税专用发票

抵 扣 联

1200193160　　　　No 41311460

校验码 58989 21127 36516 43643　　　　开票日期:2019 年 12 月 02 日

承运人及纳税人识别号	天津海通物流有限责任公司 200108591789600					密码区	略	
实际受票方及纳税人识别号	天津华丽股份有限公司 320400009898880							
收货人及纳税人识别号	北方长江股份有限公司 600107593168009				发货人及纳税人识别号	天津华丽股份有限公司 320400009898880		
起运地、经由、目的地	天津—北京							
费用项目及金额	费用项目 运输费	金额 1 000	费用项目	金额		运输货物信息	略	
合　计	1 000		税率	9%	税额	90	货物编号	
价税合计(大写)	人民币壹仟零玖拾元整			(小写)¥1 090				
车种车号		车船吨位			备注	(承运人发票专用章)		
主管税务机关及代码	略							

收款人:　　　复核:　　　开票人:　　　承运人:(章)

14-1

差旅费报销单

附原始单据:3 张　　　　2019 年 12 月 02 日

工作部门	采购部			姓名	周宏		职务/职称		无		
出差事由	商务谈判						出发时间:2019.11.30 返程时间:2019.12.02				共 3 天
起讫地点	天津—济南										
项目	车船费				交通费		住宿费	出差补助			
	火车	汽车	飞机	轮船	出租车	其他		夜间乘车补助	住勤补助	交通补助	其他
	550						200				180
报销金额(大写):人民币玖佰叁拾元整										(小写):¥930	

领导批示:　　会计主管:　　部门负责人:郝欣然　　审核:　　报销人:周宏

14-2

收　款　收　据

2019 年 12 月 02 日

交款单位:周宏	收款方式:现金
人民币(大写):柒拾元整	(小写):¥70
收款事由:借款退还	

单位盖章:　　会计主管:　　记账:徐子雅　　交款人:周宏　　收款人:姚敏

15-1

电汇凭证

委托日期　2019 年 12 月 03 日

汇款人	全称	天津华丽股份有限公司	收款人	全称	北京景虹有限责任公司
	账号	2300098776		账号	1110258674976423
	汇出地点	天津市 省　市/县		汇入地点	北京市 省　市/县
汇出行名称	中国建设银行新北区支行		汇入行名称	中国工商银行东四支行	
金额	人民币 (大写)壹拾万壹仟柒佰元整			小写 ¥101 700	
此汇款支付给收款人。 汇款人盖章	支付密码				
	附加信息及用途:				
	复核		记账		

15-2

增值税专用发票

发 票 联

1100192160　　No　00326521

校验码 58989 21127 26316 09627　　开票日期:2019 年 12 月 03 日

购买单位	名　　称:天津华丽股份有限公司 纳税人识别号:320400009898880 地 址 、电 话:天津新北区河海东路 65 号 022-85499890 开户行及账号:中国建设银行新北区支行 2300098776					密码区	略
货物或应税劳务名称	规格型号	单位	数量	单价	金额	税率	税额
甲材料		kg	1 750	120	210 000	13%	27 300
乙材料		kg	450	200	90 000	13%	11 700
合　计					300 000		39 000
价税合计(大写)	人民币叁拾叁万玖仟元整				(小写)¥339 000		
销售单位	名　　称:北京景虹有限责任公司 纳税人识别号:110085986377952 地 址 、电 话:北京东城区东四大街 77 号 010-79573583 开户行及账号:中国工商银行东四支行 1110258674976423					备注	(销售单位发票专用章)

收款人:　　复核:　　开票人:　　销售单位:(章)

15-3

增值税专用发票

抵 扣 联

1100192160　　No　00326521

校验码 58989 21127 26316 09627　　开票日期:2019 年 12 月 03 日

购买单位	名　　称:天津华丽股份有限公司 纳税人识别号:320400009898880 地 址 、电 话:天津新北区河海东路 65 号 022-85499890 开户行及账号:中国建设银行新北区支行 2300098776					密码区	略
货物或应税劳务名称	规格型号	单位	数量	单价	金额	税率	税额
甲材料		kg	1 750	120	210 000	13%	27 300
乙材料		kg	450	200	90 000	13%	11 700
合　计					300 000		39 000
价税合计(大写)	人民币叁拾叁万玖仟元整				(小写)¥339 000		
销售单位	名　　称:北京景虹有限责任公司 纳税人识别号:110085986377952 地 址 、电 话:北京东城区东四大街 77 号 010-79573583 开户行及账号:中国工商银行东四支行 1110258674976423					备注	(销售单位发票专用章)

收款人:　　复核:　　开票人:　　销售单位:(章)

15-4

货物运输业增值税专用发票

发 票 联

1200193160 No 41311465

校验码 58989 21127 36516 34346 开票日期:2019 年 12 月 03 日

承运人及纳税人识别号	天津海通物流有限责任公司 200108591789600				密码区	略	
实际受票方及纳税人识别号	天津华丽股份有限公司 320400009898880						
收货人及纳税人识别号	天津华丽股份有限公司 320400009898880			发货人及纳税人识别号	北京景虹有限责任公司 110085986377952		
起运地、经由、目的地	天津—北京						
费用项目及金额	费用项目 运输费	金额 3 000	费用项目	金额	运输货物信息	略	
合 计	3 000	税率	9%	税额	270	货物编号	
价税合计(大写)	人民币叁仟贰佰柒拾元整				(小写)¥3 270		
车种车号		车船吨位		备注	(承运人发票专用章)		
主管税务机关及代码	略						

收款人: 复核: 开票人: 承运人:(章)

15-5

货物运输业增值税专用发票

抵 扣 联

1200193160 No 41311465

校验码 58989 21127 36516 34346 开票日期:2019 年 12 月 03 日

承运人及纳税人识别号	天津海通物流有限责任公司 200108591789600				密码区	略	
实际受票方及纳税人识别号	天津华丽股份有限公司 320400009898880						
收货人及纳税人识别号	天津华丽股份有限公司 320400009898880			发货人及纳税人识别号	北京景虹有限责任公司 110085986377952		
起运地、经由、目的地	天津—北京						
费用项目及金额	费用项目 运输费	金额 3 000	费用项目	金额	运输货物信息	略	
合 计	3 000	税率	9%	税额	270	货物编号	
价税合计(大写)	人民币叁仟贰佰柒拾元整				(小写)¥3 270		
车种车号		车船吨位		备注	(承运人发票专用章)		
主管税务机关及代码	略						

收款人: 复核: 开票人: 承运人:(章)

15-6

收　料　单

仓库号：材料库　　　　2019 年 12 月 03 日　　　　编号：1204

材料编号	名称	单位	规格	数量	单价	金额（元）
略	甲材料	kg		1 750		
略	乙材料	kg		450		
合　计						

负责人：　　　　收料人：王嘉　　　　交料人：周宏

15-7

材料费用分配表

分配对象	分配标准	分配率	分配额
甲材料	1 750		
乙材料	450		
合计			

复核：　　　　制表：

15-8

中国建设银行
转账支票存根

10203399
08114701

附加信息

出票日期：2019 年 12 月 03

收款人：天津海通物流	
金　额：￥3 270	
用　途：支付货款	
备　注：	

单位主管：王春景　会计：姚敏

10203399

中国建设银行　转账支票　08114701

出票日期（大写）：贰零壹玖年壹拾贰月零叁日　　付款行名称：中国建设银行新北区支行

收款人：天津海通物流有限责任公司　　出票人账号：2300098776

人民币（大写）叁仟贰佰柒拾元整	亿	千	百	十	万	千	百	十	元	角	分
					￥	3	2	7	0	0	0

用途　支付货款　　密码

上列款项请从　　行号

我账户内支付

出票人签章　　复核　　记账

15-9

增值税专用发票

记 账 联

1200196160　　　　No 00362523

校验码 58989 21127 26316 29706　　　　开票日期:2019 年 12 月 03 日

<table>
<tr><td rowspan="4">购买单位</td><td colspan="5">名　　　称:北京景虹有限责任公司</td><td rowspan="4">密码区</td><td colspan="2" rowspan="4">略</td></tr>
<tr><td colspan="5">纳税人识别号:110085986377952</td></tr>
<tr><td colspan="5">地 址 、电 话:北京东城区东四大街 77 号 010-79573583</td></tr>
<tr><td colspan="5">开户行及账号:中国工商银行东四支行 1110258674976423</td></tr>
<tr><td colspan="2">货物或应税劳务名称</td><td>规格型号</td><td>单位</td><td>数量</td><td>单价</td><td>金额</td><td>税率</td><td>税额</td></tr>
<tr><td colspan="2">A 产品</td><td></td><td>件</td><td>210</td><td>1 000</td><td>210 000</td><td>13%</td><td>27 300</td></tr>
<tr><td colspan="2">合　计</td><td></td><td></td><td></td><td></td><td>210 000</td><td></td><td>27 300</td></tr>
<tr><td colspan="2">价税合计(大写)</td><td colspan="7">人民币贰拾叁万柒仟叁佰元整　　　　(小写)￥237 300</td></tr>
<tr><td rowspan="4">销售单位</td><td colspan="5">名　　　称:天津华丽股份有限公司</td><td rowspan="4">备注</td><td colspan="2" rowspan="4">(销售单位发票专用章)</td></tr>
<tr><td colspan="5">纳税人识别号:320400009898880</td></tr>
<tr><td colspan="5">地 址 、电 话:天津新北区河海东路 65 号 022-85499890</td></tr>
<tr><td colspan="5">开户行及账号:中国建设银行新北区支行 2300098776</td></tr>
</table>

收款人:　　　　复核:　　　　开票人:　　　　销售单位:(章)

15-10

出　库　单

仓库号:产品库　　　　2019 年 12 月 03 日　　　　编号:1204

商品编号	名称	单位	规格	数量	单价	金额(元)
略	A 产品	件		210		
合 计						

部门主管:　　　　领用单位:天津跃进　　　　发货人:张虹　　　　制单:张虹

16-1

银行业务收费凭证

2019 年 12 月 03 日

户名：天津华丽股份有限公司　　　　账号：2300098776

项目	起止号码	单价	数量	金额(元)				
				工本费	邮电费	手续费	其他	小计
手续费及佣金收入			1		10.5			10.5
合计					10.5			10.5
大写金额：(币种)人民币壹拾元零伍角整								
划款方式：　现金(　)　　转账(√)			银行签章					

17-1

增值税专用发票

发票联

3700197160　　　　No 00362520

校验码 58989 21127 26316 69702　　　　开票日期：2019 年 12 月 03 日

购买单位	名　称：天津华丽股份有限公司 纳税人识别号：320400009898880 地 址 、电 话：天津新北区河海东路 65 号 022-85499890 开户行及账号：中国建设银行新北区支行 2300098776					密码区	略	
货物或应税劳务名称	规格型号	单位	数量	单价	金额	税率	税额	
甲材料		kg	500	120	60 000	13%	7 800	
合　计					60 000		7 800	
价税合计(大写)	人民币陆万柒仟捌佰元整				(小写)￥67 800			
销售单位	名　称：山东益阳有限公司 纳税人识别号：411025921333663 地 址 、电 话：山东济南南京路 369 号 0579-67834256 开户行及账号：中国建设银行南京路支行 2186746014551036					备注	(销售单位发票专用章)	

收款人：　　　　复核：　　　　开票人：　　　　销售单位：(章)

17-2

增值税专用发票

抵扣联

3700197160　　　　No 00362520

校验码 58989 21127 26316 69702　　　　开票日期:2019年12月03日

<table>
<tr><td rowspan="4">购买单位</td><td colspan="6">名　　称:天津华丽股份有限公司</td><td rowspan="4">密码区</td><td rowspan="4">略</td></tr>
<tr><td colspan="6">纳税人识别号:320400009898880</td></tr>
<tr><td colspan="6">地 址 、电 话:天津新北区河海东路65号 022-85499890</td></tr>
<tr><td colspan="6">开户行及账号:中国建设银行新北区支行 2300098776</td></tr>
<tr><td colspan="2">货物或应税劳务名称</td><td>规格型号</td><td>单位</td><td>数量</td><td>单价</td><td colspan="2">金额</td><td>税率</td><td>税额</td></tr>
<tr><td colspan="2">甲材料</td><td></td><td>kg</td><td>500</td><td>120</td><td colspan="2">60 000</td><td>13%</td><td>7 800</td></tr>
<tr><td colspan="2">合　计</td><td></td><td></td><td></td><td></td><td colspan="2">60 000</td><td></td><td>7 800</td></tr>
<tr><td colspan="2">价税合计(大写)</td><td colspan="8">人民币陆万柒仟捌佰元整　　　　(小写)¥67 800</td></tr>
<tr><td rowspan="4">销售单位</td><td colspan="6">名　　称:山东益阳有限公司</td><td rowspan="4">备注</td><td rowspan="4">(销售单位发票专用章)</td></tr>
<tr><td colspan="6">纳税人识别号:411025921333663</td></tr>
<tr><td colspan="6">地 址 、电 话:山东济南南京路369号 0579-67834256</td></tr>
<tr><td colspan="6">开户行及账号:中国建设银行南京路支行 2186746014551036</td></tr>
</table>

收款人:　　　　复核:　　　　开票人:　　　　销售单位:(章)

17-3

中国建设银行
银行汇票

付款期限一个月　　　　编号:略

<table>
<tr><td colspan="3" rowspan="2">出票日期　贰零壹玖年壹拾贰月零叁日
(大写)</td><td colspan="2">代理付款行</td></tr>
<tr><td colspan="2">行号</td></tr>
<tr><td>收款人</td><td colspan="2">山东益阳有限公司</td><td>账号</td><td>2186746014551036</td></tr>
<tr><td rowspan="2">出票金额</td><td>人民币</td><td colspan="3" rowspan="2">陆万柒仟捌佰元整</td></tr>
<tr><td>(大写)</td></tr>
<tr><td rowspan="2">实际结算金额</td><td>人民币</td><td rowspan="2">陆万柒仟捌佰元整</td><td colspan="2">小写</td></tr>
<tr><td>(大写)</td><td colspan="2">¥67 800</td></tr>
</table>

申请人:天津华丽股份有限公司　　　　账号:2300098776

<table>
<tr><td>出票行:中国建设银行新北区支行　　行号:略</td><td rowspan="2">密押</td><td colspan="2" rowspan="3"></td></tr>
<tr><td>备注:</td></tr>
<tr><td rowspan="2">凭票付款
出票行盖章</td><td rowspan="2">多余金额(小写)</td></tr>
<tr><td>复核</td><td>记账</td></tr>
</table>

17-4

货物运输业增值税专用发票

发票联

3700198160　　　　No　41311452

校验码 58989 21127 36516 63344　　　　开票日期:2019 年 12 月 03 日

<table>
<tr><td>承运人及纳税人识别号</td><td colspan="5">山东黄河物流有限责任公司
311025921333663</td><td rowspan="2">密码区</td><td colspan="3" rowspan="2">略</td></tr>
<tr><td>实际受票方及纳税人识别号</td><td colspan="5">天津华丽股份有限公司
320400009898880</td></tr>
<tr><td>收货人及纳税人识别号</td><td colspan="4">天津华丽股份有限公司
320400009898880</td><td colspan="2">发货人及纳税人识别号</td><td colspan="3">山东益阳有限公司
411025921333663</td></tr>
<tr><td>起运地、经由、目的地</td><td colspan="9">济南—天津</td></tr>
<tr><td>费用项目及金额</td><td colspan="6">费用项目　金额　费用项目　金额
运输费　3 000</td><td>运输货物信息</td><td colspan="2">略</td></tr>
<tr><td>合　计</td><td colspan="2">3 000</td><td>税率</td><td>9%</td><td>税额</td><td>270</td><td>货物编号</td><td colspan="2"></td></tr>
<tr><td>价税合计(大写)</td><td colspan="9">人民币叁仟贰佰柒拾元整　　(小写)¥3 270</td></tr>
<tr><td>车种车号</td><td colspan="2"></td><td>车船吨位</td><td colspan="2"></td><td rowspan="2">备注</td><td colspan="3" rowspan="2">(承运人发票专用章)</td></tr>
<tr><td>主管税务机关及代码</td><td colspan="5">略</td></tr>
</table>

收款人:　　复核:　　开票人:　　承运人:(章)

17-5

货物运输业增值税专用发票

抵扣联

3700198160　　　　No　41311452

校验码 58989 21127 36516 63344　　　　开票日期:2019 年 12 月 03 日

<table>
<tr><td>承运人及纳税人识别号</td><td colspan="5">山东黄河物流有限责任公司
311025921333663</td><td rowspan="2">密码区</td><td colspan="3" rowspan="2">略</td></tr>
<tr><td>实际受票方及纳税人识别号</td><td colspan="5">天津华丽股份有限公司
320400009898880</td></tr>
<tr><td>收货人及纳税人识别号</td><td colspan="4">天津华丽股份有限公司
320400009898880</td><td colspan="2">发货人及纳税人识别号</td><td colspan="3">山东益阳有限公司
411025921333663</td></tr>
<tr><td>起运地、经由、目的地</td><td colspan="9">济南—天津</td></tr>
<tr><td>费用项目及金额</td><td colspan="6">费用项目　金额　费用项目　金额
运输费　3 000</td><td>运输货物信息</td><td colspan="2">略</td></tr>
<tr><td>合　计</td><td colspan="2">3 000</td><td>税率</td><td>9%</td><td>税额</td><td>270</td><td>货物编号</td><td colspan="2"></td></tr>
<tr><td>价税合计(大写)</td><td colspan="9">人民币叁仟贰佰柒拾元整　　(小写)¥3 270</td></tr>
<tr><td>车种车号</td><td colspan="2"></td><td>车船吨位</td><td colspan="2"></td><td rowspan="2">备注</td><td colspan="3" rowspan="2">(承运人发票专用章)</td></tr>
<tr><td>主管税务机关及代码</td><td colspan="5">略</td></tr>
</table>

收款人:　　复核:　　开票人:　　承运人:(章)

17-6

中国建设银行 转账支票存根 10203399 08114702	10203399 中国建设银行 **转账支票** 08114702
附加信息 出票日期:2019年12月03日	出票日期(大写):贰零壹玖年壹拾贰月零叁日 付款行名称:中国建设银行新北区支行 收款人:山东黄河物流有限责任公司 出票人账号:2300098776
收款人:山东黄河物流公司 金 额:¥3 270 用 途:支付货款 备 注:	人民币(大写)叁仟贰佰柒拾元整 亿 千 百 十 万 千 百 十 元 角 分: ¥ 3 2 7 0 0 0 用途 支付货款 密码 上列款项请从 行号 我账户内支付 出票人签章 复核 记账
单位主管:王春景 会计:姚敏	

17-7

收 料 单

仓库号:材料库　　2019年12月03日　　编号:1205

材料编号	名称	单位	规格	数量	单价	金额(元)
略	甲材料	kg		500		
合 计						

负责人:　　收料人:王嘉　　交料人:周宏

18-1

中国建设银行 转账支票存根 10203399 08114703	10203399 中国建设银行　**转账支票**　08114703
附加信息	出票日期 (大写):贰零壹玖年壹拾贰月零叁日　付款行名称:中国建设银行新北区支行 收款人:天津华丽股份有限公司　出票人账号:2300098776
出票日期:2019 年 12 月 03 日	
收款人:天津华丽公司	
金　额:¥600 000	用途　提存保证金　密码
用　途:提存保证金	上列款项请从　行号
备　注:	我账户内支付
单位主管:王春景　会计:姚敏	出票人签章　复核　记账

人民币	亿	千	百	十	万	千	百	十	元	角	分
(大写)陆拾万元整			¥	6	0	0	0	0	0	0	0

18-2

委托买卖证券(资金专户)存款凭单

2019 年 12 月 03 日

资金账户	2300098012		客户名称	天津华丽股份有限公司	
本次存款金额	大写	陆拾万元整	小写	¥600 000	
上次余额	小写	¥210 000	本次余额	小写	¥810 000
摘要:证券买卖款					
委托人填写:			委托人印鉴		
户名	天津华丽股份有限公司				
账号	2300098776				
存入人民币(大写)	陆拾万元整				

19-1

电汇凭证

委托日期 2019 年 12 月 03 日

汇款人	全称	河北贝科股份有限公司	收款人	全称	天津华丽股份有限公司
	账号	2186510674360145		账号	2300098776
	汇出地点	河北省 石家庄市/县		汇出地点	天津市省 市/县
汇出行名称	中国银行幸福大街支行		汇入行名称	中国建设银行新北区支行	
金额	人民币 (大写)捌万元整			小写 ¥80 000	
此汇款支付给收款人。 汇款人盖章	支付密码				
	附加信息及用途:				
	复核		记账		

20-1

网银转账凭证

网银流水号(略) 日期:2019 年 12 月 03 日

付款人	户名	天津华丽股份有限公司	收款人	户名	天津华丽股份有限公司
	账号	2300098012		账号	2300098776
	开户行	中国建设银行新北区支行		开户行	中国建设银行新北区支行
	账户性质	保证金专户		账户性质	基本户
金额	小写	¥75 067.50	用途:转回保证金		
	大写	人民币柒万伍仟零陆拾柒元伍角整			
网银客户编号	2300098776		业务种类		
是否加急	否				
联系人	王春景	联系电话 022-85499890			
交易状态	交易成功		复核	时间	2019.12.01

21-1

省通用机打发票

发票代码	略		
发票号码	No. 102033993543		
密码	略		
机打号码	35356676786799		
机器编号	略	收款人	王霞
收款单位	天津凯达酒店		
税务登记号	210105592187532		
开票时间	2019.12.03		
付款单位(个人)	天津华丽股份有限公司		
项目	单价	数量	金额(元)
餐费		1	849.06
合计金额	￥849.06		
合计税额	￥50.94		
价税合计金额大写	人民币玖佰元整		
价税合计金额小写	￥900		

21-2

费用报销单

部门:行政部　　报销日期 2019 年 12 月 03 日　　附件:1 张

费用项目	类别	金额(元)	部门负责人(签章)	萧雨
招待餐费	管理费用	900		
			报销人	李一鑫
报销金额合计		￥900		
报销金额合计(大写)	人民币玖佰元整		￥900	

会计:徐子雅　　复核:徐子雅　　出纳:姚敏

22-1

费用报销单

部门:行政部　　报销日期 2019 年 12 月 03 日　　附件:1 张

费用项目	类别	金额(元)	部门负责人（签章）	萧雨
福利费	管理费用	542.4		
			报销人	李一鑫
报销金额合计		￥542.4		
报销金额合计(大写)	人民币伍佰肆拾贰元肆角整		￥542.4	

会计:徐子雅　　复核:徐子雅　　出纳:姚敏

22-2

省通用机打发票

发票代码	略		
发票号码	No.34554693543		
密码	略		
机打号码	3535663543669		
机器编号	略	机器编号	略
收款单位	天津金海购物中心		
税务登记号	200107593168009		
开票时间	2019.12.03		
付款单位(个人)	天津华丽股份有限公司		
项目	单价	数量	金额(元)
不锈钢锅	230	1	230
碗	1	20	20
电饭锅	150	1	150
组合套件	80	1	80
合计金额	￥480		
合计税额	￥62.4		
价税合计金额大写	人民币伍佰肆拾贰元肆角整		
价税合计金额小写	￥542.4		

22-3

低耗品领用单

2019 年 12 月 03 日

领用部门	物品名称	数量	金额(元)
食堂	不锈钢锅	1	259.9
	碗	20	22.6
	电饭锅	1	169.5
	组合套件	1	90.4
合计			￥542.4

发放人：王嘉　　　　领用人：

23-1

中国建设银行　现金支票存根

10203399

18115700

附加信息

出票日期：2019 年 12 月 03 日

收款人：天津华丽公司	
金　额：￥8 000	
用　途：提现备用	
备　注：	

单位主管：王春景　会计：姚敏

中国建设银行　现金支票　10203399　18115700

出票日期(大写)：贰零壹玖年壹拾贰月零叁日　　付款行名称：中国建设银行新北区支行

收款人：天津华丽股份有限公司　　出票人账号：2300098776

人民币(大写)	亿	千	百	十	万	千	百	十	元	角	分
捌仟元整					￥	8	0	0	0	0	0

用途　提现备用　　密码

上列款项请从　　行号

我账户内支付

出票人签章　　复核　　记账

24-1

差旅费报销单

附原始单据:3 张　　　　2019 年 12 月 03 日

<table>
<tr><td>工作部门</td><td colspan="2">生产部</td><td>姓名</td><td colspan="2">周进</td><td colspan="2">职务/职称</td><td colspan="4">无</td></tr>
<tr><td>出差事由</td><td colspan="5">售后维修</td><td colspan="5" rowspan="2">出发时间:2019.11.30
返程时间:2019.12.02</td><td rowspan="2">共 3 天</td></tr>
<tr><td>起讫地点</td><td colspan="5">天津—江阴</td></tr>
<tr><td rowspan="3">项目</td><td colspan="4">车船费</td><td colspan="2">交通费</td><td rowspan="2">住宿费</td><td colspan="4">出差补助</td></tr>
<tr><td>火车</td><td>汽车</td><td>飞机</td><td>轮船</td><td>出租车</td><td>其他</td><td>夜间乘车补助</td><td>住勤补助</td><td>交通补助</td><td>其他</td></tr>
<tr><td>420</td><td></td><td></td><td></td><td></td><td></td><td>480</td><td></td><td></td><td></td><td>360</td></tr>
<tr><td colspan="10">报销金额(大写):人民币壹仟贰佰陆拾元整</td><td colspan="2">(小写):¥1 260</td></tr>
</table>

领导批示:　　会计主管:　　部门负责人:江伍　　审核:　　报销人:周进

24-2

领款单

2019 年 12 月 03 日

<table>
<tr><td>部门</td><td colspan="2">生产部</td><td>姓名</td><td colspan="2">周进</td></tr>
<tr><td>用途事由</td><td colspan="5">报销售后维修差旅费</td></tr>
<tr><td>金额</td><td>大写</td><td colspan="2">人民币壹仟贰佰陆拾元整</td><td>小写</td><td>¥1 260</td></tr>
<tr><td>审批意见</td><td colspan="2">同意报销</td><td>领款人</td><td colspan="2">周进</td></tr>
</table>

会计主管:王伟　　　　出纳:姚敏

25-1

托收凭证

委托日期　2019 年 11 月 03 日

<table>
<tr><td>业务类型</td><td colspan="7">委托收款(√)　　托收承付(　　)</td></tr>
<tr><td rowspan="4">付款人</td><td>全称</td><td colspan="2">天津华丽股份有限公司</td><td rowspan="4">收款人</td><td>全称</td><td colspan="2">山东益阳有限公司</td></tr>
<tr><td>账号</td><td colspan="2">2300098776</td><td>账号</td><td colspan="2">2186746014551036</td></tr>
<tr><td>地址</td><td colspan="2">天津市省　　市/县</td><td>汇出地点</td><td colspan="2">山东省　济南市/县</td></tr>
<tr><td>开户行</td><td colspan="2">中国建设银行新北区支行</td><td>开户行</td><td colspan="2">中国建设银行南京路支行</td></tr>
<tr><td rowspan="2">金额</td><td rowspan="2">人民币
(大写)</td><td colspan="3" rowspan="2">柒万伍仟元整</td><td colspan="3">小写</td></tr>
<tr><td colspan="3">¥75 000</td></tr>
<tr><td>款项内容</td><td>货款</td><td>托收凭据名称</td><td colspan="2">银行承兑汇票</td><td colspan="2">附寄单据张数</td><td>1</td></tr>
<tr><td>商品发运情况</td><td colspan="2"></td><td colspan="2">合同名称号码</td><td colspan="3">略</td></tr>
<tr><td colspan="2">备注:
收款人开户行收到日期
2019 年 12 月 03 日</td><td colspan="3">上列款项随附有关债务证明,请予办理。
收款人签章</td><td colspan="3">复核　　　记账</td></tr>
</table>

26-1

增值税专用发票

记账联

1200196160　　　　No　00362524

校验码 58989 21127 63162 69702　　　　开票日期:2019 年 12 月 03 日

购买单位	名　　称:北京机械股份有限公司 纳税人识别号:115592010187869 地 址 、电 话:北京东城区东四大街 77 号 010-83795735 开户行及账号:中国银行东四大街支行 21102586749723				密码区	略	
货物或应税劳务名称	规格型号	单位	数量	单价	金额	税率	税额
B 产品		件	60	980	58 800	13%	7 644
合　计					58 800		7 644
价税合计(大写)	人民币陆万陆仟肆佰肆拾肆元整				(小写)¥66 444		
销售单位	名　　称:天津华丽股份有限公司 纳税人识别号:320400009898880 地 址 、电 话:天津新北区河海东路 65 号 022-85499890 开户行及账号:中国建设银行新北区支行 2300098776				备注	(销售单位发票专用章)	

收款人:　　　　复核:　　　　开票人:　　　　销售单位:(章)

26-2

中国建设银行　进账单(收账通知) 3

2019 年 12 月 03 日

出票人	全　称	北京机械股份有限公司	收款人	全　称	天津华丽股份有限公司									
出票人	账　号	21102586749723	收款人	账　号	2300098776									
出票人	开户银行	中国银行东四大街支行	收款人	开户银行	中国建设银行新北区支行									
金额	人民币(大写)陆万陆仟肆佰肆拾肆整			亿	千	百	十	万	千	百	十	元	角	分
							¥	6	6	4	4	4	0	0
票据种类	支票	票据张数	1	(开户银行签章)										
票据号码	略													
复核	记账													

26-3

出　库　单

仓库号:产品库　　　　2019 年 12 月 03 日　　　　编号:1205

商品编号	名称	单位	规格	数量	单价	金额(元)
略	B 产品	件		60		
合 计						

部门主管:　　　　领用单位:北京机械　　　　发货人:张虹　　　　制单:张虹

27-1

增值税专用发票

发 票 联

1200195160　　　　No 00603250

校验码 58989 21127 36216 69702　　　　开票日期:2019 年 12 月 04 日

<table>
<tr><td>购买单位</td><td colspan="5">名　　　称:天津华丽股份有限公司
纳税人识别号:320400009898880
地 址 、电 话:天津新北区河海东路 65 号 022-85499890
开户行及账号:中国建设银行新北区支行 2300098776</td><td>密码区</td><td colspan="2">略</td></tr>
<tr><td colspan="2">货物或应税劳务名称</td><td>规格型号</td><td>单位</td><td>数量</td><td>单价</td><td>金额</td><td>税率</td><td>税额</td></tr>
<tr><td colspan="2">丙材料</td><td></td><td>kg</td><td>1 200</td><td>82</td><td>98 400</td><td>13%</td><td>12 792</td></tr>
<tr><td colspan="2">合　计</td><td></td><td></td><td></td><td></td><td>98 400</td><td></td><td>12 792</td></tr>
<tr><td colspan="2">价税合计(大写)</td><td colspan="7">人民币 壹拾壹万壹仟壹佰玖拾贰元整　　　(小写)￥111 192</td></tr>
<tr><td>销售单位</td><td colspan="5">名　　　称:天津机械厂
纳税人识别号:320400763327909
地 址 、电 话:天津南开区八一路 1 号 022-65399755
开户行及账号:中国建设银行八一路支行 23007609875367</td><td>备注</td><td colspan="2">(销售单位发票专用章)</td></tr>
</table>

收款人:　　　　复核:　　　　开票人:　　　　销售单位:(章)

27-2

增值税专用发票

抵 扣 联

1200195160　　　　No 00603250

校验码 58989 21127 36216 69702　　　　开票日期:2019 年 12 月 04 日

<table>
<tr><td>购买单位</td><td colspan="5">名　　　称:天津华丽股份有限公司
纳税人识别号:320400009898880
地 址 、电 话:天津新北区河海东路 65 号 022-85499890
开户行及账号:中国建设银行新北区支行 2300098776</td><td>密码区</td><td colspan="2">略</td></tr>
<tr><td colspan="2">货物或应税劳务名称</td><td>规格型号</td><td>单位</td><td>数量</td><td>单价</td><td>金额</td><td>税率</td><td>税额</td></tr>
<tr><td colspan="2">丙材料</td><td></td><td>kg</td><td>1 200</td><td>82</td><td>98 400</td><td>13%</td><td>12 792</td></tr>
<tr><td colspan="2">合　计</td><td></td><td></td><td></td><td></td><td>98 400</td><td></td><td>12 792</td></tr>
<tr><td colspan="2">价税合计(大写)</td><td colspan="7">人民币 壹拾壹万壹仟壹佰玖拾贰元整　　　(小写)￥111 192</td></tr>
<tr><td>销售单位</td><td colspan="5">名　　　称:天津机械厂
纳税人识别号:320400763327909
地 址 、电 话:天津南开区八一路 1 号 022-65399755
开户行及账号:中国建设银行八一路支行 23007609875367</td><td>备注</td><td colspan="2">(销售单位发票专用章)</td></tr>
</table>

收款人:　　　　复核:　　　　开票人:　　　　销售单位:(章)

27-3

中国建设银行 转账支票存根 10203399 08114704 附加信息 出票日期:2019 年 12 月 04 日 收款人:天津机械厂 金　额:¥111 192 用　途:支付货款 备　注: 单位主管:王春景　会计:姚敏	10203399 中国建设银行　**转账支票**　08114704 出票日期(大写):贰零壹玖年壹拾贰月零肆日　付款行名称:中国建设银行新北区支行 收款人:天津机械厂　出票人账号:2300098776 人民币(大写)壹拾壹万壹仟壹佰玖拾贰元整　亿 千 百 十 万 千 百 十 元 角 分：¥ 1 1 1 1 9 2 0 0 用途　支付货款　密码 上列款项请从　行号 我账户内支付 出票人签章　复核　记账

27-4

收　料　单

仓库号:材料库　　2019 年 12 月 04 日　　编号:1206

材料编号	名称	单位	规格	数量	单价	金额(元)
略	丙材料	kg		1 200		
合　计						

负责人:　　收料人:王嘉　　交料人:周宏

28-1

收　料　单

仓库号:材料库　　2019 年 12 月 04 日　　编号:1207

材料编号	名称	单位	规格	数量	单价	金额(元)
略	甲材料	kg		250		
合　计						

负责人:　　收料人:王嘉　　交料人:周宏

28-2

网银转账凭证

网银流水号(略) 日期:2019 年 12 月 04 日

<table>
<tr><td rowspan="4">付款人</td><td>户名</td><td colspan="2">天津华丽股份有限公司</td><td rowspan="4">收款人</td><td>户名</td><td colspan="2">天津金林股份有限公司</td></tr>
<tr><td>账号</td><td colspan="2">2300098776</td><td>账号</td><td colspan="2">23060987670753</td></tr>
<tr><td>开户行</td><td colspan="2">中国建设银行新北区支行</td><td>开户行</td><td colspan="2">中国建设银行前进路支行</td></tr>
<tr><td>账户性质</td><td colspan="2">基本户</td><td>账户性质</td><td colspan="2">基本户</td></tr>
<tr><td rowspan="2">金额</td><td>小写</td><td colspan="3">¥33 900</td><td colspan="3" rowspan="2">用途:转账付款</td></tr>
<tr><td>大写</td><td colspan="3">人民币叁万叁仟玖佰元整</td></tr>
<tr><td>网银客户编号</td><td colspan="3">2300098776</td><td>业务种类</td><td colspan="3"></td></tr>
<tr><td>是否加急</td><td colspan="3">否</td><td colspan="4" rowspan="2"></td></tr>
<tr><td>联系人</td><td>王春景</td><td>联系电话</td><td>022-85499890</td></tr>
<tr><td>交易状态</td><td colspan="3">交易成功</td><td>复核</td><td></td><td>时间</td><td>2019.12.04</td></tr>
</table>

28-3

增值税专用发票

发 票 联

1200198160 No 00506232

校验码 58989 21127 32616 69702 开票日期:2019 年 12 月 04 日

<table>
<tr><td>购买单位</td><td colspan="5">名　　称:天津华丽股份有限公司
纳税人识别号:320400009898880
地 址 、电 话:天津新北区河海东路 65 号 022-85499890
开户行及账号:中国建设银行新北区支行 2300098776</td><td>密码区</td><td colspan="2">略</td></tr>
<tr><td colspan="2">货物或应税劳务名称</td><td>规格型号</td><td>单位</td><td>数量</td><td>单价</td><td>金额</td><td>税率</td><td>税额</td></tr>
<tr><td colspan="2">甲材料</td><td></td><td>kg</td><td>250</td><td>120</td><td>30 000</td><td>13%</td><td>3 900</td></tr>
<tr><td colspan="2">合　计</td><td></td><td></td><td></td><td></td><td>30 000</td><td></td><td>3 900</td></tr>
<tr><td colspan="2">价税合计(大写)</td><td colspan="7">人民币叁万叁仟玖佰元整　　(小写)¥33 900</td></tr>
<tr><td>销售单位</td><td colspan="5">名　　称:天津金林股份有限公司
纳税人识别号:121150087327217
地 址 、电 话:天津河西区前进道 65 号 022-75347793
开户行及账号:中国建设银行前进路支行 23060987670753</td><td>备注</td><td colspan="2">(销售单位发票专用章)</td></tr>
</table>

收款人:　　复核:　　开票人:　　销售单位:(章)

28-4

增值税专用发票

抵扣联

1200198160　　No　00506232

校验码 58989 21127 32616 69702　　开票日期:2019 年 12 月 04 日

购买单位	名　　　称:天津华丽股份有限公司 纳税人识别号:320400009898880 地 址 、电 话:天津新北区河海东路 65 号 022-85499890 开户行及账号:中国建设银行新北区支行 2300098776				密码区	略	
货物或应税劳务名称	规格型号	单位	数量	单价	金额	税率	税额
甲材料		kg	250	120	30 000	13%	3 900
合　计					30 000		3 900
价税合计(大写)	人民币叁万叁仟玖佰元整				(小写)¥33 900		
销售单位	名　　　称:天津金林股份有限公司 纳税人识别号:121150087327217 地 址 、电 话:天津河西区前进道 65 号 022-75347793 开户行及账号:中国建设银行前进路支行 23060987670753				备注	(销售单位发票专用章)	

收款人:　　复核:　　开票人:　　销售单位:(章)

29-1

银行业务收费凭证

2019 年 12 月 04 日

户名:天津华丽股份有限公司　　账号:2300098776

项目	起止号码	单价	数量	金额(元)				
				工本费	邮电费	手续费	其他	小计
手续费及佣金收入						3.68		3.68
合计								3.68
大写金额:(币种)人民币叁元陆角捌分								
划款方式:　现金(　)　转账(√)			银行签章					

30-1

收 料 单

仓库号：材料库　　2019 年 12 月 04 日　　编号：1208

材料编号	名称	单位	规格	数量	单价	金额(元)
略	乙材料	kg		600		
合　计						

负责人：　　收料人：王嘉　　交料人：周宏

30-2

电汇凭证

委托日期　2019 年 12 月 04 日

汇款人	全称	天津华丽股份有限公司	收款人	全称	河北江陵股份有限公司
	账号	2300098776		账号	3400040015235
	汇出地点	天津市省　市/县		汇入地点	河北省　石家庄市/县
汇出行名称	中国建设银行新北区支行		汇入行名称	中国银行五四大街支行	
金额	人民币 (大写)壹拾叁万伍仟陆佰元整			小写 ￥135 600	
此汇款支付给收款人。 汇款人盖章			支付密码		
			附加信息及用途：		
			复核		记账

30-3

电汇凭证

委托日期　2019 年 12 月 04 日

汇款人	全称	天津华丽股份有限责任公司	收款人	全称	天津海通物流有限责任公司
	账号	2300098776		账号	1400040015235
	汇出地点	天津市省　市/县		汇入地点	天津市省　市/县
汇出行名称	中国建设银行新北区支行		汇入行名称	中国工商银行学院路支行	
金额	人民币 (大写)贰仟壹佰捌拾元整			小写 ￥2 180	
此汇款支付给收款人。 汇款人盖章			支付密码		
			附加信息及用途：		
			复核		记账

30-4

增值税专用发票

发 票 联

1300192160　　　　No 00362520

校验码 58989 21127 26316 69702　　　　开票日期:2019 年 12 月 04 日

购买单位	名　　称:天津华丽股份有限公司 纳税人识别号:320400009898880 地 址 、电 话:天津新北区河海东路 65 号 022-85499890 开户行及账号:中国建设银行新北区支行 2300098776				密码区	略	
货物或应税劳务名称	规格型号	单位	数量	单价	金额	税率	税额
乙材料		kg	600	200	120 000	13%	15 600
合　计					120 000		15 600
价税合计(大写)	人民币壹拾叁万伍仟陆佰元整				(小写)¥135 600		
销售单位	名　　称:河北江陵股份有限公司 纳税人识别号:200108591789600 地 址 、电 话:河北石家庄前进大街 89 号 0311-73295857 开户行及账号:中国银行五四大街支行 3400040015235				备注	(销售单位发票专用章)	

收款人:　　　复核:　　　开票人:　　　销售单位:(章)

30-5

增值税专用发票

抵 扣 联

1300192160　　　　No 00362520

校验码 58989 21127 26316 69702　　　　开票日期:2019 年 12 月 04 日

购买单位	名　　称:天津华丽股份有限公司 纳税人识别号:320400009898880 地 址 、电 话:天津新北区河海东路 65 号 022-85499890 开户行及账号:中国建设银行新北区支行 2300098776				密码区	略	
货物或应税劳务名称	规格型号	单位	数量	单价	金额	税率	税额
乙材料		kg	600	200	120 000	13%	15 600
合　计					120 000		15 600
价税合计(大写)	人民币壹拾叁万伍仟陆佰元整				(小写)¥135 600		
销售单位	名　　称:河北江陵股份有限公司 纳税人识别号:200108591789600 地 址 、电 话:河北石家庄前进大街 89 号 0311-73295857 开户行及账号:中国银行五四大街支行 3400040015235				备注	(销售单位发票专用章)	

收款人:　　　复核:　　　开票人:　　　销售单位:(章)

30-6

货物运输业增值税专用发票

发 票 联

1200193160　　No 41311477

校验码 58989 21127 36516 46433　　开票日期:2019 年 12 月 04 日

承运人及纳税人识别号	天津海通物流有限责任公司 200108591789600				密码区	略	
实际受票方及纳税人识别号	天津华丽股份有限公司 320400009898880						
收货人及纳税人识别号	天津华丽股份有限公司 320400009898880			发货人及纳税人识别号	河北江陵股份有限公司 200108591789600		
起运地、经由、目的地	石家庄—天津						
费用项目及金额	费用项目 金额 费用项目 金额 运输费 2 000				运输货物信息	略	
合　计	2 000	税率	9%	税额	180	货物编号	
价税合计(大写)	人民币贰仟壹佰捌拾元整			(小写)¥2 180			
车种车号		车船吨位		备注	(承运人发票专用章)		
主管税务机关及代码	略						

收款人:　　复核:　　开票人:　　承运人:(章)

30-7

货物运输业增值税专用发票

抵 扣 联

1200193160　　No 41311477

校验码 58989 21127 36516 46433　　开票日期:2019 年 12 月 04 日

承运人及纳税人识别号	天津海通物流有限责任公司 200108591789600				密码区	略	
实际受票方及纳税人识别号	天津华丽股份有限公司 320400009898880						
收货人及纳税人识别号	天津华丽股份有限公司 320400009898880			发货人及纳税人识别号	河北江陵股份有限公司 200108591789600		
起运地、经由、目的地	石家庄—天津						
费用项目及金额	费用项目 金额 费用项目 金额 运输费 2 000				运输货物信息	略	
合　计	2 000	税率	9%	税额	180	货物编号	
价税合计(大写)	人民币贰仟壹佰捌拾元整			(小写)¥2 180			
车种车号		车船吨位		备注	(承运人发票专用章)		
主管税务机关及代码	略						

收款人:　　复核:　　开票人:　　承运人:(章)

31-1

银行业务收费凭证

2019 年 12 月 04 日

户名：天津华丽股份有限公司　　　　　账号：2300098776

项目	起止号码	单价	数量	金额(元)				
				工本费	邮电费	手续费	其他	小计
手续费及佣金收入						10.5		10.5
合计								10.5
大写金额：(币种)人民币壹拾元伍角整								
划款方式：　现金(　)　　转账(√)			银行签章					

32-1

增值税专用发票

发 票 联

3700197160　　　　　　　　　　No　00362532

校验码 58989 21127 26316 02769　　　　　开票日期：2019 年 12 月 04 日

购买单位	名　　称：天津华丽股份有限公司 纳税人识别号：320400009898880 地 址 、电 话：天津新北区河海东路 65 号 022-85499890 开户行及账号：中国建设银行新北区支行 2300098776				密码区	略	
货物或应税劳务名称	规格型号	单位	数量	单价	金额	税率	税额
甲材料		kg	625	120	75 000	13%	9 750
合　计					75 000		9 750
价税合计(大写)	人民币捌万肆仟柒佰伍拾元整				(小写)¥84 750		
销售单位	名　　称：山东益阳有限公司 纳税人识别号：411025921333663 地 址 、电 话：山东济南南京路 369 号 0579-67834256 开户行及账号：中国建设银行南京路支行 2186746014551036				备注	(销售单位发票专用章)	

收款人：　　　　复核：　　　　开票人：　　　　销售单位：(章)

32-2

增值税专用发票

抵扣联

3700197160　　No 00362532

校验码 58989 21127 26316 02769　　开票日期:2019 年 12 月 04 日

<table>
<tr><td rowspan="4">购买单位</td><td colspan="5">名　　称:天津华丽股份有限公司</td><td rowspan="4">密码区</td><td rowspan="4">略</td></tr>
<tr><td colspan="5">纳税人识别号:320400009898880</td></tr>
<tr><td colspan="5">地 址 、电 话:天津新北区河海东路 65 号 022-85499890</td></tr>
<tr><td colspan="5">开户行及账号:中国建设银行新北区支行 2300098776</td></tr>
<tr><td colspan="2">货物或应税劳务名称</td><td>规格型号</td><td>单位</td><td>数量</td><td>单价</td><td>金额</td><td>税率</td><td>税额</td></tr>
<tr><td colspan="2">甲材料</td><td></td><td>kg</td><td>625</td><td>120</td><td>75 000</td><td>13%</td><td>9 750</td></tr>
<tr><td colspan="2">合　计</td><td></td><td></td><td></td><td></td><td>75 000</td><td></td><td>9 750</td></tr>
<tr><td colspan="2">价税合计(大写)</td><td colspan="7">人民币捌万肆仟柒佰伍拾元整　　(小写)¥84 750</td></tr>
<tr><td rowspan="4">销售单位</td><td colspan="5">名　　称:山东益阳有限公司</td><td rowspan="4">备注</td><td rowspan="4">(销售单位发票专用章)</td></tr>
<tr><td colspan="5">纳税人识别号:411025921333663</td></tr>
<tr><td colspan="5">地 址 、电 话:山东济南南京路 369 号 0579-67834256</td></tr>
<tr><td colspan="5">开户行及账号:中国建设银行南京路支行 2186746014551036</td></tr>
</table>

收款人:　　复核:　　开票人:　　销售单位:(章)

32-3

货物运输业增值税专用发票

发票联

1200193160　　No 41311491

校验码 58989 21127 36516 44336　　开票日期:2019 年 12 月 04 日

<table>
<tr><td colspan="2">承运人及纳税人识别号</td><td colspan="5">天津海通物流有限责任公司
200108591789600</td><td rowspan="2">密码区</td><td colspan="3" rowspan="2">略</td></tr>
<tr><td colspan="2">实际受票方及纳税人识别号</td><td colspan="5">天津华丽股份有限公司
320400009898880</td></tr>
<tr><td colspan="2">收货人及纳税人识别号</td><td colspan="4">天津华丽股份有限公司
320400009898880</td><td colspan="2">发货人及纳税人识别号</td><td colspan="3">山东益阳有限公司
411025921333663</td></tr>
<tr><td colspan="2">起运地、经由、目的地</td><td colspan="9">济南—天津</td></tr>
<tr><td>费用项目及金额</td><td colspan="6">费用项目　金额　费用项目　金额
运输费　1 000</td><td colspan="2">运输货物信息</td><td colspan="2">略</td></tr>
<tr><td>合　计</td><td colspan="2">1 000</td><td>税率</td><td>9%</td><td>税额</td><td>90</td><td colspan="2">货物编号</td><td colspan="2"></td></tr>
<tr><td colspan="2">价税合计(大写)</td><td colspan="9">人民币壹仟零玖拾元整　　(小写)¥1 090</td></tr>
<tr><td colspan="2">车种车号</td><td colspan="2"></td><td>车船吨位</td><td colspan="2"></td><td rowspan="2">备注</td><td colspan="3" rowspan="2">(承运人发票专用章)</td></tr>
<tr><td colspan="2">主管税务机关及代码</td><td colspan="5">略</td></tr>
</table>

收款人:　　复核:　　开票人:　　承运人:(章)

32-4

货物运输业增值税专用发票

抵扣联

1200193160　　　　　　　　　　　　　　　　No　41311491

校验码 58989 21127 36516 44336　　　　开票日期：2019 年 12 月 04 日

承运人及纳税人识别号	天津海通物流有限责任公司 200108591789600				密码区	略	
实际受票方及纳税人识别号	天津华丽股份有限公司 320400009898880						
收货人及纳税人识别号	天津华丽股份有限公司 320400009898880				发货人及纳税人识别号	山东益阳有限公司 411025921333663	
起运地、经由、目的地	济南—天津						
费用项目及金额	费用项目 运输费	金额 1 000	费用项目	金额	运输货物信息	略	
合　计	1 000	税率	9%	税额	90	货物编号	
价税合计(大写)	人民币壹仟零玖拾元整			(小写)¥1 090			
车种车号		车船吨位		备注	（承运人发票专用章）		
主管税务机关及代码	略						

收款人：　　　　复核：　　　　开票人：　　　　承运人：(章)

33-1

增值税专用发票

发票联

1200195130　　　　　　　　　　　　　　　　No　00536270

校验码 58989 21127 36126 69702　　　　开票日期：2019 年 12 月 04 日

购买单位	名　　称：天津华丽股份有限公司 纳税人识别号：320400009898880 地 址 、电 话：天津新北区河海东路 65 号 022-85499890 开户行及账号：中国建设银行新北区支行 2300098776					密码区	略
货物或应税劳务名称	规格型号	单位	数量	单价	金额	税率	税额
文件柜		个	8	3 500	28 000	13%	3 640
合　计					28 000		3 640
价税合计(大写)	人民币叁万壹仟陆佰肆拾元整				(小写)¥31 640		
销售单位	名　　称：天津金海购物中心 纳税人识别号：200107593168009 地 址 、电 话：天津河西区大屯路 1 号 022-65399755 开户行及账号：中国建设银行大屯路支行 33007609875367					备注	（销售单位发票专用章）

收款人：　　　　复核：　　　　开票人：　　　　销售单位：(章)

33-2

增值税专用发票

抵扣联

1200195130　　　　No 00536270

校验码 58989 21127 36126 69702　　　　开票日期:2019年12月04日

<table>
<tr><td rowspan="4">购买单位</td><td colspan="5">名　　　称:天津华丽股份有限公司</td><td rowspan="4">密码区</td><td colspan="2" rowspan="4">略</td></tr>
<tr><td colspan="5">纳税人识别号:320400009898880</td></tr>
<tr><td colspan="5">地 址 、电 话:天津新北区河海东路65号 022-85499890</td></tr>
<tr><td colspan="5">开户行及账号:中国建设银行新北区支行 2300098776</td></tr>
<tr><td colspan="2">货物或应税劳务名称</td><td>规格型号</td><td>单位</td><td>数量</td><td>单价</td><td>金额</td><td>税率</td><td>税额</td></tr>
<tr><td colspan="2">文件柜</td><td></td><td>个</td><td>8</td><td>3 500</td><td>28 000</td><td>13%</td><td>3 640</td></tr>
<tr><td colspan="2">合　计</td><td></td><td></td><td></td><td></td><td>28 000</td><td></td><td>3 640</td></tr>
<tr><td colspan="2">价税合计(大写)</td><td colspan="7">人民币叁万壹仟陆佰肆拾元整　　　　(小写)¥31 640</td></tr>
<tr><td rowspan="4">销售单位</td><td colspan="5">名　　　称:天津金海购物中心</td><td rowspan="4">备注</td><td colspan="2" rowspan="4">(销售单位发票专用章)</td></tr>
<tr><td colspan="5">纳税人识别号:200107593168009</td></tr>
<tr><td colspan="5">地 址 、电 话:天津河西区大屯路1号 022-65399755</td></tr>
<tr><td colspan="5">开户行及账号:中国建设银行大屯路支行 33007609875367</td></tr>
</table>

收款人:　　　　复核:　　　　开票人:　　　　销售单位:(章)

33-3

中国建设银行
转账支票存根

10203399

08114705

附加信息

出票日期:2019年12月04日

收款人:	天津金海购物中心
金　额:	¥31 640
用　途:	支付货款
备　注:	

单位主管:王春景　会计:姚敏

10203399

中国建设银行　转账支票　08114705

出票日期(大写):贰零壹玖年壹拾贰月零肆日　　付款行名称:中国建设银行新北区支行

收款人:天津金海购物中心　　出票人账号:2300098776

人民币	亿	千	百	十	万	千	百	十	元	角	分
(大写)叁万壹仟陆佰肆拾元整				¥	3	1	6	4	0	0	0

用途　支付货款　　密码

上列款项请从　　行号

我账户内支付

出票人签章　　复核　　记账

33-4

新增固定资产登记表

2019 年 12 月 04 日

固定资产名称	规格型号	种类	单位	数量	购入日期	投入使用日期	使用部门	预计使用年限
文件柜		家具	只	8	2019.12.04	2019.12.04	办公室	5 年

复核人:王伟　　　　制表人：徐子雅

34-1

出　库　单

仓库号:产品库　　　　2019 年 12 月 04 日　　　　编号:1206

商品编号	名称	单位	规格	数量	单价	金额(元)
略	B 产品	件		150		
合 计						

部门主管:　　　　领用单位:江苏河海　　　　发货人:张虹　　　　制单:张虹

34-2

银行承兑汇票

中国建设银行　　　　出票日期（大写）　贰零壹玖年壹拾贰月零贰日　　　　编号(略)

<table>
<tr><td>出票人全称</td><td colspan="2">江苏河海股份有限公司</td><td rowspan="3">收款人</td><td>全称</td><td colspan="3">天津华丽股份有限公司</td></tr>
<tr><td>出票人账号</td><td colspan="2">3400152304005</td><td>账号</td><td colspan="3">2300098776</td></tr>
<tr><td>付款行全称</td><td colspan="2">中国建设银行前进路支行</td><td>开户银行</td><td colspan="3">中国建设银行新北区支行</td></tr>
<tr><td rowspan="2">出票金额</td><td>人民币</td><td colspan="3" rowspan="2">壹拾陆万陆仟壹佰壹拾元整</td><td colspan="3">小写</td></tr>
<tr><td>(大写)</td><td colspan="3">¥166 110</td></tr>
<tr><td rowspan="2">汇票到期日(大写)</td><td colspan="2" rowspan="2">贰零贰零年 叁月 零贰日</td><td rowspan="3">付款行</td><td>行号</td><td colspan="3">略</td></tr>
<tr><td rowspan="2">地址</td><td colspan="3" rowspan="2">略</td></tr>
<tr><td>承兑协议编号</td><td colspan="2">略</td></tr>
<tr><td colspan="4" rowspan="2">本汇票请你行承兑,到期无条件付款。</td><td colspan="2">本汇票已经承兑,到期日由本行付款。</td><td colspan="2" rowspan="2"></td></tr>
<tr><td colspan="2">承兑号盖章</td></tr>
<tr><td colspan="4">出票人盖章</td><td>承兑日期</td><td>2019 年 12 月 04 日</td><td>复核</td><td>记账</td></tr>
</table>

34-3

增值税专用发票

记账联

1200196160　　No 00362525

校验码 58989 21127 12366 69702　　开票日期:2019 年 12 月 04 日

<table>
<tr><td rowspan="4">购买单位</td><td colspan="5">名　　　称:江苏河海股份有限公司</td><td rowspan="4">密码区</td><td colspan="2" rowspan="4">略</td></tr>
<tr><td colspan="5">纳税人识别号:610106591785205</td></tr>
<tr><td colspan="5">地 址 、电 话:江苏南京前进路 65 号 0532-67239892</td></tr>
<tr><td colspan="5">开户行及账号:中国建设银行前进路支行 3400152304005</td></tr>
<tr><td colspan="2">货物或应税劳务名称</td><td>规格型号</td><td>单位</td><td>数量</td><td>单价</td><td>金额</td><td>税率</td><td>税额</td></tr>
<tr><td colspan="2">B 产品</td><td></td><td>件</td><td>150</td><td>980</td><td>147 000</td><td>13%</td><td>19 110</td></tr>
<tr><td colspan="2">合　计</td><td></td><td></td><td></td><td></td><td>147 000</td><td></td><td>19 110</td></tr>
<tr><td colspan="2">价税合计(大写)</td><td colspan="7">人民币壹拾陆万陆仟壹佰壹拾元整　　　(小写)¥166 110</td></tr>
<tr><td rowspan="4">销售单位</td><td colspan="5">名　　　称:天津华丽股份有限公司</td><td rowspan="4">备注</td><td colspan="2" rowspan="4">(销售单位发票专用章)</td></tr>
<tr><td colspan="5">纳税人识别号:320400009898880</td></tr>
<tr><td colspan="5">地 址 、电 话:天津新北区河海东路 65 号 022-85499890</td></tr>
<tr><td colspan="5">开户行及账号:中国建设银行新北区支行 2300098776</td></tr>
</table>

收款人:　　复核:　　开票人:　　销售单位:(章)

35-1

借款合同申请书

2019 年 12 月 04 日

<table>
<tr><td>借款人</td><td>天津华丽股份有限公司</td><td>账号</td><td>2400040015</td><td>已借款金额</td><td>1 000 000</td></tr>
<tr><td>申请贷款金额</td><td>¥200 000</td><td>还款日期</td><td>2020.6.4</td><td>借款利息(月息)</td><td>0.425%</td></tr>
<tr><td>借款用途和理由</td><td colspan="5">流动资金借款</td></tr>
<tr><td>借款方</td><td rowspan="4"></td><td>借款担保方</td><td rowspan="4"></td><td>贷款方</td><td rowspan="4"></td></tr>
<tr><td>借款单位(章)</td><td>担保单位(章)</td><td>贷款银行(章)</td></tr>
<tr><td>负责人(章)</td><td>负责人(章)</td><td>经办人(章)</td></tr>
<tr><td>经办人(章)</td><td></td><td></td></tr>
<tr><td>银行审核意见</td><td colspan="5"></td></tr>
<tr><td colspan="6">注意事项(略)</td></tr>
</table>

35-2

银行(短期贷款)借款凭证

单位编号:2400040015　　2019 年 12 月 04 日　　银行编号:略

<table>
<tr><td rowspan="3">收款单位</td><td>名称</td><td>天津华丽股份有限公司</td><td rowspan="3">借款单位</td><td>名称</td><td colspan="2">天津华丽股份有限公司</td></tr>
<tr><td>往来户账号</td><td>2400040015</td><td>放款户账号</td><td colspan="2">2400040015</td></tr>
<tr><td>开户银行</td><td>中国银行新北区支行</td><td>开户银行</td><td colspan="2">中国银行新北区支行</td></tr>
<tr><td>借款期限</td><td>6 个月</td><td>利率</td><td>5.1%</td><td>起息日</td><td colspan="2">2019 年 12 月 04 日</td></tr>
<tr><td rowspan="2">借款申请金额</td><td>人民币</td><td colspan="2" rowspan="2">贰拾万元整</td><td colspan="3">小写</td></tr>
<tr><td>(大写)</td><td colspan="3">¥200 000</td></tr>
<tr><td colspan="3" rowspan="2">借款原因及用途:流动资金借款</td><td rowspan="2">银行核定金额</td><td colspan="3">小写</td></tr>
<tr><td colspan="3">¥200 000</td></tr>
<tr><td>银行审批</td><td colspan="2"></td><td>期限</td><td>计划还款日期</td><td colspan="2">计划还款金额</td></tr>
<tr><td>负责人</td><td>信贷部主管</td><td>信贷员</td><td rowspan="2">6 个月</td><td rowspan="2">2020.06.04</td><td colspan="2" rowspan="2">¥200 000</td></tr>
<tr><td></td><td></td><td></td></tr>
<tr><td colspan="4">兹根据你行贷款办法规定,申请上述借款,请核定贷给。</td><td colspan="3" rowspan="2">银行记账(略)</td></tr>
<tr><td colspan="4">(借款单位预留往来户印鉴)</td></tr>
</table>

36-1

增值税专用发票

记 账 联

1200196160　　No　00362526

校验码 58989 21127 66123 69702　　开票日期:2019 年 12 月 04 日

<table>
<tr><td>购买单位</td><td colspan="5">名　　称:北京东风有限公司
纳税人识别号:100107593168009
地 址 、电 话:北京朝阳区大屯路 1 号 010-65399755
开户行及账号:中国建设银行大屯路支行 33007609875367</td><td>密码区</td><td colspan="2">略</td></tr>
<tr><td colspan="2">货物或应税劳务名称</td><td>规格型号</td><td>单位</td><td>数量</td><td>单价</td><td>金额</td><td>税率</td><td>税额</td></tr>
<tr><td colspan="2">B 产品</td><td></td><td>件</td><td>300</td><td>980</td><td>294 000</td><td>16%</td><td>38 220</td></tr>
<tr><td colspan="2">合　计</td><td></td><td></td><td></td><td></td><td>294 000</td><td></td><td>38 220</td></tr>
<tr><td colspan="2">价税合计(大写)</td><td colspan="7">人民币叁拾叁万贰仟贰佰贰拾元整　　(小写)¥332 220</td></tr>
<tr><td>销售单位</td><td colspan="5">名　　称:天津华丽股份有限公司
纳税人识别号:320400009898880
地 址 、电 话:天津新北区河海东路 65 号 022-85499890
开户行及账号:中国建设银行新北区支行 2300098776</td><td>备注</td><td colspan="2">(销售单位发票专用章)</td></tr>
</table>

收款人:　　复核:　　开票人:　　销售单位:(章)

36-2

托收凭证

委托日期　2019 年 12 月 04 日

<table>
<tr><td>业务类型</td><td colspan="6">委托收款(　　)　　托收承付(√)</td></tr>
<tr><td rowspan="4">付款人</td><td>全称</td><td>北京东风工厂</td><td rowspan="4">收款人</td><td>全称</td><td colspan="2">天津华丽股份有限公司</td></tr>
<tr><td>账号</td><td>33007609875367</td><td>账号</td><td colspan="2">2300098776</td></tr>
<tr><td>地址</td><td>北京市 省　　市/县</td><td>地址</td><td colspan="2">天津市　省　　市/县</td></tr>
<tr><td>开户行</td><td>中国建设银行大屯路支行</td><td>开户行</td><td colspan="2">中国建设银行新北区支行</td></tr>
<tr><td rowspan="2">金额</td><td>人民币</td><td colspan="2" rowspan="2">叁拾叁万贰仟贰佰贰拾元整</td><td colspan="3">小写</td></tr>
<tr><td>(大写)</td><td colspan="3">￥332 220</td></tr>
<tr><td>款项内容</td><td>货款</td><td>托收凭据名称</td><td>托收承付合同</td><td>附寄单据张数</td><td colspan="2">3</td></tr>
<tr><td>商品发运情况</td><td colspan="2">已发货</td><td>合同名称号码</td><td colspan="3">略</td></tr>
<tr><td colspan="2">备注</td><td colspan="2" rowspan="2">上列款项随附有关债务证明，请予办理。</td><td colspan="3" rowspan="2"></td></tr>
<tr><td colspan="2" rowspan="2">收款人开户行收到日期
年　月　日</td></tr>
<tr><td colspan="2">收款人签章</td><td>复核</td><td></td><td>记账</td></tr>
</table>

36-3

出　库　单

仓库号：产品库　　　2019 年 12 月 04 日　　　编号：1207

商品编号	名称	单位	规格	数量	单价	金额(元)
略	B 产品	件		300		
合 计						

部门主管：　　　领用单位：北京东风　　　发货人：张虹　　　制单：张虹

37-1

银行承兑协议

编号:233566

银行承兑汇票的内容

收款人全称　北方长江股份有限公司　　付款人全称　天津华丽股份有限公司

开 户 银 行　中国工商银行春江路支行　　开 户 银 行　中国建设银行新北区支行

账　　　号　1186510674360145　　账　　　号　2300098776

汇 票 号 码　(略)　　汇票金额(大写)人民币伍万壹仟零肆拾元整

签 发 日 期2019 年12 月05 日　　到 期 日 期2020 年03 月05 日

以上汇票经承兑银行承兑,承兑申请人(下称申请人)愿遵守《银行结算办法》的规定以及下列条款:

一、申请人于汇票到期日前将应付票款足额交存承兑银行。

二、承兑手续费按票面金额千分之(0.469)计划,在银行承兑时一次付清。

三、承兑汇票如发生任何交易纠纷,均由收付双方自行处理,票款于到期前仍按第一条办理。

四、承兑汇票到期日,承兑银行凭票无条件支付票款。如到期日之前申请人不能足额交付票款时,承兑银行对不足支付票款转作承兑申请逾期贷款,并按照有关规定计收罚息。

五、承兑汇票款付清后,本协议自动失效。本协议第一、二联分别由承兑银行信贷部门和承兑申请人存执,协议副本由承兑银行会计部门存查。

承兑申请人________(盖章)　　承兑银行________(盖章)

订立承兑协议日期 2019 年 12 月 05 日

37-2

银行业务收费凭证

2019 年 12 月 05 日

户名:天津华丽股份有限公司　　账号:2300098776

项目	起止号码	单价	数量	金额(元)				
				工本费	邮电费	手续费	其他	小计
手续费及佣金收入						23.9		23.9
合计								23.9
大写金额:(币种)人民币贰拾叁元玖角整								
划款方式: 现金( )　转账(√)			银行签章					

38-1

增值税专用发票

发 票 联

1100195160 No 00562352

校验码 58989 21127 26316 20976 开票日期:2019 年 12 月 05 日

购买单位	名 称:天津华丽股份有限公司 纳税人识别号:320400009898880 地 址 、电 话:天津新北区河海东路 65 号 022-85499890 开户行及账号:中国建设银行新北区支行 2300098776				密码区	略	
货物或应税劳务名称	规格型号	单位	数量	单价	金额	税率	税额
乙材料		kg	220	200	44 000	13%	5 720
合 计					44 000		5 720
价税合计(大写)	人民币肆万玖仟柒佰贰拾元整				(小写)¥49 720		
销售单位	名 称:北方长江股份有限公司 纳税人识别号:600107593168009 地 址 、电 话:北京朝阳区春江路 1 号 010-53829873 开户行及账号:中国工商银行春江路支行 1186510674360145				备注	(销售单位发票专用章)	

收款人: 复核: 开票人: 销售单位:(章)

38-2

增值税专用发票

抵 扣 联

1100195160 No 00562352

校验码 58989 21127 26316 20976 开票日期:2019 年 12 月 05 日

购买单位	名 称:天津华丽股份有限公司 纳税人识别号:320400009898880 地 址 、电 话:天津新北区河海东路 65 号 022-85499890 开户行及账号:中国建设银行新北区支行 2300098776				密码区	略	
货物或应税劳务名称	规格型号	单位	数量	单价	金额	税率	税额
乙材料		kg	220	200	44 000	13%	5 720
合 计					44 000		5 720
价税合计(大写)	人民币肆万玖仟柒佰贰拾元整				(小写)¥49 720		
销售单位	名 称:北方长江股份有限公司 纳税人识别号:600107593168009 地 址 、电 话:北京朝阳区春江路 1 号 010-53829873 开户行及账号:中国工商银行春江路支行 1186510674360145				备注	(销售单位发票专用章)	

收款人: 复核: 开票人: 销售单位:(章)

38-3

银行承兑汇票

中国建设银行　　出票日期（大写）贰零壹玖年壹拾贰月零伍日　　编号（略）

出票人全称	天津华丽股份有限公司	收款人	全称	北方长江股份有限公司
出票人账号	2300098776		账号	中国工商银行春江路支行
付款行全称	中国建设银行新北区支行		开户银行	1186510674360145
出票金额	人民币（大写）	肆万玖仟柒佰贰拾元整	小写	¥49 720
汇票到期日（大写）	贰零贰零年零贰月零伍日	付款行	行号	略
承兑协议编号	略		地址	略
本汇票请你行承兑，到期无条件付款。		本汇票已经承兑，到期日由本行付款。 承兑号盖章		
出票人盖章		承兑日期	2019年12月05日	复核　记账

38-4

货物运输业增值税专用发票

发 票 联

1200193160　　No 41311523

校验码 58989 21127 36516 46343　　开票日期：2019年12月05日

承运人及纳税人识别号	天津海通物流有限责任公司 200108591789600				密码区	略	
实际受票方及纳税人识别号	天津华丽股份有限公司 320400009898880						
收货人及纳税人识别号	天津华丽股份有限公司 320400009898880			发货人及纳税人识别号	北方长江股份有限公司 600107593168009		
起运地、经由、目的地	北京—天津						
费用项目及金额	费用项目　运输费	金额　900	费用项目	金额	运输货物信息	略	
合　计	900		税率	9%	税额	81	货物编号
价税合计（大写）	人民币玖佰捌拾壹元整				（小写）¥981		
车种车号		车船吨位			备注	（承运人发票专用章）	
主管税务机关及代码	略						

收款人：　　复核：　　开票人：　　承运人：（章）

38-5

货物运输业增值税专用发票

抵 扣 联

1200193160 No 41311523

校验码 58989 21127 36516 46343 开票日期:2019 年 12 月 05 日

<table>
<tr><td>承运人及纳税人识别号</td><td colspan="5">天津海通物流有限责任公司
200108591789600</td><td rowspan="2">密码区</td><td colspan="3" rowspan="2">略</td></tr>
<tr><td>实际受票方及纳税人识别号</td><td colspan="5">天津华丽股份有限公司
320400009898880</td></tr>
<tr><td>收货人及纳税人识别号</td><td colspan="5">天津华丽股份有限公司
320400009898880</td><td colspan="2">发货人及纳税人识别号</td><td colspan="2">北方长江股份有限公司
600107593168009</td></tr>
<tr><td>起运地、经由、目的地</td><td colspan="9">北京—天津</td></tr>
<tr><td>费用项目及金额</td><td colspan="6">费用项目 金额 费用项目 金额
运输费 900</td><td>运输货物信息</td><td colspan="2">略</td></tr>
<tr><td>合 计</td><td colspan="2">900</td><td>税率</td><td>9%</td><td>税额</td><td>81</td><td>货物编号</td><td colspan="2"></td></tr>
<tr><td>价税合计(大写)</td><td colspan="9">人民币玖佰捌拾壹元整 (小写)¥981</td></tr>
<tr><td>车种车号</td><td></td><td>车船吨位</td><td colspan="3"></td><td rowspan="2">备注</td><td colspan="3" rowspan="2">(承运人发票专用章)</td></tr>
<tr><td>主管税务机关及代码</td><td colspan="5">略</td></tr>
</table>

收款人: 复核: 开票人: 承运人:(章)

38-6

微信结算凭证

付款金额	¥981
商品或服务名称	运输费
商户名称	天津海通物流有限责任公司
当前状态	已支付
交易时间	2019-12-05
支付方式	零钱
交易单号	53564568768
商户单号	100107593168009

38-7

收　料　单

仓库号：材料库　　　　2019 年 12 月 05 日　　　　编号：1209

材料编号	名称	单位	规格	数量	单价	金额(元)
略	乙材料	kg		220		
合　计				220		

负责人：　　　　收料人：王嘉　　　　交料人：周宏

39-1

增值税专用发票

发 票 联

1200195130　　　　No　00536311

校验码 58989 21127 16263 69702　　　　开票日期：2019 年 12 月 05 日

<table>
<tr><td>购买单位</td><td colspan="6">名　　　称：天津华丽股份有限公司
纳税人识别号：320400009898880
地 址 、电 话：天津新北区河海东路 65 号 022-85499890
开户行及账号：中国建设银行新北区支行 2300098776</td><td>密码区</td><td>略</td></tr>
<tr><td colspan="2">货物或应税劳务名称</td><td>规格型号</td><td>单位</td><td>数量</td><td>单价</td><td>金额</td><td>税率</td><td>税额</td></tr>
<tr><td colspan="2">工作鞋</td><td></td><td>双</td><td>100</td><td>20</td><td>2 000</td><td>13%</td><td>260</td></tr>
<tr><td colspan="2">合　计</td><td></td><td></td><td></td><td></td><td>2 000</td><td></td><td>260</td></tr>
<tr><td colspan="2">价税合计(大写)</td><td colspan="5">人民币贰仟贰佰陆拾元整</td><td colspan="2">(小写)￥2 260</td></tr>
<tr><td>销售单位</td><td colspan="6">名　　　称：天津金海购物中心
纳税人识别号：200107593168009
地 址 、电 话：天津河西区大屯路 1 号 022-65399755
开户行及账号：中国建设银行大屯路支行 33007609875367</td><td>备注</td><td>(销售单位发票专用章)</td></tr>
</table>

收款人：　　　　复核：　　　　开票人：　　　　销售单位：(章)

39-2

增值税专用发票

抵 扣 联

1200195130　　　　No 00536311

校验码 58989 21127 16263 69702　　　　开票日期:2019年12月05日

购买单位	名　　称:天津华丽股份有限公司 纳税人识别号:320400009898880 地 址 、电 话:天津新北区河海东路65号 022-85499890 开户行及账号:中国建设银行新北区支行 2300098776				密码区	略	
货物或应税劳务名称	规格型号	单位	数量	单价	金额	税率	税额
工作鞋		双	100	20	2 000	13%	260
合　计					2 000		260
价税合计(大写)	人民币贰仟贰佰陆拾元整				(小写)¥2 260		
销售单位	名　　称:天津金海购物中心 纳税人识别号:200107593168009 地 址 、电 话:天津河西区大屯路1号 022-65399755 开户行及账号:中国建设银行大屯路支行 33007609875367				备注	(销售单位发票专用章)	

收款人:　　　复核:　　　开票人:　　　销售单位:(章)

39-3

中国建设银行
转账支票存根
10203399
08114706

附加信息

出票日期:2019年12月05日

收款人:天津金海购物中心
金　额:¥2 260
用　途:支付货款
备　注:

单位主管:王春景　会计:姚敏

10203399

中国建设银行　转账支票　08114706

出票日期(大写):贰零壹玖年壹拾贰月零伍日　　付款行名称:中国建设银行新北区支行

收款人:天津金海购物中心　　出票人账号:2300098776

人民币	亿	千	百	十	万	千	百	十	元	角	分
(大写)贰仟贰佰陆拾元整					¥	2	2	6	0	0	0

用途 支付货款　　密码

上列款项请从　　行号

我账户内支付

出票人签章　　复核　　记账

39-4

收　料　单

仓库号：低值易耗品库　　　　2019 年 12 月 05 日　　　　编号：1210

材料编号	名称	单位	规格	数量	单价	金额（元）
略	工作鞋	双		100	20	2 000
合　计				100		¥2 000

负责人：　　　　收料人：王嘉　　　　交料人：周宏

40-1

增值税专用发票

发 票 联

1200198160　　　　No　00506262

校验码 58989 21127 16623 69702　　　　开票日期：2019 年 12 月 05 日

购买单位	名　称：天津华丽股份有限公司 纳税人识别号：320400009898880 地 址 、电 话：天津新北区河海东路 65 号 022-85499890 开户行及账号：中国建设银行新北区支行 2300098776					密码区	略
货物或应税劳务名称	规格型号	单位	数量	单价	金额	税率	税额
甲材料		kg	2 000	120	240 000	13%	31 200
合　计					240 000		31 200
价税合计（大写）	人民币贰拾柒万壹仟贰佰元整　　（小写）¥271 200						
销售单位	名　称：天津金林股份有限公司 纳税人识别号：121150087327217 地 址 、电 话：天津河西区前进道 65 号 022-75347793 开户行及账号：中国建设银行前进路支行 23060987670753					备注	（销售单位发票专用章）

收款人：　　　　复核：　　　　开票人：　　　　销售单位：（章）

40-2

增值税专用发票

抵扣联

1200198160　　　　　　　　　　No 00506262

校验码 58989 21127 16623 69702　　　　开票日期:2019 年 12 月 05 日

购买单位	名　　称:天津华丽股份有限公司 纳税人识别号:320400009898880 地 址 、电 话:天津新北区河海东路 65 号 022-85499890 开户行及账号:中国建设银行新北区支行 2300098776				密码区	略	
货物或应税劳务名称	规格型号	单位	数量	单价	金额	税率	税额
甲材料		kg	2 000	120	240 000	13%	31 200
合　计					240 000		31 200
价税合计(大写)	人民币贰拾柒万壹仟贰佰元整				(小写)¥271 200		
销售单位	名　　称:天津金林股份有限公司 纳税人识别号:121150087327217 地 址 、电 话:天津河西区前进道 65 号 022-75347793 开户行及账号:中国建设银行前进路支行 23060987670753				备注	(销售单位发票专用章)	

收款人:　　　　复核:　　　　开票人:　　　　销售单位:(章)

40-3

中国建设银行
转账支票存根

10203399
08114707

附加信息

出票日期:2019 年 12 月 05 日

收款人:天津金林公司	
金　额:¥271 200	
用　途:支付货款	
备　注:	

单位主管:王春景　会计:姚敏

10203399

中国建设银行　转账支票　08114707

出票日期(大写):贰零壹玖年壹拾贰月零伍日　　付款行名称:中国建设银行新北区支行

收款人:天津金林股份有限公司　　出票人账号:2300098776

	亿	千	百	十	万	千	百	十	元	角	分
人民币 (大写)贰拾柒万壹仟贰佰元整			¥	2	7	1	2	0	0	0	0

用途　支付货款　　密码

上列款项请从　　行号

我账户内支付

出票人签章　　复核　　记账

40-4

货物运输业增值税专用发票

发 票 联

1200193160　　　　No 41311536

校验码 58989 12127 36516 63344　　　　开票日期:2019 年 12 月 05 日

<table>
<tr><td>承运人及纳税人识别号</td><td colspan="5">天津海通物流有限责任公司
200108591789600</td><td rowspan="2">密码区</td><td rowspan="2">略</td></tr>
<tr><td>实际受票方及纳税人识别号</td><td colspan="5">天津华丽股份有限公司
320400009898880</td></tr>
<tr><td>收货人及纳税人识别号</td><td colspan="4">天津华丽股份有限公司
320400009898880</td><td>发货人及纳税人识别号</td><td colspan="2">天津金林股份有限公司
121150087327217</td></tr>
<tr><td>起运地、经由、目的地</td><td colspan="7">天津—天津</td></tr>
<tr><td>费用项目及金额</td><td colspan="5">费用项目　金额　费用项目　金额
运输费　900</td><td>运输货物信息</td><td>略</td></tr>
<tr><td>合　计</td><td>900</td><td>税率</td><td>9%</td><td>税额</td><td>81</td><td>货物编号</td><td></td></tr>
<tr><td>价税合计(大写)</td><td colspan="7">人民币玖佰捌拾壹元整　(小写)¥981</td></tr>
<tr><td>车种车号</td><td colspan="2"></td><td>车船吨位</td><td></td><td rowspan="2">备注</td><td colspan="2" rowspan="2">(承运人发票专用章)</td></tr>
<tr><td>主管税务机关及代码</td><td colspan="4">略</td></tr>
</table>

收款人:　　复核:　　开票人:　　承运人:(章)

40-5

货物运输业增值税专用发票

抵 扣 联

1200193160　　　　No 41311536

校验码 58989 12127 36516 63344　　　　开票日期:2019 年 12 月 05 日

<table>
<tr><td>承运人及纳税人识别号</td><td colspan="5">天津海通物流有限责任公司
200108591789600</td><td rowspan="2">密码区</td><td rowspan="2">略</td></tr>
<tr><td>实际受票方及纳税人识别号</td><td colspan="5">天津华丽股份有限公司
320400009898880</td></tr>
<tr><td>收货人及纳税人识别号</td><td colspan="4">天津华丽股份有限公司
320400009898880</td><td>发货人及纳税人识别号</td><td colspan="2">天津金林股份有限公司
121150087327217</td></tr>
<tr><td>起运地、经由、目的地</td><td colspan="7">天津—天津</td></tr>
<tr><td>费用项目及金额</td><td colspan="5">费用项目　金额　费用项目　金额
运输费　900</td><td>运输货物信息</td><td>略</td></tr>
<tr><td>合　计</td><td>900</td><td>税率</td><td>9%</td><td>税额</td><td>81</td><td>货物编号</td><td></td></tr>
<tr><td>价税合计(大写)</td><td colspan="7">人民币玖佰捌拾壹元整　(小写)¥981</td></tr>
<tr><td>车种车号</td><td colspan="2"></td><td>车船吨位</td><td></td><td rowspan="2">备注</td><td colspan="2" rowspan="2">(承运人发票专用章)</td></tr>
<tr><td>主管税务机关及代码</td><td colspan="4">略</td></tr>
</table>

收款人:　　复核:　　开票人:　　承运人:(章)

40-6

费用报销单

部门：采购部　　报销日期 2019 年 12 月 05 日　　附件：1 张

费用项目	类别	金额(元)	部门负责人(签章)	郝欣然
运费	原材料	981		
			报销人	周宏
报销金额合计		¥981		
报销金额合计(大写)	人民币玖佰捌拾壹元整		¥981	

会计：徐子雅　　复核：徐子雅　　出纳：姚敏

40-7

收　料　单

仓库号：材料库　　2019 年 12 月 05 日　　编号：1211

材料编号	名称	单位	规格	数量	单价	金额(元)
略	甲材料	kg		2 000		
合　计						

负责人：　　收料人：王嘉　　交料人：周宏

41-1

增值税专用发票

发 票 联

1300192160　　No　00362530

校验码 58989 21127 26316 97062　　开票日期：2019 年 12 月 01 日

购买单位	名　　称：天津华丽股份有限公司 纳税人识别号：320400009898880 地 址 、电 话：天津新北区河海东路 65 号 022-85499890 开户行及账号：中国建设银行新北区支行 2300098776					密码区	略	
货物或应税劳务名称	规格型号	单位	数量	单价	金额	税率	税额	
乙材料		kg	600	200	120 000	13%	15 600	
合　计					120 000		15 600	
价税合计(大写)	人民币壹拾叁万伍仟陆佰元整				(小写)¥135 600			
销售单位	名　　称：河北江陵股份有限公司 纳税人识别号：200108591789600 地 址 、电 话：河北石家庄前进大街 89 号 0311-73295857 开户行及账号：中国银行五四大街支行 3400040015235					备注	(销售单位发票专用章)	

收款人：　　复核：　　开票人：　　销售单位：(章)

41-2

增值税专用发票

抵扣联

1300192160　　　　No　00362530

校验码 58989 21127 26316 97062　　　　开票日期:2019 年 12 月 01 日

购买单位	名　　称:天津华丽股份有限公司 纳税人识别号:320400009898880 地 址 、电 话:天津新北区河海东路 65 号 022-85499890 开户行及账号:中国建设银行新北区支行 2300098776	密码区	略

货物或应税劳务名称	规格型号	单位	数量	单价	金额	税率	税额
乙材料		kg	600	200	120 000	13%	15 600
合　计					120 000		15 600
价税合计(大写)	人民币壹拾叁万伍仟陆佰元整				(小写)¥135 600		

销售单位	名　　称:河北江陵股份有限公司 纳税人识别号:200108591789600 地 址 、电 话:河北石家庄前进大街 89 号 0311-73295857 开户行及账号:中国银行五四大街支行 3400040015235	备注	(销售单位发票专用章)

收款人:　　　复核:　　　开票人:　　　销售单位:(章)

41-3

收　料　单

仓库号:材料库　　　2019 年 12 月 05 日　　　编号:1212

材料编号	名称	单位	规格	数量	单价	金额(元)
略	乙材料	kg		600		
合　计						

负责人:　　　收料人:王嘉　　　交料人:周宏

42-1

<table>
<tr><td>

中国建设银行
转账支票存根
10203399
08114708

附加信息

出票日期:2019 年 12 月 05 日

收款人:天津江海培训中心
金　额:￥12 720
用　途:支付账款
备　注:

单位主管:王春景　会计:姚敏

</td><td>

10203399
中国建设银行　**转账支票**　08114708

出票日期(大写):贰零壹玖年壹拾贰月零伍日　付款行名称:中国建设银行新北区支行
收款人:天津江海培训中心　出票人账号:2300098776

人民币	亿	千	百	十	万	千	百	十	元	角	分
(大写)壹万贰仟柒佰贰拾元整				￥	1	2	7	2	0	0	0

用途　支付账款　密码
上列款项请从　行号
我账户内支付

出票人签章　复核　记账

</td></tr>
</table>

42-2

增值税专用发票

发票联

1200191130　No　00235602

校验码 58989 12721 26316 69702　开票日期:2019 年 12 月 05 日

<table>
<tr><td>购买单位</td><td colspan="5">名　称:天津华丽股份有限公司
纳税人识别号:320400009898880
地 址 、电 话:天津新北区河海东路 65 号 022-85499890
开户行及账号:中国建设银行新北区支行 2300098776</td><td>密码区</td><td colspan="2">略</td></tr>
<tr><td colspan="2">货物或应税劳务名称</td><td>规格型号</td><td>单位</td><td>数量</td><td>单价</td><td>金额</td><td>税率</td><td>税额</td></tr>
<tr><td colspan="2">培训费</td><td></td><td></td><td>1</td><td>12 000</td><td>12 000</td><td>6%</td><td>720</td></tr>
<tr><td colspan="2">合　计</td><td></td><td></td><td></td><td></td><td>12 000</td><td></td><td>720</td></tr>
<tr><td colspan="2">价税合计(大写)</td><td colspan="7">人民币壹万贰仟柒佰贰拾元整　(小写)￥12 720</td></tr>
<tr><td>销售单位</td><td colspan="5">名　称:天津江海培训中心
纳税人识别号:221150087327636
地 址 、电 话:天津南开区五四大路 50 号 022-75347793
开户行及账号:中国银行南开区支行 23025234546368</td><td>备注</td><td colspan="2">(销售单位发票专用章)</td></tr>
</table>

收款人:　复核:　开票人:　销售单位:(章)

42-3

增值税专用发票

抵扣联

1200191130　　　　No　00235602

校验码 58989 12721 26316 69702　　　　开票日期:2019 年 12 月 05 日

<table>
<tr><td>购买单位</td><td colspan="5">名　　　称:天津华丽股份有限公司
纳税人识别号:320400009898880
地 址 、电 话:天津新北区河海东路 65 号 022-85499890
开户行及账号:中国建设银行新北区支行 2300098776</td><td>密码区</td><td colspan="2">略</td></tr>
<tr><td colspan="2">货物或应税劳务名称</td><td>规格型号</td><td>单位</td><td>数量</td><td>单价</td><td>金额</td><td>税率</td><td>税额</td></tr>
<tr><td colspan="2">培训费</td><td></td><td></td><td>1</td><td>12 000</td><td>12 000</td><td>6%</td><td>720</td></tr>
<tr><td colspan="2">合　计</td><td></td><td></td><td></td><td></td><td>12 000</td><td></td><td>720</td></tr>
<tr><td colspan="2">价税合计(大写)</td><td colspan="7">人民币壹万贰仟柒佰贰拾元整　　　　(小写)¥12 720</td></tr>
<tr><td>销售单位</td><td colspan="5">名　　　称:天津江海培训中心
纳税人识别号:221150087327636
地 址 、电 话:天津南开区五四大路 50 号 022-75347793
开户行及账号:中国银行南开区支行 23025234546368</td><td>备注</td><td colspan="2">(销售单位发票专用章)</td></tr>
</table>

收款人:　　　　复核:　　　　开票人:　　　　销售单位:(章)

43-1

增值税专用发票

记账联

1200196160　　　　No　00362527

校验码 58989 72121 26316 69702　　　　开票日期:2019 年 12 月 05 日

<table>
<tr><td>购买单位</td><td colspan="5">名　　　称:天津凯达酒店
纳税人识别号:210105592187532
地 址 、电 话:天津河西区白云路 33 号 022-59874321
开户行及账号:中国工商银行白云路支行 1110360145678654</td><td>密码区</td><td colspan="2">略</td></tr>
<tr><td colspan="2">货物或应税劳务名称</td><td>规格型号</td><td>单位</td><td>数量</td><td>单价</td><td>金额</td><td>税率</td><td>税额</td></tr>
<tr><td colspan="2">不动产租赁—租金</td><td></td><td>月</td><td>1</td><td>12 000</td><td>12 000</td><td>5%</td><td>600</td></tr>
<tr><td colspan="2">合　计</td><td></td><td></td><td></td><td></td><td>12 000</td><td></td><td>600</td></tr>
<tr><td colspan="2">价税合计(大写)</td><td colspan="7">人民币壹万贰仟陆佰元整　　　　(小写)¥12 600</td></tr>
<tr><td>销售单位</td><td colspan="5">名　　　称:天津华丽股份有限公司
纳税人识别号:320400009898880
地 址 、电 话:天津新北区河海东路 65 号 022-85499890
开户行及账号:中国建设银行新北区支行 2300098776</td><td>备注</td><td colspan="2">(销售单位发票专用章)</td></tr>
</table>

收款人:　　　　复核:　　　　开票人:　　　　销售单位:(章)

43-2

网银转账凭证

网银流水号(略)　　　　日期:2019 年 12 月 05 日

付款人	户名	天津凯达酒店	收款人	户名	天津华丽股份有限公司
	账号	1110360145678654		账号	2400040015
	开户行	中国工商银行白云路支行		开户行	中国银行新北区支行
	账户性质	基本户		账户性质	基本户
金额	小写	¥12 600	用途:转账付款		
	大写	人民币壹万贰仟陆佰元整			
网银客户编号	2300098776		业务种类		
是否加急	否				
联系人	王春景	联系电话 022-85499890			
交易状态	交易成功		复核		时间 2019.12.05

44-1

增值税专用发票

发 票 联

1300197160　　　　No 00563202

校验码 58989 17221 26316 69702　　　　开票日期:2019 年 12 月 05 日

购买单位	名　　称:天津华丽股份有限公司 纳税人识别号:320400009898880 地 址 、电 话:天津新北区河海东路 65 号 022-85499890 开户行及账号:中国建设银行新北区支行 2300098776				密码区	略	
货物或应税劳务名称	规格型号	单位	数量	单价	金额	税率	税额
设备 U		台	1	60 000	60 000	13%	7 800
合　计					60 000		7 800
价税合计(大写)	人民币陆万柒仟捌佰元整				(小写)¥67 800		
销售单位	名　　称:中华机械股份有限公司 纳税人识别号:210085986377952 地 址 、电 话:天津东丽区东风路 32 号 022-53279523 开户行及账号:中国工商银行东风路支行 13060987670753				备注	(销售单位发票专用章)	

收款人:　　　　复核:　　　　开票人:　　　　销售单位:(章)

44-2

增值税专用发票

抵 扣 联

1300197160　　　　No　00563202

校验码 58989 17221 26316 69702　　　　开票日期:2019 年 12 月 05 日

<table>
<tr><td rowspan="4">购买单位</td><td colspan="5">名　　称:天津华丽股份有限公司</td><td rowspan="4">密码区</td><td rowspan="4" colspan="2">略</td></tr>
<tr><td colspan="5">纳税人识别号:320400009898880</td></tr>
<tr><td colspan="5">地 址 、电 话:天津新北区河海东路 65 号 022-85499890</td></tr>
<tr><td colspan="5">开户行及账号:中国建设银行新北区支行 2300098776</td></tr>
<tr><td colspan="2">货物或应税劳务名称</td><td>规格型号</td><td>单位</td><td>数量</td><td>单价</td><td>金额</td><td>税率</td><td>税额</td></tr>
<tr><td colspan="2">U 设备</td><td></td><td>台</td><td>1</td><td>60 000</td><td>60 000</td><td>13%</td><td>7 800</td></tr>
<tr><td colspan="2">合　计</td><td></td><td></td><td></td><td></td><td>60 000</td><td></td><td>7 800</td></tr>
<tr><td colspan="2">价税合计(大写)</td><td colspan="7">人民币陆万柒仟捌佰元整　　　　(小写)¥67 800</td></tr>
<tr><td rowspan="4">销售单位</td><td colspan="5">名　　称:中华机械股份有限公司</td><td rowspan="4">备注</td><td rowspan="4" colspan="2">(销售单位发票专用章)</td></tr>
<tr><td colspan="5">纳税人识别号:210085986377952</td></tr>
<tr><td colspan="5">地 址 、电 话:天津东丽区东风路 32 号 022-53279523</td></tr>
<tr><td colspan="5">开户行及账号:中国工商银行东风路支行 13060987670753</td></tr>
</table>

收款人:　　　　复核:　　　　开票人:　　　　销售单位:(章)

备注:设备需安装

45-1

借款合同申请书

2019 年 12 月 04 日

<table>
<tr><td>借款人</td><td>天津华丽股份有限公司</td><td>账号</td><td>2400040015</td><td>已借款金额</td><td>1 200 000</td></tr>
<tr><td>申请贷款金额</td><td>¥250 000</td><td>还款日期</td><td>2020.3.5</td><td>借款利息(月息)</td><td>0.42%</td></tr>
<tr><td>借款用途和理由</td><td colspan="5">流动资金借款</td></tr>
<tr><td>借款方</td><td rowspan="4"></td><td>借款担保方</td><td rowspan="4"></td><td>贷款方</td><td rowspan="4"></td></tr>
<tr><td>借款单位(章)</td><td>担保单位(章)</td><td>贷款银行(章)</td></tr>
<tr><td>负责人(章)</td><td>负责人(章)</td><td>经办人(章)</td></tr>
<tr><td>经办人(章)</td><td></td><td></td></tr>
<tr><td>银行审核意见</td><td colspan="5"></td></tr>
<tr><td>注意事项(略)</td><td colspan="5"></td></tr>
</table>

45-2

银行(短期贷款)借款凭证

单位编号:2400040015　　2019 年 12 月 04 日　　银行编号:略

<table>
<tr><td rowspan="3">收款单位</td><td>名称</td><td>天津华丽股份有限公司</td><td rowspan="3">借款单位</td><td>名称</td><td colspan="2">天津华丽股份有限公司</td></tr>
<tr><td>往来户账号</td><td>2400040015</td><td>放款户账号</td><td colspan="2">2400040015</td></tr>
<tr><td>开户银行</td><td>中国银行新北区支行</td><td>开户银行</td><td colspan="2">中国银行新北区支行</td></tr>
<tr><td>借款期限</td><td>3 个月</td><td>利率</td><td>5%</td><td>起息日</td><td colspan="2">2019 年 12 月 05 日</td></tr>
<tr><td rowspan="2">借款申请金额</td><td>人民币</td><td colspan="2" rowspan="2">贰拾伍万元整</td><td colspan="3">小写</td></tr>
<tr><td>(大写)</td><td colspan="3">¥250 000</td></tr>
<tr><td colspan="3" rowspan="2">借款原因及用途:流动资金借款</td><td rowspan="2">银行核定金额</td><td colspan="3">小写</td></tr>
<tr><td colspan="3">¥250 000</td></tr>
<tr><td>银行审批</td><td colspan="2"></td><td>期限</td><td colspan="2">计划还款日期</td><td>计划还款金额</td></tr>
<tr><td>负责人</td><td>信贷部主管</td><td>信贷员</td><td rowspan="2">3 个月</td><td colspan="2" rowspan="2">2019.03.05</td><td rowspan="2">¥250 000</td></tr>
<tr><td></td><td></td><td></td></tr>
<tr><td colspan="4">兹根据你行贷款办法规定,申请上述借款,请核定贷给。</td><td colspan="3" rowspan="2">银行记账(略)</td></tr>
<tr><td colspan="4">(借款单位预留往来户印鉴)</td></tr>
</table>

46-1

借款单(存根联)

<table>
<tr><td>借款时间</td><td colspan="2">2019.12.01</td><td>借款人</td><td colspan="3">李一鑫</td></tr>
<tr><td>借款金额</td><td>大写</td><td colspan="3">壹仟贰佰元整</td><td>小写</td><td>¥1 200</td></tr>
<tr><td>借款事由</td><td colspan="6">出差</td></tr>
<tr><td>单位主管签字</td><td colspan="2">萧雨</td><td>领款人签字</td><td colspan="3">李一鑫</td></tr>
</table>

负责人:王伟　　会计:徐子雅　　出纳:姚敏

46-2

差旅费报销单

附原始单据:5 张　　2019 年 12 月 05 日

<table>
<tr><td>工作部门</td><td colspan="2">办公室</td><td>姓名</td><td colspan="2">李一鑫、李进</td><td colspan="2">职务/职称</td><td colspan="4">无</td></tr>
<tr><td>出差事由</td><td colspan="6">商务谈判</td><td colspan="4" rowspan="2">出发时间:2019.12.01
返程时间:2019.12.03</td><td rowspan="2">共 3 天</td></tr>
<tr><td>起讫地点</td><td colspan="6">天津—济南</td></tr>
<tr><td rowspan="2">项目</td><td colspan="4">车船费</td><td colspan="2">交通费</td><td rowspan="2">住宿费</td><td colspan="4">出差补助</td></tr>
<tr><td>火车</td><td>汽车</td><td>飞机</td><td>轮船</td><td>出租车</td><td>其他</td><td>夜间乘车补助</td><td>住勤补助</td><td>交通补助</td><td>其他</td></tr>
<tr><td></td><td>840</td><td></td><td></td><td></td><td></td><td></td><td>300</td><td></td><td></td><td></td><td>360</td></tr>
<tr><td colspan="9">报销金额(大写):人民币壹仟伍佰元整</td><td colspan="3">(小写):¥1 500</td></tr>
</table>

领导批示:　　会计主管:　　部门负责人:　　审核:　　报销人:周宏

46-3

领款单

2019 年 12 月 05 日

部门	办公室		姓名	李一鑫	
用途事由	报销差旅费				
金额	大写	人民币叁佰元整		小写	¥300
审批意见	同意报销			领款人	李一鑫

会计主管：王伟　　　　出纳：姚敏

47-1

增值税专用发票

发 票 联

1100192160　　　　No　00326532

校验码 58989 71221 26316 69702　　　　开票日期：2019 年 12 月 06 日

购买单位	名　　称：天津华丽股份有限公司 纳税人识别号：320400009898880 地 址 、电 话：天津新北区河海东路 65 号 022-85499890 开户行及账号：中国建设银行新北区支行 2300098776				密码区	略	
货物或应税劳务名称	规格型号	单位	数量	单价	金额	税率	税额
乙材料		kg	800	200	160 000	13%	20 800
合　计					160 000		20 800
价税合计(大写)	人民币壹拾捌万零捌佰元整				(小写)¥180 800		
销售单位	名　　称：北京景虹有限责任公司 纳税人识别号：110085986377952 地 址 、电 话：北京东城区东四大街 77 号 010-79573583 开户行及账号：中国工商银行东四支行 1110258674976423				备注	(销售单位发票专用章)	

收款人：　　　复核：　　　开票人：　　　销售单位：(章)

47-2

增值税专用发票

抵 扣 联

1100192160 No 00326532

校验码 58989 71221 26316 69702 开票日期:2019 年 12 月 06 日

<table>
<tr><td rowspan="4">购买单位</td><td colspan="6">名　　称:天津华丽股份有限公司</td><td rowspan="4">密码区</td><td colspan="2" rowspan="4">略</td></tr>
<tr><td colspan="6">纳税人识别号:320400009898880</td></tr>
<tr><td colspan="6">地 址 、电 话:天津新北区河海东路 65 号 022-85499890</td></tr>
<tr><td colspan="6">开户行及账号:中国建设银行新北区支行 2300098776</td></tr>
<tr><td colspan="2">货物或应税劳务名称</td><td>规格型号</td><td>单位</td><td>数量</td><td>单价</td><td>金额</td><td>税率</td><td>税额</td><td></td></tr>
<tr><td colspan="2">乙材料</td><td></td><td>kg</td><td>800</td><td>200</td><td>160 000</td><td>13%</td><td>20 800</td><td></td></tr>
<tr><td colspan="2">合 计</td><td></td><td></td><td></td><td></td><td>160 000</td><td></td><td>20 800</td><td></td></tr>
<tr><td colspan="2">价税合计(大写)</td><td colspan="5">人民币壹拾捌万零捌佰元整</td><td colspan="3">(小写)¥180 800</td></tr>
<tr><td rowspan="4">销售单位</td><td colspan="6">名　　称:北京景虹有限责任公司</td><td rowspan="4">备注</td><td colspan="2" rowspan="4">(销售单位发票专用章)</td></tr>
<tr><td colspan="6">纳税人识别号:110085986377952</td></tr>
<tr><td colspan="6">地 址 、电 话:北京东城区东四大街 77 号 010-79573583</td></tr>
<tr><td colspan="6">开户行及账号:中国工商银行东四支行 1110258674976423</td></tr>
</table>

收款人: 复核: 开票人: 销售单位:(章)

47-3

收 料 单

仓库号:材料库 2019 年 12 月 06 日 编号:1213

材料编号	名称	单位	规格	数量	单价	金额(元)
略	乙材料	kg		800		
合 计						

负责人: 收料人:王嘉 交料人:周宏

47-4

<table>
<tr><td rowspan="2">
中国建设银行
转账支票存根
10203399
08114709
附加信息

出票日期：2019 年 12 月 06 日
收款人：北京景虹公司
金　额：¥180 800
用　途：支付货款
备　注：
单位主管：王春景　会计：姚敏
</td>
<td>
10203399
中国建设银行　**转账支票**　08114709
出票日期(大写)：贰零壹玖年壹拾贰月零陆日　付款行名称：中国建设银行新北区支行
收款人：北京景虹有限责任公司　出票人账号：2300098776
</td></tr>
<tr><td>
<table>
<tr><td rowspan="2">人民币
(大写)壹拾捌万零捌佰元整</td><td>亿</td><td>千</td><td>百</td><td>十</td><td>万</td><td>千</td><td>百</td><td>十</td><td>元</td><td>角</td><td>分</td></tr>
<tr><td></td><td></td><td>¥</td><td>1</td><td>8</td><td>0</td><td>8</td><td>0</td><td>0</td><td>0</td><td>0</td></tr>
</table>
用途　支付货款　密码
上列款项请从　行号
我账户内支付

出票人签章　复核　记账
</td></tr>
</table>

48-1

差旅费报销单

附原始单据：3 张　2019 年 12 月 06 日

<table>
<tr><td>工作部门</td><td colspan="3">一车间</td><td>姓名</td><td>李微</td><td colspan="2">职务/职称</td><td colspan="4">无</td></tr>
<tr><td>出差事由</td><td colspan="6">培训学习</td><td colspan="4" rowspan="2">出发时间：2019.12.01
返程时间：2019.12.05</td><td rowspan="2">共 5 天</td></tr>
<tr><td>起讫地点</td><td colspan="6">天津—北京</td></tr>
<tr><td rowspan="3">项目</td><td colspan="4">车船费</td><td colspan="2">交通费</td><td rowspan="2">住宿费</td><td colspan="4">出差补助</td></tr>
<tr><td>火车</td><td>汽车</td><td>飞机</td><td>轮船</td><td>出租车</td><td>其他</td><td>夜间乘车补助</td><td>住勤补助</td><td>交通补助</td><td>其他</td></tr>
<tr><td>120</td><td></td><td></td><td></td><td></td><td></td><td>280</td><td></td><td></td><td></td><td>300</td></tr>
<tr><td colspan="9">报销金额(大写)：人民币柒佰元整</td><td colspan="3">(小写)：¥700</td></tr>
</table>

领导批示：　会计主管：　部门负责人：江伍　审核：　报销人：李微

48-2

收 款 收 据

2019 年 12 月 06 日

交款单位：一车间李微	收款方式：现金
人民币(大写)：叁佰元整	(小写)：¥300
收款事由：退还出差预借款	

单位盖章： 会计主管： 记账：徐子雅 交款人：李微 收款人：姚敏

49-1

固定资产报废/处置申请单

2019 年 12 月 06 日 编号：G01

固定资产名称	K 设备	规格型号	略
购入时间	2009.10.30	资产编号	略
使用部门	一车间	使用人	
资产原值	20 000	资产净值	1 000
规定使用年限	10 年	实际使用年限	10 年
报废/处置原因	转让出售		
部门主管意见	同意 江伍		
财务部门意见	同意 王景春		
经理意见	同意 刘晓宁		

50-1

中国建设银行 转账支票存根

10203399

08114710

附加信息

出票日期：2019 年 12 月 06 日

收款人：天津海通物流公司
金 额：¥436
用 途：支付账款
备 注：

单位主管：王春景 会计：姚敏

中国建设银行 转账支票 10203399 08114710

出票日期(大写)：贰零壹玖年壹拾贰月零陆日 付款行名称：中国建设银行新北区支行

收款人：天津海通物流有限责任公司 出票人账号：2300098776

人民币(大写)	亿	千	百	十	万	千	百	十	元	角	分
肆佰叁拾陆元整						¥	4	3	6	0	0

用途 支付账款 密码

上列款项请从 行号

我账户内支付

出票人签章 复核 记账

50-2

货物运输业增值税普通发票

发 票 联

012001901635　　　　No 00657588

校验码 58989 21127 66513 63344　　　　开票日期:2019 年 12 月 06 日

承运人及纳税人识别号	天津海通物流有限责任公司 200108591789600						密码区	略
实际受票方及纳税人识别号	天津华丽股份有限公司 320400009898880						密码区	略
收货人及纳税人识别号	天津二手设备调剂公司 215592010187869				发货人及纳税人识别号		天津华丽股份有限公司 320400009898880	
起运地、经由、目的地	天津—天津							
费用项目及金额	费用项目 运输费	金额 400	费用项目	金额			运输货物信息	略
合 计	400		税率	9%	税额	36	货物编号	
价税合计(大写)	人民币肆佰叁拾陆元整				(小写)¥436			
车种车号		车船吨位			备注		(承运人发票专用章)	
主管税务机关及代码	略				备注			

收款人:　　　复核:　　　开票人:　　　承运人:(章)

51-1

增值税专用发票

记 账 联

1200196160　　　　No 00362528

校验码 58989 22171 26316 69702　　　　开票日期:2019 年 12 月 06 日

购买单位	名　　称:天津二手设备调剂公司 纳税人识别号:215592010187869 地 址 、电 话:天津东城丽区东四路 77 号 022-83795735 开户行及账号:中国银行东四路支行 21102586749723				密码区	略	
货物或应税劳务名称	规格型号	单位	数量	单价	金额	税率	税额
K 设备		台	1	2 000	2 000	2%	40
合　计					2 000		40
价税合计(大写)	人民币贰仟零肆拾元整				(小写)¥2 040		
销售单位	名　　称:天津华丽股份有限公司 纳税人识别号:320400009898880 地 址 、电 话:天津新北区河海东路 65 号 022-85499890 开户行及账号:中国建设银行新北区支行 2300098776				备注	(销售单位发票专用章)	

收款人:　　　复核:　　　开票人:　　　销售单位:(章)

51-2

网银转账凭证

网银流水号(略) 日期:2019 年 12 月 06 日

付款人	户名	天津二手设备调剂公司	收款人	户名	天津华丽股份有限公司
	账号	21102586749723		账号	2300098776
	开户行	中国银行东四路支行		开户行	中国建设银行新北区支行
	账户性质	基本户		账户性质	基本户
金额	小写	¥2 040	用途:转账付款		
	大写	人民币贰仟零肆拾元整			
网银客户编号	2300098776		业务种类		
是否加急	否				
联系人	王春景	联系电话	022-85499890		
交易状态	交易成功		复核		时间 2019.12.06

52-1

资产清理损益计算表

年 月 日

清理项目名称			清理原因		
清理借方发生额			清理贷方发生额		
清理支出项目	金额		清理收入项目	金额	
资产净值			出售收入		
清理费用					
合计			合计		
资产清理结果	净收益	金额	大写:		
	净损失		小写:		
	复核:		制单:		

53-1

出 库 单

仓库号:产品库 2019 年 12 月 06 日 编号:1208

商品编号	名称	单位	规格	数量	单价	金额(元)
略	B产品	件		600		
合 计						

部门主管: 领用单位:山东远东 发货人:张虹 制单:张虹

53-2

增值税专用发票

记 账 联

1200196160　　　　　　　　　　　　　　　　No　00362529

校验码 58989 21127 61632 69702　　　　　　开票日期:2019年12月06日

<table>
<tr><td rowspan="4">购买单位</td><td colspan="5">名　　　称:山东远东设备有限公司</td><td rowspan="4">密码区</td><td colspan="2" rowspan="4">略</td></tr>
<tr><td colspan="5">纳税人识别号:511025921333663</td></tr>
<tr><td colspan="5">地 址 、电 话:山东济南南京路369号 0579-67834256</td></tr>
<tr><td colspan="5">开户行及账号:中国建设银行南京路支行 3186746014551036</td></tr>
<tr><td colspan="2">货物或应税劳务名称</td><td>规格型号</td><td>单位</td><td>数量</td><td>单价</td><td>金额</td><td>税率</td><td>税额</td></tr>
<tr><td colspan="2">B产品</td><td></td><td>件</td><td>600</td><td>980</td><td>588 000</td><td>13%</td><td>76 440</td></tr>
<tr><td colspan="2">合　计</td><td></td><td></td><td></td><td></td><td>588 000</td><td></td><td>76 440</td></tr>
<tr><td colspan="2">价税合计(大写)</td><td colspan="5">人民币陆拾陆万肆仟肆佰肆拾元整</td><td colspan="2">(小写)¥664 440</td></tr>
<tr><td rowspan="4">销售单位</td><td colspan="5">名　　　称:天津华丽股份有限公司</td><td rowspan="4">备注</td><td colspan="2" rowspan="4">(销售单位发票专用章)</td></tr>
<tr><td colspan="5">纳税人识别号:320400009898880</td></tr>
<tr><td colspan="5">地 址 、电 话:天津新北区河海东路65号 022-85499890</td></tr>
<tr><td colspan="5">开户行及账号:中国建设银行新北区支行 2300098776</td></tr>
</table>

收款人:　　　　　复核:　　　　　开票人:　　　　　销售单位:(章)

53-3

托收凭证

委托日期 2019年12月06日

<table>
<tr><td>业务类型</td><td colspan="7">委托收款(　　)　　托收承付(√)</td></tr>
<tr><td rowspan="4">付款人</td><td>全称</td><td colspan="2">山东远东设备有限公司</td><td rowspan="4">收款人</td><td>全称</td><td colspan="2">天津华丽股份有限公司</td></tr>
<tr><td>账号</td><td colspan="2">3186746014551036</td><td>账号</td><td colspan="2">2300098776</td></tr>
<tr><td>地址</td><td colspan="2">山东省 济南市/县</td><td>地址</td><td colspan="2">天津市省　　　市/县</td></tr>
<tr><td>开户行</td><td colspan="2">中国建设银行南京路支行</td><td>开户行</td><td colspan="2">中国建设银行新北区支行</td></tr>
<tr><td rowspan="2">金额</td><td>人民币</td><td colspan="3" rowspan="2">陆拾陆万肆仟肆佰肆拾元整</td><td colspan="3">小写</td></tr>
<tr><td>(大写)</td><td colspan="3">¥664 440</td></tr>
<tr><td>款项内容</td><td>货款</td><td>托收凭据名称</td><td colspan="2">合同、发货单等</td><td colspan="2">附寄单据张数</td><td>2</td></tr>
<tr><td>商品发运情况</td><td colspan="2">已发货</td><td colspan="2">合同名称号码</td><td colspan="3">略</td></tr>
<tr><td colspan="2">备注</td><td colspan="3" rowspan="2">上列款项随附有关债务证明,请予办理。</td><td colspan="3" rowspan="2"></td></tr>
<tr><td colspan="2" rowspan="2">收款人开户行收到日期
年　　月　　日</td></tr>
<tr><td colspan="3">收款人签章</td><td>复核</td><td></td><td>记账</td></tr>
</table>

53-4

货物运输业增值税专用发票

发 票 联

1200193160　　　　No 41311551

校验码 58989 21127 56163 63344　　　　开票日期:2019 年 12 月 06 日

承运人及纳税人识别号	天津海通物流有限责任公司 200108591789600				密码区	略
实际受票方及纳税人识别号	天津华丽股份有限公司 320400009898880				密码区	略
收货人及纳税人识别号	山东远东股份有限公司 511025921333663			发货人及纳税人识别号	天津华丽股份有限公司 320400009898880	
起运地、经由、目的地	天津—济南					
费用项目及金额	费用项目 运输费	金额 2 000	费用项目	金额	运输货物信息	略
合　计	2 000	税率	9%	税额	180	货物编号
价税合计(大写)	人民币贰仟壹佰捌拾元整			(小写)￥2 180		
车种车号		车船吨位		备注	(承运人发票专用章)	
主管税务机关及代码	略			备注	(承运人发票专用章)	

收款人:　　　　复核:　　　　开票人:　　　　承运人:(章)

53-5

货物运输业增值税专用发票

抵 扣 联

1200193160　　　　No 41311551

校验码 58989 21127 56163 63344　　　　开票日期:2019 年 12 月 06 日

承运人及纳税人识别号	天津海通物流有限责任公司 200108591789600				密码区	略
实际受票方及纳税人识别号	天津华丽股份有限公司 320400009898880				密码区	略
收货人及纳税人识别号	山东远东股份有限公司 511025921333663			发货人及纳税人识别号	天津华丽股份有限公司 320400009898880	
起运地、经由、目的地	天津—北京					
费用项目及金额	费用项目 运输费	金额 2 000	费用项目	金额	运输货物信息	略
合　计	2 000	税率	9%	税额	180	货物编号
价税合计(大写)	人民币贰仟壹佰捌拾元整			(小写)￥2 180		
车种车号		车船吨位		备注	(承运人发票专用章)	
主管税务机关及代码	略			备注	(承运人发票专用章)	

收款人:　　　　复核:　　　　开票人:　　　　承运人:(章)

53-6

中国建设银行 转账支票存根 10203399 08114711	中国建设银行 转账支票 10203399 08114711
附加信息	出票日期(大写):贰零壹玖年壹拾贰月零陆日 付款行名称:中国建设银行新北区支行
出票日期:2019 年 12 月 06 日	收款人:天津海通物流有限责任公司 出票人账号:2300098776
收款人:天津海通物流公司	人民币(大写)贰仟壹佰捌拾元整
金 额:¥2 180	亿 千 百 十 万 千 百 十 元 角 分 ¥ 2 1 8 0 0 0
用 途:支付运费	用途 支付运费 密码
备 注:	上列款项请从我账户内支付 行号
单位主管:王春景 会计:姚敏	出票人签章 复核 记账

54-1

增值税专用发票

发 票 联

1200198130 No 00253820

校验码 56969 21127 26316 69702 开票日期:2019 年 12 月 06 日

购买单位	名 称:天津华丽股份有限公司 纳税人识别号:320400009898880 地 址 、电 话:天津新北区河海东路 65 号 022-85499890 开户行及账号:中国建设银行新北区支行 2300098776				密码区	略	
货物或应税劳务名称	规格型号	单位	数量	单价	金额	税率	税额
保险费		月	12	1 500	18 000	6%	1 080
合 计					18 000		1 080
价税合计(大写)	人民币壹万玖仟零捌拾元整				(小写)¥19 080		
销售单位	名 称:天津人保财险公司 纳税人识别号:210300865727623 地 址 、电 话:天津河北区八一路 19 号 022-73953952 开户行及账号:中国银行河北区支行 23053670760987				备注	(销售单位发票专用章)	

收款人: 复核: 开票人: 销售单位:(章)

54-2

增值税专用发票

抵扣联

1200198130　　　　No 00253820

校验码 56969 21127 26316 69702　　　　开票日期：2019 年 12 月 06 日

购买单位	名　　称：天津华丽股份有限公司 纳税人识别号：320400009898880 地 址 、电 话：天津新北区河海东路 65 号 022-85499890 开户行及账号：中国建设银行新北区支行 2300098776				密码区	略	
货物或应税劳务名称	规格型号	单位	数量	单价	金额	税率	税额
保险费		月	12	1 500	18 000	6%	1 080
合　计					18 000		1 080
价税合计（大写）	人民币壹万玖仟零捌拾元整					（小写）¥19 080	
销售单位	名　　称：天津人保财险公司 纳税人识别号：210300865727623 地 址 、电 话：天津河北区八一路 19 号 022-73953952 开户行及账号：中国银行河北区支行 23053670760987				备注	（销售单位发票专用章）	

收款人：　　　　复核：　　　　开票人：

54-3

中国建设银行 转账支票存根	中国建设银行　转账支票
10203399 08114712	10203399 08114712
附加信息	出票日期（大写）：贰零壹玖年壹拾贰月零陆日　　付款行名称：中国建设银行新北区支行
出票日期：2019 年 12 月 06 日	收款人：天津人保财险公司　　出票人账号：2300098776
收款人：天津人保财险公司	人民币（大写）壹万玖仟零捌拾元整
金　额：¥19 080	用途　支付保险费　　密码
用　途：支付保险费	上列款项请从我账户内支付　　行号
备　注：	
单位主管：王春景　会计：姚敏	出票人签章　　复核　　记账

亿	千	百	十	万	千	百	十	元	角	分
			¥	1	9	0	8	0	0	0

55-1

增值税专用发票

发票联

1300195160　　　　No 00652320

校验码 58989 21127 26316 07269　　　　开票日期:2019 年 12 月 06 日

购买单位	名　　称:天津华丽股份有限公司 纳税人识别号:320400009898880 地 址 、电 话:天津新北区河海东路 65 号 022-85499890 开户行及账号:中国建设银行新北区支行 2300098776	密码区	略

货物或应税劳务名称	规格型号	单位	数量	单价	金额	税率	税额
丙材料		kg	2 500	100	250 000	13%	32 500
合　计					250 000		32 500
价税合计(大写)	人民币贰拾捌万贰仟伍佰元整				(小写)¥282 500		

销售单位	名　　称:河北景业股份有限公司 纳税人识别号:210106591785205 地 址 、电 话:河北石家庄五四大街 200 号 0311-67239892 开户行及账号:中国银行五四大街支行 3400152304005	备注	(销售单位发票专用章)

收款人:　　　　复核:　　　　开票人:　　　　销售单位:(章)

55-2

增值税专用发票

抵扣联

1300195160　　　　No 00652320

校验码 58989 21127 26316 07269　　　　开票日期:2019 年 12 月 06 日

购买单位	名　　称:天津华丽股份有限公司 纳税人识别号:320400009898880 地 址 、电 话:天津新北区河海东路 65 号 022-85499890 开户行及账号:中国建设银行新北区支行 2300098776	密码区	略

货物或应税劳务名称	规格型号	单位	数量	单价	金额	税率	税额
丙材料		kg	2 500	100	250 000	13%	32 500
合　计					250 000		32 500
价税合计(大写)	人民币贰拾捌万贰仟伍佰元整				(小写)¥282 500		

销售单位	名　　称:河北景业股份有限公司 纳税人识别号:210106591785205 地 址 、电 话:河北石家庄五四大街 200 号 0311-67239892 开户行及账号:中国银行五四大街支行 3400152304005	备注	(销售单位发票专用章)

收款人:　　　　复核:　　　　开票人:　　　　销售单位:(章)

55-3

收 料 单

仓库号:材料库　　2019年12月06日　　编号:1214

材料编号	名称	单位	规格	数量	单价	金额(元)
略	丙材料	kg		2 500		
合 计						

负责人:　　收料人:王嘉　　交料人:周宏

55-4

网银转账凭证

网银流水号(略)　　日期:2019年12月06日

付款人	户名	天津华丽股份有限公司	收款人	户名	河北景业股份有限公司
	账号	2300098776		账号	3400152304005
	开户行	中国建设银行新北区支行		开户行	中国银行五四大街支行
	账户性质	基本户		账户性质	基本户
金额	小写	¥282 500	用途:转账付款		
	大写	人民币贰拾捌万贰仟伍佰元整			
网银客户编号	2300098776		业务种类		
是否加急	否				
联系人	王春景	联系电话 022-85499890			
交易状态	交易成功		复核	时间	2019.12.06

56-1

职工困难补助申请支付表(代现金收据)

2019年12月06日

申请人姓名	所在部门	申请金额(元)	申请理由	签字
刘明	二车间	3 000	家庭困难	刘明
领导意见	同意　刘晓宁		部门意见	情况属实　江伍

审核:徐子雅　　制表:姚敏

57-1

交　割　单

营业部名称：华泰证券有限责任公司

股东姓名：天津华丽股份有限公司

资金账户：97763333

当前币种：人民币

成交日期	交易类别	证券名称	成交价格	成交数量	成交金额	结算价	实收佣金	印花税	应收金额
2019.12.06	债券	红光债券			132 000	132 000	290.40		131 709.6

58-1

银行汇票申请书

第 5 号

申请日期　2019 年 12 月 07 日

申请人	天津华丽股份有限公司	收款人	天津机械厂
账号或地址	2300098776	账号或地址	23007609875367
用途	货款	代理付款行	
汇款金额	人民币 (大写)伍万元整		小写 ¥50 000
备注：			

59-1

增值税专用发票

发 票 联

1200192160　　No　00652230

校验码 58989 15127 26316 69702　　开票日期：2019 年 12 月 07 日

购买单位	名　　称：天津华丽股份有限公司 纳税人识别号：320400009898880 地 址 、电 话：天津新北区河海东路 65 号 022-85499890 开户行及账号：中国建设银行新北区支行 2300098776					密码区	略
货物或应税劳务名称	规格型号	单位	数量	单价	金额	税率	税额
丙材料		kg	500	82	41 000	13%	5 330
合　计					41 000		5 330
价税合计(大写)	人民币肆万陆仟叁佰叁拾元整				(小写)¥46 330		
销售单位	名　　称：天津机械厂 纳税人识别号：320400763327909 地 址 、电 话：天津南开区八一路 1 号 022-65399755 开户行及账号：中国建设银行八一路支行 23007609875367					备注	(销售单位发票专用章)

收款人：　　复核：　　开票人：　　销售单位：(章)

59-2

增值税专用发票

抵扣联

1200192160 No 00652230

校验码 58989 15127 26316 69702 开票日期:2019 年 12 月 07 日

<table>
<tr><td rowspan="4">购买单位</td><td colspan="6">名　　称:天津华丽股份有限公司</td><td rowspan="4">密码区</td><td rowspan="4">略</td></tr>
<tr><td colspan="6">纳税人识别号:320400009898880</td></tr>
<tr><td colspan="6">地 址 、电 话:天津新北区河海东路 65 号 022-85499890</td></tr>
<tr><td colspan="6">开户行及账号:中国建设银行新北区支行 2300098776</td></tr>
<tr><td colspan="2">货物或应税劳务名称</td><td>规格型号</td><td>单位</td><td>数量</td><td>单价</td><td>金额</td><td>税率</td><td>税额</td></tr>
<tr><td colspan="2">丙材料</td><td></td><td>kg</td><td>500</td><td>82</td><td>41 000</td><td>16%</td><td>5 330</td></tr>
<tr><td colspan="2">合　计</td><td></td><td></td><td></td><td></td><td>41 000</td><td></td><td>5 330</td></tr>
<tr><td colspan="2">价税合计(大写)</td><td colspan="7">人民币肆万陆仟叁佰叁拾元整　　　　(小写)¥46 330</td></tr>
<tr><td rowspan="4">销售单位</td><td colspan="6">名　　称:天津机械厂</td><td rowspan="4">备注</td><td rowspan="4">(销售单位发票专用章)</td></tr>
<tr><td colspan="6">纳税人识别号:320400763327909</td></tr>
<tr><td colspan="6">地 址 、电 话:天津南开区八一路 1 号 022-65399755</td></tr>
<tr><td colspan="6">开户行及账号:中国建设银行八一路支行 23007609875367</td></tr>
</table>

收款人:　　　复核:　　　开票人:　　　销售单位:(章)

59-3

中国建设银行
银行汇票

付款期限一个月　　　　编号:略

<table>
<tr><td colspan="3">出票日期(大写)　贰零壹玖年壹拾贰月零柒日</td><td colspan="2">代理付款行</td></tr>
<tr><td colspan="3"></td><td colspan="2">行号</td></tr>
<tr><td>收款人</td><td colspan="2">天津机械厂</td><td>账号</td><td>23007609875367</td></tr>
<tr><td rowspan="2">出票金额</td><td>人民币</td><td colspan="3" rowspan="2">伍万元整</td></tr>
<tr><td>(大写)</td></tr>
<tr><td rowspan="2">实际结算金额</td><td>人民币</td><td rowspan="2">肆万陆仟叁佰叁拾元整</td><td colspan="2">小写</td></tr>
<tr><td>(大写)</td><td colspan="2">¥46 330</td></tr>
</table>

申请人:天津华丽股份有限公司　　　账号:2300098776

<table>
<tr><td>出票行:中国建设银行新北区支行　行号:略</td><td rowspan="2">密押</td><td colspan="2"></td></tr>
<tr><td>备注:</td><td colspan="2"></td></tr>
<tr><td rowspan="2">凭票付款
出票行盖章</td><td rowspan="2">多余金额(小写)</td><td colspan="2"></td></tr>
<tr><td>复核</td><td>记账</td></tr>
</table>

59-4

收　料　单

仓库号:材料库　　2019 年 12 月 07 日　　编号:1215

材料编号	名称	单位	规格	数量	单价	金额(元)
略	丙材料	kg		500		
合　计						

负责人:　　收料人:王嘉　　交料人:周宏

60-1

增值税专用发票

记 账 联

1200196160　　No　00362530

校验码 58989 52127 26316 69702　　开票日期:2019 年 12 月 07 日

<table>
<tr><td>购买单位</td><td colspan="6">名　　称:秦皇岛海业股份有限公司
纳税人识别号:310300865727623
地 址 、电 话:河北秦皇岛八一路 19 号 0323-73953952
开户行及账号:中国银行八一路支行 23053670760987</td><td>密码区</td><td>略</td></tr>
<tr><td colspan="2">货物或应税劳务名称</td><td>规格型号</td><td>单位</td><td>数量</td><td>单价</td><td>金额</td><td>税率</td><td>税额</td></tr>
<tr><td colspan="2">A 产品</td><td></td><td>件</td><td>800</td><td>1 000</td><td>800 000</td><td>13%</td><td>104 000</td></tr>
<tr><td colspan="2">合　计</td><td></td><td></td><td></td><td></td><td>800 000</td><td></td><td>104 000</td></tr>
<tr><td colspan="2">价税合计(大写)</td><td colspan="7">人民币玖拾万零肆仟元整　　(小写)¥904 000</td></tr>
<tr><td>销售单位</td><td colspan="6">名　　称:天津华丽股份有限公司
纳税人识别号:320400009898880
地 址 、电 话:天津新北区河海东路 65 号 022-85499890
开户行及账号:中国建设银行新北区支行 2300098776</td><td>备注</td><td>(销售单位发票专用章)</td></tr>
</table>

收款人:　　复核:　　开票人:　　销售单位:(章)

60-2

出　库　单

仓库号:产品库　　2019 年 12 月 07 日　　编号:1209

商品编号	名称	单位	规格	数量	单价	金额(元)
略	A 产品	件		800		
合 计						

部门主管:　　领用单位:秦皇岛海业　　发货人:张虹　　制单:张虹

60-3

中国建设银行　进账单(收账通知) 3

2019 年 12 月 07 日

<table>
<tr><td rowspan="3">出票人</td><td>全　称</td><td>秦皇岛海业股份有限公司</td><td rowspan="3">收款人</td><td>全　称</td><td colspan="8">天津华丽股份有限公司</td></tr>
<tr><td>账　号</td><td>23053670760987</td><td>账　号</td><td colspan="8">2300098776</td></tr>
<tr><td>开户银行</td><td>中国银行八一路支行</td><td>开户银行</td><td colspan="8">中国建设银行新北区支行</td></tr>
<tr><td rowspan="2">金额</td><td colspan="3" rowspan="2">人民币
(大写)玖拾万零肆仟元整</td><td>亿</td><td>千</td><td>百</td><td>十</td><td>万</td><td>千</td><td>百</td><td>十</td><td>元</td><td>角</td><td>分</td></tr>
<tr><td></td><td></td><td>¥</td><td>9</td><td>0</td><td>4</td><td>0</td><td>0</td><td>0</td><td>0</td><td>0</td></tr>
<tr><td>票据种类</td><td>支票</td><td>票据张数</td><td>1</td><td colspan="11" rowspan="3">(开户银行签章)</td></tr>
<tr><td>票据号码</td><td colspan="3">略</td></tr>
<tr><td colspan="4">复核　　　　记账</td></tr>
</table>

61-1

增值税专用发票

发 票 联

1300195160　　　　No　00652350

校验码 58989 21127 26316 29270　　　　开票日期:2019 年 12 月 07 日

<table>
<tr><td>购买单位</td><td colspan="5">名　　称:天津华丽股份有限公司
纳税人识别号:320400009898880
地 址 、电 话:天津新北区河海东路 65 号 022-85499890
开户行及账号:中国建设银行新北区支行 2300098776</td><td>密码区</td><td colspan="2">略</td></tr>
<tr><td colspan="2">货物或应税劳务名称</td><td>规格型号</td><td>单位</td><td>数量</td><td>单价</td><td>金额</td><td>税率</td><td>税额</td></tr>
<tr><td colspan="2">丙材料</td><td></td><td>kg</td><td>2 000</td><td>82</td><td>164 000</td><td>13%</td><td>21 320</td></tr>
<tr><td colspan="2">合　计</td><td></td><td></td><td></td><td></td><td>164 000</td><td></td><td>21 320</td></tr>
<tr><td colspan="2">价税合计(大写)</td><td colspan="7">人民币壹拾捌万伍仟叁佰贰拾元整　　(小写)¥185 320</td></tr>
<tr><td>销售单位</td><td colspan="5">名　　称:河北景业股份有限公司
纳税人识别号:210106591785205
地 址 、电 话:河北石家庄五四大街 200 号 0311-67239892
开户行及账号:中国银行五四大街支行 3400152304005</td><td>备注</td><td colspan="2">(销售单位发票专用章)</td></tr>
</table>

收款人:　　　　复核:　　　　开票人:　　　　销售单位:(章)

61-2

增值税专用发票

抵 扣 联

1300195160　　　　No 00652350

校验码 58989 21127 26316 29270　　　　开票日期:2019 年 12 月 07 日

购买单位	名　　称:天津华丽股份有限公司 纳税人识别号:320400009898880 地 址 、电 话:天津新北区河海东路 65 号 022-85499890 开户行及账号:中国建设银行新北区支行 2300098776				密码区	略	
货物或应税劳务名称	规格型号	单位	数量	单价	金额	税率	税额
丙材料		kg	2 000	82	164 000	13%	21 320
合　计					164 000		21 320
价税合计(大写)	人民币壹拾捌万伍仟叁佰贰拾元整				(小写)￥185 320		
销售单位	名　　称:河北景业股份有限公司 纳税人识别号:210106591785205 地 址 、电 话:河北石家庄五四大街 200 号 0311-67239892 开户行及账号:中国银行五四大街支行 3400152304005				备注	(销售单位发票专用章)	

收款人:　　复核:　　开票人:　　销售单位:(章)

61-3

中国建设银行 转账支票存根 10203399 08114713	10203399 中国建设银行　**转账支票**　08114713
附加信息	出票日期(大写):贰零壹玖年壹拾贰月零柒日　付款行名称:中国建设银行新北区支行 收款人:河北景业股份有限公司　出票人账号:2300098776
出票日期:2019 年 12 月 07 日	
收款人:河北景业公司	
金　额:￥185 320	
用　途:支付货款	
备　注:	
单位主管:王春景　会计:姚敏	

人民币	亿	千	百	十	万	千	百	十	元	角	分
(大写)壹拾捌万伍仟叁佰贰拾元整			￥	1	8	5	3	2	0	0	0

用途 支付货款　　密码

上列款项请从　　行号

我账户内支付

出票人签章　　复核　　记账

61-4

货物运输业增值税专用发票

发 票 联

3700198160 No 41311469

校验码 58989 21127 36516 46443 开票日期:2019年12月07日

<table>
<tr><td>承运人及纳税人识别号</td><td colspan="4">山东黄河物流有限责任公司
411025921333663</td><td rowspan="2">密码区</td><td colspan="3" rowspan="2">略</td></tr>
<tr><td>实际受票方及纳税人识别号</td><td colspan="4">天津华丽股份有限公司
320400009898880</td></tr>
<tr><td>收货人及纳税人识别号</td><td colspan="4">天津华丽股份有限公司
320400009898880</td><td>发货人及纳税人识别号</td><td colspan="3">河北景业股份有限公司
210106591785205</td></tr>
<tr><td>起运地、经由、目的地</td><td colspan="8">石家庄—天津</td></tr>
<tr><td>费用项目及金额</td><td colspan="5">费用项目 金额 费用项目 金额
运输费 2 600</td><td>运输货物信息</td><td colspan="2">略</td></tr>
<tr><td>合 计</td><td colspan="2">2 600</td><td>税率</td><td>9%</td><td>税额</td><td>234</td><td>货物编号</td><td></td></tr>
<tr><td>价税合计(大写)</td><td colspan="8">人民币贰仟捌佰叁拾肆元整 (小写)¥2 834</td></tr>
<tr><td>车种车号</td><td></td><td>车船吨位</td><td colspan="2"></td><td rowspan="2">备注</td><td colspan="3" rowspan="2">(承运人发票专用章)</td></tr>
<tr><td>主管税务机关及代码</td><td colspan="4">略</td></tr>
</table>

收款人: 复核: 开票人: 承运人:(章)

61-5

货物运输业增值税专用发票

抵 扣 联

3700198160 No 41311469

校验码 58989 21127 36516 46443 开票日期:2019年12月07日

<table>
<tr><td>承运人及纳税人识别号</td><td colspan="4">山东黄河物流有限责任公司
411025921333663</td><td rowspan="2">密码区</td><td colspan="3" rowspan="2">略</td></tr>
<tr><td>实际受票方及纳税人识别号</td><td colspan="4">天津华丽股份有限公司
320400009898880</td></tr>
<tr><td>收货人及纳税人识别号</td><td colspan="4">天津华丽股份有限公司
320400009898880</td><td>发货人及纳税人识别号</td><td colspan="3">河北景业股份有限公司
210106591785205</td></tr>
<tr><td>起运地、经由、目的地</td><td colspan="8">石家庄—天津</td></tr>
<tr><td>费用项目及金额</td><td colspan="5">费用项目 金额 费用项目 金额
运输费 2 600</td><td>运输货物信息</td><td colspan="2">略</td></tr>
<tr><td>合 计</td><td colspan="2">2 600</td><td>税率</td><td>9%</td><td>税额</td><td>234</td><td>货物编号</td><td></td></tr>
<tr><td>价税合计(大写)</td><td colspan="8">人民币贰仟捌佰叁拾肆元整 (小写)¥2 834</td></tr>
<tr><td>车种车号</td><td></td><td>车船吨位</td><td colspan="2"></td><td rowspan="2">备注</td><td colspan="3" rowspan="2">(承运人发票专用章)</td></tr>
<tr><td>主管税务机关及代码</td><td colspan="4">略</td></tr>
</table>

收款人: 复核: 开票人: 承运人:(章)

61-6

收 料 单

仓库号:材料库　　2019 年 12 月 07 日　　编号:1216

材料编号	名称	单位	规格	数量	单价	金额(元)
略	丙材料	kg		2 000		
合　计						

负责人:　　收料人:王嘉　　交料人:周宏

62-1

销售合同

本合同于2019 年12 月07 日,由博瑞克股份有限公司(以下简称甲方)和天津华丽股份有限公司(以下简称乙方),经过友好协商签订,双方共同遵守执行。

第一条　乙方所提供的产品及费用清单

(略)

第二条　包装为:略

第三条　交货期为:2019 年 12 月 07 日

第四条　交货地点和方式

(略)

第五条　付款方式

1. 本合同生效后,甲方尽快向乙方支付本合同总价,乙方提供"2/10,1/30,n/90"的付款现金折扣。

2. 甲方对乙方所提供的产品验收合格后,乙方出具甲方支付的相应金额的销售发票。

第六条　质量保证和售后服务

(略)

第七条　合同的修改

(略)

第八条　违约责任

(略)

第九条　争端的解决

(略)

第十条　合同生效及其他

(略)

甲方:(盖章)博瑞克股份有限公司
授权代表:张博瑞
法定代表人:张博瑞
通讯地址:北京海淀区学院路 31 号
电话:010-73295857
传真:010-73295857
开户银行:中国工商银行学院路支行
账号:1400040015235

乙方:(盖章)天津华丽股份有限公司
授权代表:刘晓宁
法定代表人:刘晓宁
通讯地址:天津新北区河海东路 65 号
电话:022-85499890
传真:022-85499890
开户银行:中国建设银行新北区支行
账号:2300098776

62-2

出 库 单

仓库号：材料库　　2019 年 12 月 07 日　　编号：1210

商品编号	名称	单位	规格	数量	单价	金额(元)
略	甲材料	kg		800		
合 计						

部门主管：　　领用单位：博瑞克　　发货人：王嘉　　制单：王嘉

62-3

增值税专用发票

记 账 联

1200196160　　No 00362531

校验码 58989 21127 26316 07296　　开票日期：2019 年 12 月 07 日

<table>
<tr><td>购买单位</td><td colspan="5">名　　称：博瑞克股份有限公司
纳税人识别号：100108591789600
地 址 、电 话：北京海淀区学院路 31 号 010-73295857
开户行及账号：中国工商银行学院路支行 1400040015235</td><td>密码区</td><td colspan="2">略</td></tr>
<tr><td colspan="2">货物或应税劳务名称</td><td>规格型号</td><td>单位</td><td>数量</td><td>单价</td><td>金额</td><td>税率</td><td>税额</td></tr>
<tr><td colspan="2">甲材料</td><td></td><td>kg</td><td>800</td><td>150</td><td>120 000</td><td>13%</td><td>15 600</td></tr>
<tr><td colspan="2">合　计</td><td></td><td></td><td></td><td></td><td>120 000</td><td></td><td>15 600</td></tr>
<tr><td colspan="2">价税合计(大写)</td><td colspan="7">人民币壹拾叁万伍仟陆佰元整　　(小写)¥135 600</td></tr>
<tr><td>销售单位</td><td colspan="5">名　　称：天津华丽股份有限公司
纳税人识别号：320400009898880
地 址 、电 话：天津新北区河海东路 65 号 022-85499890
开户行及账号：中国建设银行新北区支行 2300098776</td><td>备注</td><td colspan="2">(销售单位发票专用章)</td></tr>
</table>

收款人：　　复核：　　开票人：　　销售单位：(章)

63-1

收 料 单

仓库号：材料库　　2019 年 12 月 07 日　　编号：1217

材料编号	名称	单位	规格	数量	单价	金额(元)
略	乙材料	kg		450		
合 计						

负责人：　　收料人：王嘉　　交料人：周宏

63-2

增值税专用发票

发 票 联

1300192160　　　　No　00362538

校验码 58989 12217 26316 69702　　　　开票日期:2019 年 12 月 07 日

购买单位	名　　称:天津华丽股份有限公司 纳税人识别号:320400009898880 地 址 、电 话:天津新北区河海东路 65 号 022-85499890 开户行及账号:中国建设银行新北区支行 2300098776				密码区	略	
货物或应税劳务名称	规格型号	单位	数量	单价	金额	税率	税额
乙材料		kg	450	200	90 000	13%	11 700
合　计					90 000		11 700
价税合计(大写)	人民币壹拾万壹仟柒佰元整　(小写)￥101 700						
销售单位	名　　称:河北江陵股份有限公司 纳税人识别号:200108591789600 地 址 、电 话:河北石家庄前进大街 89 号 0311-73295857 开户行及账号:中国银行前进大街支行 3400040015235				备注	(销售单位发票专用章)	

收款人:　　　复核:　　　开票人:　　　销售单位:(章)

63-3

增值税专用发票

抵 扣 联

1300192160　　　　No　00362538

校验码 58989 12217 26316 69702　　　　开票日期:2019 年 12 月 07 日

购买单位	名　　称:天津华丽股份有限公司 纳税人识别号:320400009898880 地 址 、电 话:天津新北区河海东路 65 号 022-85499890 开户行及账号:中国建设银行新北区支行 2300098776				密码区	略	
货物或应税劳务名称	规格型号	单位	数量	单价	金额	税率	税额
乙材料		kg	450	200	90 000	13%	11 700
合　计					90 000		11 700
价税合计(大写)	人民币壹拾万壹仟柒佰元整　(小写)￥101 700						
销售单位	名　　称:河北江陵股份有限公司 纳税人识别号:200108591789600 地 址 、电 话:河北石家庄前进大街 89 号 0311-73295857 开户行及账号:中国银行前进大街支行 3400040015235				备注	(销售单位发票专用章)	

收款人:　　　复核:　　　开票人:　　　销售单位:(章)

64-1

增值税普通发票

发票联

012001901305　　No 00236250

校验码 58989 21127 36126 69702　　开票日期:2019 年 12 月 08 日

<table>
<tr><td rowspan="4">购买单位</td><td colspan="5">名　　称:天津华丽股份有限公司</td><td rowspan="4">密码区</td><td colspan="2" rowspan="4">略</td></tr>
<tr><td colspan="5">纳税人识别号:320400009898880</td></tr>
<tr><td colspan="5">地 址 、电 话:天津新北区河海东路 65 号 022-85499890</td></tr>
<tr><td colspan="5">开户行及账号:中国建设银行新北区支行 2300098776</td></tr>
<tr><td colspan="2">货物或应税劳务名称</td><td>规格型号</td><td>单位</td><td>数量</td><td>单价</td><td>金额</td><td>税率</td><td>税额</td></tr>
<tr><td colspan="2">丙材料</td><td></td><td>kg</td><td>100</td><td>120</td><td>12 000</td><td>13%</td><td>1 560</td></tr>
<tr><td colspan="2">合　计</td><td></td><td></td><td></td><td></td><td>12 000</td><td></td><td>1 560</td></tr>
<tr><td colspan="2">价税合计(大写)</td><td colspan="7">人民币壹万叁仟伍佰陆拾元整　　(小写)￥13 560</td></tr>
<tr><td rowspan="4">销售单位</td><td colspan="5">名　　称:天津紫冠有限责任公司</td><td rowspan="4">备注</td><td colspan="2" rowspan="4">(销售单位发票专用章)</td></tr>
<tr><td colspan="5">纳税人识别号:210300865727623</td></tr>
<tr><td colspan="5">地 址 、电 话:天津东丽区顺达路 52 号 022-53279523</td></tr>
<tr><td colspan="5">开户行及账号:中国银行通达路支行 23053670760987</td></tr>
</table>

收款人:　　复核:　　开票人:　　销售单位:(章)

64-2

收　料　单

仓库号:材料库　　2019 年 12 月 08 日　　编号:1218

材料编号	名称	单位	规格	数量	单价	金额(元)
略	丙材料	kg		100		
合　计						

负责人:　　收料人:王嘉　　交料人:周宏

64-3

<table>
<tr><td rowspan="2">中国建设银行
转账支票存根
10203399
08114714
附加信息

出票日期:2019 年 12 月 08 日
收款人:天津紫冠公司
金　额:￥13 560
用　途:支付货款
备　注:
单位主管:王春景　会计:姚敏</td><td>10203399
中国建设银行　**转账支票**　08114714
出票日期(大写):贰零壹玖年壹拾贰月零捌日　付款行名称:中国建设银行新北区支行
收款人:天津紫冠有限责任公司　出票人账号:2300098776</td></tr>
<tr><td>人民币(大写)壹万叁仟伍佰陆拾元整　亿|千|百|十|万|千|百|十|元|角|分：　|　|　|￥|1|3|5|6|0|0|0
用途　支付货款　密码
上列款项请从　行号
我账户内支付
出票人签章　复核　记账</td></tr>
</table>

65-1

增值税专用发票

发 票 联

1200196130　No　00532206

校验码 58989 26712 26316 69702　开票日期:2019 年 12 月 08 日

购买单位	名　称:天津华丽股份有限公司 纳税人识别号:320400009898880 地 址 、电 话:天津新北区河海东路 65 号 022-85499890 开户行及账号:中国建设银行新北区支行 2300098776				密码区	略	
货物或应税劳务名称	规格型号	单位	数量	单价	金额	税率	税额
会务费			1	12 500	12 500	6%	750
合　计					12 500		750
价税合计(大写)	人民币壹万叁仟贰佰伍拾元整				(小写)￥13 250		
销售单位	名　称:天津凯达酒店 纳税人识别号:210105592187532 地 址 、电 话:天津河西区白云路 33 号 022-59874321 开户行及账号:中国工商银行白云路支行 11103601456786				备注	(销售单位发票专用章)	

收款人:　复核:　开票人:　销售单位:(章)

65-2

增值税专用发票

抵扣联

1200196130　　　　No 00532206

校验码 58989 26712 26316 69702　　　　开票日期:2019 年 12 月 08 日

购买单位	名　　称:天津华丽股份有限公司 纳税人识别号:320400009898880 地 址 、电 话:天津新北区河海东路 65 号 022-85499890 开户行及账号:中国建设银行新北区支行 2300098776				密码区	略	
货物或应税劳务名称	规格型号	单位	数量	单价	金额	税率	税额
会务费			1	12 500	12 500	6%	750
合　计					12 500		750
价税合计(大写)	人民币壹万叁仟贰佰伍拾元整				(小写)¥13 250		
销售单位	名　　称:天津凯达酒店 纳税人识别号:210105592187532 地 址 、电 话:天津河西区白云路 33 号 022-59874321 开户行及账号:中国工商银行白云路支行 11103601456786				备注	(销售单位发票专用章)	

收款人:　　　复核:　　　开票人:　　　销售单位:(章)

65-3

中国建设银行 转账支票存根	
10203399 08114715	
附加信息	
出票日期:2019 年 12 月 08 日	
收款人:天津凯达酒店	
金　额:¥13 250	
用　途:支付会务费	
备　注:	
单位主管:王春景　会计:姚敏	

中国建设银行　**转账支票**　10203399　08114715

出票日期(大写):贰零壹玖年壹拾贰月零捌日　　付款行名称:中国建设银行新北区支行

收款人:天津凯达酒店　　出票人账号:2300098776

人民币	亿	千	百	十	万	千	百	十	元	角	分
(大写)壹万叁仟贰佰伍拾元整				¥	1	3	2	5	0	0	0

用途　支付会务费　　密码

上列款项请从行号

我账户内支付

出票人签章　　复核　　记账

66-1

增值税专用发票

记 账 联

1200196160　　　　No　00362532

校验码 58989 82712 26316 69702　　　　开票日期:2019 年 12 月 08 日

购买单位	名　　称:北京机械股份有限公司 纳税人识别号:115592010187869 地 址 、电 话:北京东城区东四大街 77 号 010-83795735 开户行及账号:中国银行东四大街支行 21102586749723				密码区	略	
货物或应税劳务名称	规格型号	单位	数量	单价	金额	税率	税额
B 产品		件	120	980	117 600	13%	15 288
合　计					117 600		15 288
价税合计(大写)	人民币壹拾叁万贰仟捌佰捌拾捌元整				(小写)¥132 888		
销售单位	名　　称:天津华丽股份有限公司 纳税人识别号:320400009898880 地 址 、电 话:天津新北区河海东路 65 号 022-85499890 开户行及账号:中国建设银行新北区支行 2300098776				备注	(销售单位发票专用章)	

收款人:　　　　复核:　　　　开票人:　　　　销售单位:(章)

66-2

中国建设银行　进账单(收账通知) 3

2019 年 12 月 08 日

出票人	全　称	北京机械股份有限公司	收款人	全　称	天津华丽股份有限公司									
	账　号	21102586749723		账　号	2300098776									
	开户银行	中国银行东四大街支行		开户银行	中国建设银行新北区支行									
金额	人民币 (大写)壹拾叁万贰仟捌佰捌拾捌元整			亿	千	百	十	万	千	百	十	元	角	分
						¥	1	3	2	8	8	8	0	0
票据种类	支票	票据张数	1	(开户银行签章)										
票据号码	略													
复核　　记账														

66-3

出 库 单

仓库号:产品库　　2019 年 12 月 08 日　　编号:1211

商品编号	名称	单位	规格	数量	单价	金额(元)
略	B产品	件		120		
合 计						

部门主管:　　领用单位:北京机械　　发货人:张虹　　制单:张虹

66-4

销售合同

本合同于2019 年12 月08 日,由天津华丽股份有限公司(以下简称甲方)和北京机械股份有限公司(以下简称乙方),经过友好协商签订,双方共同遵守执行。

第一条　甲方所提供的产品及费用清单

(略)

第二条　包装为:略

第三条　交货期为:2019 年12 月08 日

第四条　交货地点和方式

(略)

第五条　付款方式

(略)

第六条　质量保证和售后服务

自交货日期开始 15 天内可以无条件退货。

第七条　合同的修改

(略)

第八条　违约责任

(略)

第九条　争端的解决

(略)

第十条　合同生效及其他

(略)

甲方:(盖章)天津华丽股份有限公司
授权代表:刘晓宁
法定代表人:刘晓宁
通讯地址:天津新北区河海东路 65 号
电话:022-85499890
传真:022-85499890
开户银行:中国建设银行新北区支行
账号:2300098776

乙方:(盖章)北京机械股份有限公司
授权代表:尚平
法定代表人:尚平
通讯地址:北京东城区东四大街 77 号
电话:010-83795735
传真:010-83795735
开户银行:中国银行东四大街支行
账号:21102586749723

66-5

购货单位退货率统计表

位名称	退货次数	平均退货率	时间区间
北京机械	3	5%	2019 年 1～11 月

67-1

通用机打发票

发票代码	略		
发票号码	略		
密码	略		
机打号码	略		
机器编号	略	收款人	刘概
收款单位	天津凯达酒店		
税务登记号	210105592187532		
开票时间	2019.12.08		
付款单位(个人)	天津华丽股份有限公司		
项目	单价	数量	金额(元)
餐费	1 000	1	1 000
合计金额	￥1 000		
合计税额	￥60		
价税合计金额大写	人民币壹仟零陆拾元整		
价税合计金额小写	￥1 060		

67-2

费用报销单

部门:行政部　　报销日期 2019 年 12 月 08 日　　附件:1 张

费用项目	类别	金额(元)	部门负责人(签章)	萧雨
招待餐费	管理费用	1 060		
			报销人	李一鑫
报销金额合计		￥1 060		
报销金额合计(大写)	人民币壹仟零陆拾元整		￥1 060	

会计:徐子雅　　复核:徐子雅　　出纳:姚敏

68-1

中国建设银行　进账单(收账通知) 3

2019 年 12 月 08 日

<table>
<tr><td rowspan="3">出票人</td><td>全　称</td><td>河北贝科股份有限公司</td><td rowspan="3">收款人</td><td>全　称</td><td colspan="8">天津华丽股份有限公司</td></tr>
<tr><td>账　号</td><td>2186510674360145</td><td>账　号</td><td colspan="8">2300098776</td></tr>
<tr><td>开户银行</td><td>中国银行幸福大街支行</td><td>开户银行</td><td colspan="8">中国建设银行新北区支行</td></tr>
<tr><td rowspan="2">金额</td><td colspan="3" rowspan="2">人民币
(大写)捌万元整</td><td>亿</td><td>千</td><td>百</td><td>十</td><td>万</td><td>千</td><td>百</td><td>十</td><td>元</td><td>角</td><td>分</td></tr>
<tr><td></td><td></td><td></td><td>¥</td><td>8</td><td>0</td><td>0</td><td>0</td><td>0</td><td>0</td><td>0</td></tr>
<tr><td>票据种类</td><td>支票</td><td>票据张数</td><td>1</td><td colspan="11" rowspan="3">(开户银行签章)</td></tr>
<tr><td>票据号码</td><td colspan="3">略</td></tr>
<tr><td colspan="4">复核　　　　记账</td></tr>
</table>

69-1

网银转账凭证

网银流水号(略)　　　　日期:2019 年 12 月 09 日

<table>
<tr><td rowspan="4">付款人</td><td>户名</td><td colspan="2">山东远东设备有限公司</td><td rowspan="4">收款人</td><td>户名</td><td colspan="2">天津华丽股份有限公司</td></tr>
<tr><td>账号</td><td colspan="2">3186746014551036</td><td>账号</td><td colspan="2">2300098776</td></tr>
<tr><td>开户行</td><td colspan="2">中国建设银行南京路支行</td><td>开户行</td><td colspan="2">中国建设银行新北区支行</td></tr>
<tr><td>账户性质</td><td colspan="2">基本户</td><td>账户性质</td><td colspan="2">基本户</td></tr>
<tr><td rowspan="2">金额</td><td>小写</td><td colspan="2">¥690 060</td><td colspan="4" rowspan="2">用途:转账付款</td></tr>
<tr><td>(大写)</td><td colspan="2">人民币陆拾玖万零陆拾元整</td></tr>
<tr><td>网银客户编号</td><td colspan="3">2300098776</td><td>业务种类</td><td colspan="3"></td></tr>
<tr><td>是否加急</td><td colspan="3">否</td><td colspan="4" rowspan="2"></td></tr>
<tr><td>联系人</td><td>王春景</td><td>联系电话</td><td>022-85499890</td></tr>
<tr><td>交易状态</td><td colspan="3">交易成功</td><td>复核</td><td></td><td>时间</td><td>2019.12.09</td></tr>
</table>

70-1

增值税普通发票

发 票 联

011001900805　　　　　　　　　　　　　　No　00605232

校验码 58989 12825 26316 69702　　　　　　开票日期:2019 年 12 月 09 日

购买单位	名　　　称:天津华丽股份有限公司 纳税人识别号:320400009898880 地 址 、电 话:天津新北区河海东路 65 号 022-85499890 开户行及账号:中国建设银行新北区支行 2300098776				密码区	略	
货物或应税劳务名称	规格型号	单位	数量	单价	金额	税率	税额
专利技术 J		件	1		188 679.25	6%	11 320.75
合　计					188 679.25		11 320.75
价税合计(大写)	人民币贰拾万元整				(小写)¥200 000		
销售单位	名　　　称:北京机械股份有限公司 纳税人识别号:115592010187869 地 址 、电 话:北京东城区东四大街 77 号 010-83795735 开户行及账号:中国银行东四大街支行 21102586749723				备注	(销售单位发票专用章)	

收款人:　　　　复核:　　　　开票人:　　　　销售单位:(章)

70-2

网银转账凭证

网银流水号(略)　　　　　　　　　　　　日期:2019 年 12 月 09 日

付款人	户名	天津华丽股份有限公司	收款人	户名	北京机械股份有限公司
	账号	2300098776		账号	21102586749723
	开户行	中国建设银行新北区支行		开户行	中国银行东四大街支行
	账户性质	基本户		账户性质	基本户
金额	小写	¥200 000	用途:转账付款		
	(大写)	人民币贰拾万元整			
网银客户编号	2300098776		业务种类		
是否加急	否				
联系人	王春景	联系电话	022-85499890		
交易状态	交易成功		复核	时间	2019.12.09

71-1

入 库 单

仓库号：产品库　　2019 年 12 月 09 日　　编号：1202

商品编号	名称	单位	规格	数量	单价	金额(元)
略	A 产品	件		1 000		
	B 产品	件		1 300		
	G 半成品	件		800		
	M 半成品	件		800		
合 计						

部门主管：刘海　　收货人：张虹　　制单：张虹

71-2

捐赠审批单

2019 年 12 月 09 日　　附件：2 张

捐赠项目	捐赠物资名称	金额	部门负责人(签章)	萧雨
敬老院	B 产品	98 000		
			审查意见	同意捐赠
			受赠方签字（直接捐赠）	张海军
合计			￥98 000	
金额合计(大写)	人民币玖万捌仟元整			￥98 000

会计：徐子雅　　复核：徐子雅　　出纳：姚敏

71-3

出 库 单

仓库号：产品库　　2019 年 12 月 09 日　　编号：1212

商品编号	名称	单位	规格	数量	单价	金额(元)
略	B 产品	件		100		
合 计						

部门主管：　　领用单位：办公室　　发货人：张虹　　制单：张虹

72-1

中华人民共和国税收通用缴款书

隶属关系：　　　　　　　　　　　　　　　　　　　　　　编号：略

注册类型：股份公司　　　　填发日期：2019 年 12 月 09 日　　　　征收机关：

缴款单位(人)	代码	320400009898880	预算科目	编码	略
	全称	天津华丽股份有限公司		名称	社会保险费
	开户银行	中国建设银行新北区支行		级次	地税
	账号	2300098776	收款国库		
税款所属时期　　年　月　日			税款限缴日期　　年　月　日		

品目名称	课税数量	计税金额或销售收入	税率或单位税额	已缴或扣除额	实缴金额
社会保险费					152 422.80
金额合计	人民币(大写)壹拾伍万贰仟肆佰贰拾贰元捌角整　　¥152 422.80				

缴款单位(人)盖章 经办人(章)	税务机关(盖章) 填票人(章)	上列款项已收妥并划转收款单位账户 国库(银行)盖章　　年　月　日	备注

72-2

网银转账凭证

网银流水号(略)　　　　　　　　　　　　　　日期：2019 年 12 月 09 日

付款人	户名	天津华丽股份有限公司	收款人	户名	天津市税务局
	账号	2300098776		账号	05102586749723
	开户行	中国建设银行新北区支行		开户行	中国银行税务大街支行
	账户性质	基本户		账户性质	财政户
金额	小写	¥152 422.80	用途：转账付款		
	大写	人民币壹拾伍万贰仟肆佰贰拾贰元捌角整			
网银客户编号	2300098776		业务种类		
是否加急	否				
联系人	王春景	联系电话	022-85499890		
交易状态	交易成功		复核	时间	2019.12.09

72-3

网银转账凭证

网银流水号(略) 日期:2019 年 12 月 09 日

<table>
<tr><td rowspan="4">付款人</td><td>户名</td><td colspan="2">天津华丽股份有限公司</td><td rowspan="4">收款人</td><td>户名</td><td colspan="2">天津市住房公积金管理中心</td></tr>
<tr><td>账号</td><td colspan="2">2300098776</td><td>账号</td><td colspan="2">00235356647</td></tr>
<tr><td>开户行</td><td colspan="2">中国建设银行新北区支行</td><td>开户行</td><td colspan="2">中国银行税务大街支行</td></tr>
<tr><td>账户性质</td><td colspan="2">基本户</td><td>账户性质</td><td colspan="2">财政户</td></tr>
<tr><td rowspan="2">金额</td><td>小写</td><td colspan="3">¥69 120</td><td colspan="3" rowspan="2">用途:转账付款</td></tr>
<tr><td>大写</td><td colspan="3">人民币陆万玖仟壹佰贰拾元</td></tr>
<tr><td>网银客户编号</td><td colspan="3">2300098776</td><td>业务种类</td><td colspan="3"></td></tr>
<tr><td>是否加急</td><td colspan="3">否</td><td colspan="4" rowspan="2"></td></tr>
<tr><td>联系人</td><td>王春景</td><td>联系电话</td><td>022-85499890</td></tr>
<tr><td>交易状态</td><td colspan="3">交易成功</td><td>复核</td><td></td><td>时间</td><td>2019.12.09</td></tr>
</table>

73-1

增值税普通发票

发 票 联

012001900804 No 00235062

校验码 58989 21127 69123 69702 开票日期:2019 年 12 月 10 日

<table>
<tr><td>购买单位</td><td colspan="5">名　　称:天津华丽股份有限公司
纳税人识别号:320400009898880
地 址 、电 话:天津新北区河海东路 65 号 022-85499890
开户行及账号:中国建设银行新北区支行 2300098776</td><td>密码区</td><td colspan="2">略</td></tr>
<tr><td colspan="2">货物或应税劳务名称</td><td>规格型号</td><td>单位</td><td>数量</td><td>单价</td><td>金额</td><td>税率</td><td>税额</td></tr>
<tr><td colspan="2">安装费</td><td></td><td></td><td>1</td><td></td><td>1 886.79</td><td>6%</td><td>113.21</td></tr>
<tr><td colspan="2">合　计</td><td></td><td></td><td></td><td></td><td>1 886.79</td><td></td><td>113.21</td></tr>
<tr><td colspan="2">价税合计(大写)</td><td colspan="7">人民币贰仟元整　　(小写)¥2 000</td></tr>
<tr><td>销售单位</td><td colspan="5">名　　称:天津伟业建筑工程公司
纳税人识别号:220400763327909
地 址 、电 话:天津南开区八一路 1 号 022-65399755
开户行及账号:中国建设银行八一路支行 23007609875367</td><td>备注</td><td colspan="2">(销售单位发票专用章)</td></tr>
</table>

收款人: 复核: 开票人: 销售单位:(章)

73-2

<table>
<tr><td>

中国建设银行
转账支票存根
10203399
08114716

附加信息

出票日期：2019 年 12 月 10 日

收款人：天津伟业建筑工程公司
金　额：￥2 000
用　途：支付账款
备　注：

单位主管：王春景　会计：姚敏

</td><td>

10203399

中国建设银行　**转账支票**　08114716

出票日期(大写)：贰零壹玖年壹拾贰月壹拾日　付款行名称：中国建设银行新北区支行

收款人：天津伟业建筑工程公司　出票人账号：2300098776

人民币（大写）贰仟元整

亿	千	百	十	万	千	百	十	元	角	分
				￥	2	0	0	0	0	0

用途　支付账款　　密码

上列款项请从　　行号

我账户内支付

出票人签章　　复核　　记账

</td></tr>
</table>

74-1

网银转账凭证

网银流水号(略)　　日期：2019 年 12 月 10 日

付款人	户名	天津华丽股份有限公司	收款人	户名	天津华丽股份有限公司
	账号	2300098776		账号	2400040015
	开户行	中国建设银行新北区支行		开户行	中国银行新北区支行
	账户性质	基本户		账户性质	结算户
金额	小写	￥802 488.88	用途：转账付款		
	大写	人民币捌拾万贰仟肆佰捌拾捌元捌角捌分			
网银客户编号	2300098776		业务种类		
是否加急	否				
联系人	王春景	联系电话 022-85499890			
交易状态	交易成功		复核	时间	2019.12.01

75-1

固定资产报废/处置申请单

2019 年 12 月 10 日　　　编号:G02

固定资产名称	L 设备	规格型号	略
购入时间	2014.11.30	资产编号	略
使用部门	一车间	使用人	
资产原值	300 000	资产净值	157 500
规定使用年限	10 年	实际使用年限	5 年
报废/处置原因	投资入股		
部门主管意见	同意　江伍		
财务部门意见	同意　王景春		
经理意见	同意　刘晓宁		

76-1

增值税专用发票

记 账 联

1200196160　　　No 00362533

校验码 58989 28617 26316 69702　　　开票日期:2019 年 12 月 10 日

购买单位	名　称:江苏河海股份有限公司 纳税人识别号:610106591785205 地 址 、电 话:江苏南京前进路 65 号 0532-67239892 开户行及账号:中国建设银行前进路支 3400152304005				密码区	略	
货物或应税劳务名称	规格型号	单位	数量	单价	金额	税率	税额
L 设备		台	1	184 070.80	184 070.80	13%	23 929.20
合　计					184 070.80		23 929.20
价税合计(大写)	人民币贰拾万捌仟元整				(小写)¥208 000		
销售单位	名　称:天津华丽股份有限公司 纳税人识别号:320400009898880 地 址 、电 话:天津新北区河海东路 65 号 22-85499890 开户行及账号:中国建设银行新北区支行 2300098776				备注	(销售单位发票专用章)	

收款人:　　　复核:　　　开票人:　　　销售单位:(章)

76-2

股权投资协议

甲方：江苏河海股份有限公司
乙方：天津华丽股份有限公司

经甲、乙双方协议，乙方同意以设备L作价人民币贰拾万捌仟元整（¥208 000）作为投资入股。
该投资在本协议签订之日起 30 日内划转入甲方银行账户
（户名：江苏河海股份有限公司　账号：3400152304005）。
乙方投资成功后，将拥有甲方10%的股权份额。
其他内容略。

甲方：江苏河海股份有限公司
（盖章）
法人代表：江河海
2019年12月05日

乙方：天津华丽股份有限公司
（盖章）
法人代表：刘晓宁
2019年12月05日

77-1

中华人民共和国税收通用缴款书

编号：略

隶属关系：
注册类型：股份公司　　填发日期：2019年12月10日　　征收机关：

缴款单位（人）	代码	320400009898880	预算科目	编码	略	
	全称	天津华丽股份有限公司		名称	车辆购置税/印花税	
	开户银行	中国建设银行新北区支行		级次	国税	
	账号	2300098776	收款国库			
税款所属时期　年　月　日			税款限缴日期　年　月　日			
品目名称	课税数量		计税金额或销售收入	税率或单位税额	已缴或扣除额	实缴金额
车辆购置税			200 000	10%		20 000
印花税			200 000	0.03%		60
金额合计	人民币（大写）贰万零陆拾元整					¥20 060
缴款单位（人）盖章 经办人（章）	税务机关（盖章） 填票人（章）		上列款项已收妥并划转收款单位账户 国库（银行）盖章　年　月　日			备注

77-2

中国建设银行 转账支票存根 10203399 08114717 附加信息 出票日期:2019年12月10日 收款人:天津大众汽车销售公司 金　额:¥226 000 用　途:支付购车款 备　注: 单位主管:王春景　会计:姚敏	10203399 中国建设银行　**转账支票**　08114717 出票日期(大写):贰零壹玖年壹拾贰月壹拾日　付款行名称:中国建设银行新北区支行 收款人:天津大众汽车销售公司　出票人账号:2300098776 人民币(大写)贰拾贰万陆仟元整　亿　千　百 ¥　十 2　万 2　千 6　百 0　十 0　元 0　角 0　分 0 用途　支付购车款　密码 上列款项请从我账户内支付　行号 出票人签章　复核　记账

人民币	亿	千	百	十	万	千	百	十	元	角	分
(大写)贰拾贰万陆仟元整			¥	2	2	6	0	0	0	0	0

77-3

中国建设银行 转账支票存根 10203399 08114718 附加信息 出票日期:2019年12月10 收款人:天津人保财险公司 金　额:¥5 628.6 用　途:支付保险费 备　注: 单位主管:王春景　会计:姚敏	10203399 中国建设银行　**转账支票**　08114718 出票日期(大写):贰零壹玖年壹拾贰月壹拾日　付款行名称:中国建设银行新北区支行 收款人:天津人保财险公司　出票人账号:2300098776 用途　支付保险费　密码 上列款项请从我账户内支付　行号 出票人签章　复核　记账

人民币	亿	千	百	十	万	千	百	十	元	角	分
(大写)伍仟陆佰贰拾捌元陆角整					¥	5	6	2	8	6	0

77-4

机动车销售统一发票

发票联

发票代码(略)

开票日期 2019-12-10　　　　发票号码(略)

<table>
<tr><td>机打代码</td><td colspan="3" rowspan="3">略</td><td rowspan="3">税控码</td><td colspan="7" rowspan="3">略</td></tr>
<tr><td>机打号码</td></tr>
<tr><td>机器编号</td></tr>
<tr><td>购买方名称及身份证号码/组织机构代码</td><td colspan="5">天津华丽股份有限公司</td><td>纳税人识别号</td><td colspan="5">320400009898880</td></tr>
<tr><td>车辆类型</td><td colspan="2">小轿车</td><td colspan="3">厂牌型号</td><td>大众</td><td colspan="2">产地</td><td colspan="3">上海</td></tr>
<tr><td>合格证号</td><td colspan="2">略</td><td colspan="3">进口证明书号</td><td>略</td><td colspan="2">商检单号</td><td colspan="3">略</td></tr>
<tr><td>发动机号码</td><td colspan="5">略</td><td>车辆识别代码/车架号码</td><td colspan="5">略</td></tr>
<tr><td>价税合计</td><td colspan="11">小写¥226 000</td></tr>
<tr><td>销售单位名称</td><td colspan="6">天津大众汽车销售公司</td><td>电话</td><td colspan="4">022-73295857</td></tr>
<tr><td>纳税人识别号</td><td colspan="6">200108591783670</td><td>账号</td><td colspan="4">3400040015235</td></tr>
<tr><td>地址</td><td colspan="5">天津塘沽区前进大街89号</td><td>开户银行</td><td colspan="5">中国银行塘沽区支行</td></tr>
<tr><td>增值税税率或征收率</td><td>13%</td><td colspan="2">增值税额</td><td colspan="2">¥26 000</td><td>主管税务机关及代码</td><td colspan="5">略</td></tr>
<tr><td>不含税价</td><td>小写</td><td colspan="4">¥200 000</td><td>完税凭证号码</td><td>略</td><td colspan="2">吨位</td><td>限乘人数</td><td>4</td></tr>
</table>

销货单位盖章

77-5

机动车销售统一发票

抵 扣 联

发票代码(略)
发票号码(略)

开票日期 2019-12-10

机打代码	略		税控码	略			
机打号码							
机器编号							
购买方名称及身份证号码/组织机构代码	天津华丽股份有限公司			纳税人识别号	320400009898880		
车辆类型	小轿车	厂牌型号		大众	产地	上海	
合格证号	略	进口证明书号		略	商检单号	略	
发动机号码	略			车辆识别代码/车架号码	略		
价税合计	小写¥226 000						
销售单位名称	天津大众汽车销售公司				电话	022-73295857	
纳税人识别号	200108591783670				账号	3400040015235	
地址	天津塘沽区前进大街89号			开户银行	中国银行塘沽区支行		
增值税税率或征收率	13%	增值税额	¥26 000	主管税务机关及代码	略		
不含税价	小写	¥200 000		完税凭证号码	略	吨位	限乘人数 4

销货单位盖章

77-6

网银转账凭证

网银流水号(略) 日期:2019年12月10日

付款人	户名	天津华丽股份有限公司		收款人	户名	天津市税务局
	账号	2300098776			账号	05102586749723
	开户行	中国建设银行新北区支行			开户行	中国银行税务大街支行
	账户性质	基本户			账户性质	财政户
金额	小写	¥20 060		用途:转账付款		
	大写	人民币贰万零陆拾元整				
网银客户编号	2300098776			业务种类		
是否加急	否					
联系人	王春景	联系电话	022-85499890			
交易状态	交易成功			复核	时间	2019.12.10

77-7

增值税专用发票

发 票 联

1300198130 No 00253912

校验码 58989 71122 26316 69702 开票日期:2019 年 12 月 06 日

<table>
<tr><td>购买单位</td><td colspan="5">名　　称:天津华丽股份有限公司
纳税人识别号:320400009898880
地 址 、电 话:天津新北区河海东路 65 号 022-85499890
开户行及账号:中国建设银行新北区支行 2300098776</td><td>密码区</td><td colspan="2">略</td></tr>
<tr><td colspan="2">货物或应税劳务名称</td><td>规格型号</td><td>单位</td><td>数量</td><td>单价</td><td>金额</td><td>税率</td><td>税额</td></tr>
<tr><td colspan="2">保险费</td><td></td><td></td><td>1</td><td></td><td>5 310</td><td>6%</td><td>318.6</td></tr>
<tr><td colspan="2">合　计</td><td></td><td></td><td></td><td></td><td>5 310</td><td></td><td>318.6</td></tr>
<tr><td colspan="2">价税合计(大写)</td><td colspan="7">人民币伍仟陆佰贰拾捌元陆角整　　(小写)¥5 628.6</td></tr>
<tr><td>销售单位</td><td colspan="5">名　　称:天津人保财险公司
纳税人识别号:210300865727623
地 址 、电 话:天津河北区八一路 19 号 022-73953952
开户行及账号:中国银行河北区支行 23053670760987</td><td>备注</td><td colspan="2">(销售单位发票专用章)</td></tr>
</table>

收款人: 复核: 开票人: 销售单位:(章)

77-8

增值税专用发票

抵 扣 联

1300198130 No 00253912

校验码 58989 71122 26316 69702 开票日期:2019 年 12 月 06 日

<table>
<tr><td>购买单位</td><td colspan="5">名　　称:天津华丽股份有限公司
纳税人识别号:320400009898880
地 址 、电 话:天津新北区河海东路 65 号 022-85499890
开户行及账号:中国建设银行新北区支行 2300098776</td><td>密码区</td><td colspan="2">略</td></tr>
<tr><td colspan="2">货物或应税劳务名称</td><td>规格型号</td><td>单位</td><td>数量</td><td>单价</td><td>金额</td><td>税率</td><td>税额</td></tr>
<tr><td colspan="2">保险费</td><td></td><td></td><td>1</td><td></td><td>5 310</td><td>6%</td><td>318.6</td></tr>
<tr><td colspan="2">合　计</td><td></td><td></td><td></td><td></td><td>5 310</td><td></td><td>318.6</td></tr>
<tr><td colspan="2">价税合计(大写)</td><td colspan="7">人民币伍仟陆佰贰拾捌元陆角整　　(小写)¥5 628.6</td></tr>
<tr><td>销售单位</td><td colspan="5">名　　称:天津人保财险公司
纳税人识别号:210300865727623
地 址 、电 话:天津河北区八一路 19 号 022-73953952
开户行及账号:中国银行河北区支行 23053670760987</td><td>备注</td><td colspan="2">(销售单位发票专用章)</td></tr>
</table>

收款人: 复核: 开票人: 销售单位:(章)

77-9

行政事业单位收款收据（第三联）

No. 1002356

2019 年 12 月 10 日

交款单位	天津华丽股份有限公司		支付方式	现金					
人民币（大写）	壹佰贰拾伍元整			¥125					
收款事由	工本费	经办	部门	天津市公安局交通支队					
			人员	刘丽					
（收款单位财务专用章）		会计主管		稽核员		出纳员		缴款人	

77-10

新增固定资产登记表

2019 年 12 月 10 日

固定资产名称	规格型号	种类	单位	数量	购入日期	投入使用日期	使用部门	预计使用年限
大众轿车		运输设备	辆	1	2019.12.10	2019.12.10	办公室	3 年

复核人：王伟　　制表人：徐子雅

77-11

费用报销单

部门：行政部　　报销日期 2019 年 12 月 10 日　　附件：1 张

费用项目	类别	金额（元）	部门负责人（签章）	萧雨
车辆号牌工本费	管理费用	125		
			报销人	李一鑫
报销金额合计		¥125		
报销金额合计（大写）	人民币壹佰贰拾伍元整		¥125	

会计：徐子雅　　复核：徐子雅　　出纳：姚敏

78-1

代收罚款收据

No. 4358619

2019 年 12 月 10 日

被处罚单位	天津华丽股份有限公司	地址	天津新北区河海东路 65 号									
罚没原因	环境污染罚款											
金额(大写)	人民币壹仟元整		千	百	十	万	千	百	十	元	角	分
						¥	1	0	0	0	0	0
实物(品名)												
执法机关或经办单位	(执法机关发票专用章)	经办人	(章)	收款人	(章)							

78-2

中国建设银行转账支票存根	中国建设银行　转账支票
10203399 08114719	10203399 08114719
附加信息	出票日期(大写):贰零壹玖年壹拾贰月壹拾日　付款行名称:中国建设银行新北区支行
出票日期:2019 年 12 月 10 日	收款人:天津市环保局　出票人账号:2300098776
收款人:天津市环保局	人民币(大写)壹仟元整　亿 千 百 十 万 千 百 十 元 角 分：¥ 1 0 0 0 0 0
金　额:¥1 000	用途　支付罚款　密码
用　途:支付罚款	上列款项请从我账户内支付　行号
备　注:	
单位主管:王春景　会计:姚敏	出票人签章　复核　记账

79-1

交割单

营业部名称:华泰证券有限责任公司

股东姓名:天津华丽股份有限公司

资金账户:97763333

当前币种:人民币

成交日期	交易类别	证券名称	成交价格	成交数量	成交金额	结算价	实收佣金及税费	应收金额
2019.12.10	卖出	东方股份	23	3 000	69 000	69 000	151.80	68 848.20

79-2

金融资产公允价值变动损益确认表

2019 年 12 月 10 日

证券代码	证券名称	持有数量	本次销售数量	账面价值	收盘价	公允价值变动
略	东方股份	5 000	3 000	17	23	
合计						

审核：王伟　　　　　　　　　　　　　　制单：徐子雅

80-1

股权转让协议

甲方：天津跃进股份有限公司

乙方：天津华丽股份有限公司

经甲、乙双方协议，甲方同意将自己拥有的 天津红星有限责任 公司5%的股权转让与乙方。

支付方式为： 人民币现金壹拾万元整(￥100 000) 。

其他内容略。

甲方：天津跃进股份有限公司
(盖章)
法人代表：方跃进
2019 年 12 月 10 日

乙方：天津华丽股份有限公司
(盖章)
法人代表：刘晓宁
2019 年 12 月 10 日

80-2

中国建设银行 转账支票存根

10203399
08114720

附加信息

出票日期：2019 年 12 月 10 日

收款人：	天津跃进公司
金　额：	￥100 000
用　途：	支付投资款
备　注：	

单位主管：王春景　会计：姚敏

中国建设银行 转账支票

10203399
08114720

出票日期(大写)：贰零壹玖年壹拾贰月壹拾日　付款行名称：中国建设银行新北区支行

收款人：天津跃进股份有限公司　出票人账号：2300098776

人民币(大写)	亿	千	百	十	万	千	百	十	元	角	分
壹拾万元整			￥	1	0	0	0	0	0	0	0

用途 支付投资款　密码

上列款项请从　行号

我账户内支付

出票人签章　复核　记账

81-1

工资发放汇总表

2019 年 12 月 10 日

项目	类别	应付工资	养老保险	医疗保险	失业保险	公积金	个人所得税	扣款合计	实发工资
一车间	生产工人	120 000	9 600	2 700	1 200	12 000			
	管理人员	3 200	256	69	32	320			
二车间	生产工人	90 000	7 200	2 340	900	9 000			
	管理人员	3 800	304	81	38	380			
机修车间		9 800	784	216	98	980			
动力车间		10 000	800	220	100	1 000			
管理部门		36 000	2 880	820	360	3 600			
销售部门		65 000	5 200	1 350	650	6 500			
福利部门		7 800	624	186	78	780			
合计		345 600	27 648	7 982	3 456	34 560		73 646	271 954

编制：周杰　　　　审核：李宇宁

81-2

中国建设银行 现金支票存根

10203399
18115701

附加信息

出票日期：2019 年 12 月 10 日

收款人：天津华丽公司	
金　额：¥271 954	
用　途：发放工资	
备　注：	

单位主管：王春景　会计：姚敏

中国建设银行 现金支票　10203399　18115701

出票日期(大写)：贰零壹玖年壹拾贰月壹拾日　付款行名称：中国建设银行新北区支行

收款人：天津华丽股份有限公司　出票人账号：2300098776

人民币	亿	千	百	十	万	千	百	十	元	角	分
(大写）贰拾柒万壹仟玖佰伍拾肆元整			¥	2	7	1	9	5	4	0	0

用途 发放工资　　密码

上列款项请从　　行号

我账户内支付

出票人签章　　复核　　记账

82-1

增值税普通发票

发 票 联

012001900604 No 00250360

校验码 58989 21127 13692 69702 开票日期:2019 年 12 月 10 日

购买单位	名 称:天津华丽股份有限公司 纳税人识别号:320400009898880 地 址 、电 话:天津新北区河海东路 65 号 022-85499890 开户行及账号:中国建设银行新北区支行 2300098776				密码区	略	
货物或应税劳务名称	规格型号	单位	数量	单价	金额	税率	税额
礼品		件	1	500	500	13%	65
合 计					500		65
价税合计(大写)	人民币伍佰陆拾伍元整				(小写)¥565		
销售单位	名 称:天津金海购物中心 纳税人识别号:200107593168009 地 址 、电 话:天津河西区大屯路 1 号 022-65399755 开户行及账号:中国建设银行大屯路支行 33007609875367				备注	(销售单位发票专用章)	

收款人: 复核: 开票人: 销售单位:(章)

82-2

费用报销单

部门:行政部 报销日期 2019 年 12 月 10 日 附件:1 张

费用项目	类别	金额(元)	部门负责人(签章)	萧雨
礼品费	管理费用	565		
			报销人	李一鑫
报销金额合计		¥565		
报销金额合计(大写)	人民币伍佰陆拾伍元整		¥565	

会计:徐子雅 复核:徐子雅 出纳:姚敏

83-1

增值税专用发票

发票联

1200198130　　　　　　　　　　　　No　00630250

校验码 58989 21127 26316 60279　　　　开票日期：2019 年 12 月 10 日

<table>
<tr><td rowspan="4">购买单位</td><td colspan="5">名　　称：天津华丽股份有限公司</td><td rowspan="4">密码区</td><td colspan="2" rowspan="4">略</td></tr>
<tr><td colspan="5">纳税人识别号：320400009898880</td></tr>
<tr><td colspan="5">地 址 、电 话：天津新北区河海东路 65 号 022-85499890</td></tr>
<tr><td colspan="5">开户行及账号：中国建设银行新北区支行 2300098776</td></tr>
<tr><td colspan="2">货物或应税劳务名称</td><td>规格型号</td><td>单位</td><td>数量</td><td>单价</td><td>金额</td><td>税率</td><td>税额</td></tr>
<tr><td colspan="2">会展服务—展览费</td><td></td><td></td><td>1</td><td></td><td>80 000</td><td>6%</td><td>4 800</td></tr>
<tr><td colspan="2">合　计</td><td></td><td></td><td></td><td></td><td>80 000</td><td></td><td>4 800</td></tr>
<tr><td colspan="2">价税合计(大写)</td><td colspan="5">人民币捌万肆仟捌佰元整</td><td colspan="2">(小写)￥84 800</td></tr>
<tr><td rowspan="4">销售单位</td><td colspan="5">名　　称：天津工业展览馆</td><td rowspan="4">备注</td><td colspan="2" rowspan="4">(销售单位发票专用章)</td></tr>
<tr><td colspan="5">纳税人识别号：210106591785205</td></tr>
<tr><td colspan="5">地 址 、电 话：天津塘沽区五四大街 200 号 022-67239892</td></tr>
<tr><td colspan="5">开户行及账号：中国银行五四大街支行 3400152304005</td></tr>
</table>

收款人：　　　　复核：　　　　开票人：　　　　销售单位：(章)

83-2

增值税专用发票

抵扣联

1200198130　　　　　　　　　　　　No　00630250

校验码 58989 21127 26316 60279　　　　开票日期：2019 年 12 月 10 日

<table>
<tr><td rowspan="4">购买单位</td><td colspan="5">名　　称：天津华丽股份有限公司</td><td rowspan="4">密码区</td><td colspan="2" rowspan="4">略</td></tr>
<tr><td colspan="5">纳税人识别号：320400009898880</td></tr>
<tr><td colspan="5">地 址 、电 话：天津新北区河海东路 65 号 022-85499890</td></tr>
<tr><td colspan="5">开户行及账号：中国建设银行新北区支行 2300098776</td></tr>
<tr><td colspan="2">货物或应税劳务名称</td><td>规格型号</td><td>单位</td><td>数量</td><td>单价</td><td>金额</td><td>税率</td><td>税额</td></tr>
<tr><td colspan="2">会展服务—展览费</td><td></td><td></td><td>1</td><td></td><td>80 000</td><td>6%</td><td>4 800</td></tr>
<tr><td colspan="2">合　计</td><td></td><td></td><td></td><td></td><td>80 000</td><td></td><td>4 800</td></tr>
<tr><td colspan="2">价税合计(大写)</td><td colspan="5">人民币捌万肆仟捌佰元整</td><td colspan="2">(小写)￥84 800</td></tr>
<tr><td rowspan="4">销售单位</td><td colspan="5">名　　称：天津工业展览馆</td><td rowspan="4">备注</td><td colspan="2" rowspan="4">(销售单位发票专用章)</td></tr>
<tr><td colspan="5">纳税人识别号：210106591785205</td></tr>
<tr><td colspan="5">地 址 、电 话：天津塘沽区五四大街 200 号 022-67239892</td></tr>
<tr><td colspan="5">开户行及账号：中国银行五四大街支行 3400152304005</td></tr>
</table>

收款人：　　　　复核：　　　　开票人：　　　　销售单位：(章)

83-3

<table>
<tr><td>
中国建设银行
转账支票存根
10203399
08114721
附加信息

出票日期：2019 年 12 月 10 日
收款人：天津工业展览馆
金　额：¥84 800
用　途：支付展览费
备　注：
单位主管：王春景　会计：姚敏
</td><td>
10203399
中国建设银行　**转账支票**　08114721
出票日期(大写)：贰零壹玖年壹拾贰月壹拾日　付款行名称：中国建设银行新北区支行
收款人：天津工业展览馆　出票人账号：2300098776
人民币（大写）捌万肆仟捌佰元整　亿 千 百 十 万 千 百 十 元 角 分：¥ 8 4 8 0 0 0 0
用途　支付展览费　密码
上列款项请从　行号
我账户内支付
出票人签章　复核　记账
</td></tr>
</table>

84-1

增值税专用发票

发 票 联

1200195130　　No 00536332

校验码 58989 17512 26316 69702　　开票日期：2019 年 12 月 10 日

购买单位	名　称：天津华丽股份有限公司 纳税人识别号：320400009898880 地 址 、电 话：天津新北区河海东路 65 号 022-85499890 开户行及账号：中国建设银行新北区支行 2300098776				密码区	略	
货物或应税劳务名称	规格型号	单位	数量	单价	金额	税率	税额
手套		副	500	1	500	13%	65
合　计					500		65
价税合计(大写)	人民币伍佰陆拾伍元整				(小写)¥565		
销售单位	名　称：天津金海购物中心 纳税人识别号：200107593168009 地 址 、电 话：天津河西区大屯路 1 号 022-65399755 开户行及账号：中国建设银行大屯路支行 33007609875367				备注	(销售单位发票专用章)	

收款人：　　复核：　　开票人：　　销售单位：(章)

84-2

增值税专用发票

抵 扣 联

1200195130　　　　No　00536332

校验码 58989 17512 26316 69702　　　　开票日期:2019 年 12 月 10 日

购买单位	名　　　称:天津华丽股份有限公司 纳税人识别号:320400009898880 地 址 、电 话:天津新北区河海东路 65 号 022-85499890 开户行及账号:中国建设银行新北区支行 2300098776					密码区	略	
货物或应税劳务名称	规格型号	单位	数量	单价	金额	税率	税额	
手套		副	500	1	500	13%	65	
合　计					500		65	
价税合计(大写)	人民币伍佰陆拾伍元整				(小写)¥565			
销售单位	名　　　称:天津金海购物中心 纳税人识别号:200107593168009 地 址 、电 话:天津河西区大屯路 1 号 022-65399755 开户行及账号:中国建设银行大屯路支行 33007609875367					备注	(销售单位发票专用章)	

收款人:　　　　复核:　　　　开票人:　　　　销售单位:(章)

84-3

收　料　单

仓库号:材料库　　　　2019 年 12 月 10 日　　　　编号:1219

材料编号	名称	单位	规格	数量	单价	金额(元)
略	手套	副		500	1	500
合　计				500		¥500

负责人:　　　　收料人: 王嘉　　　　交料人:周宏

84-4

微信结算凭证

付款金额	¥565
商品或服务名称	手套
商户名称	天津金海购物中心
当前状态	已付款
交易时间	2019-12-10
支付方式	零钱
交易单号	略
商户单号	200107593168009

85-1

固定资产报废/处置申请单

2019 年 12 月 13 日　　编号:G03

固定资产名称	Q 设备	规格型号	略
购入时间	2018.05.30	资产编号	略
使用部门	一车间	使用人	
资产原值	62 400	资产净值	53 508
规定使用年限	10 年	实际使用年限	1.5 年
报废/处置原因	出售		
部门主管意见	同意　江伍		
财务部门意见	同意　王景春		
经理意见	同意　刘晓宁		

86-1

增值税专用发票

记 账 联

1200196160　　No 00362534

校验码 58989 21127 63621 69702　　开票日期:2019 年 12 月 13 日

购买单位	名　称:江苏河海股份有限公司 纳税人识别号:610106591785205 地 址 、电 话:江苏南京前进路 65 号 0532-67239892 开户行及账号:中国建设银行前进路支行 3400152304005				密码区	略	
货物或应税劳务名称	规格型号	单位	数量	单价	金额	税率	税额
Q 设备		台	1	65 000	65 000	13%	8 450
合　计					65 000		8 450
价税合计(大写)	人民币柒万叁仟肆佰伍拾元整				(小写)¥73 450		
销售单位	名　称:天津华丽股份有限公司 纳税人识别号:320400009898880 地 址 、电 话:天津新北区河海东路 65 号 022-85499890 开户行及账号:中国建设银行新北区支行 2300098776				备注	(销售单位发票专用章)	

收款人:　　复核:　　开票人:　　销售单位:(章)

86-2

中国建设银行　进账单(收账通知) 3

2019 年 12 月 13 日

出票人	全　　称	江苏河海股份有限公司	收款人	全　　称	天津华丽股份有限公司
	账　　号	3400152304005		账　　号	2300098776
	开户银行	中国建设银行前进路支行		开户银行	中国建设银行新北区支行

		亿	千	百	十	万	千	百	十	元	角	分
金额	人民币 (大写)柒万叁仟肆佰伍拾元整				¥	7	3	4	5	0	0	0

票据种类	支票	票据张数	1	(开户银行签章)
票据号码	略			
复核		记账		

87-1

资产清理损益计算表

2019 年 12 月 13 日

清理项目名称	Q 设备		清理原因	
清理借方发生额			清理贷方发生额	
清理支出项目	金额		清理收入项目	金额
资产净值			出售收入	
清理费用				
合计			合计	
资产清理结果	净收益	金额	大写：	
	净损失		小写：	
	复核：		制单：	

88-1

货物运输业增值税专用发票

发 票 联

1200193160　　　　No 41311568

校验码 58989 21127 36516 37269　　　　开票日期:2019 年 12 月 13 日

承运人及纳税人识别号	天津海通物流有限责任公司 200108591789600				密码区	略	
实际受票方及纳税人识别号	天津华丽股份有限公司 320400009898880						
收货人及纳税人识别号	江苏河海股份有限公司 61010659178520				发货人及纳税人识别号	天津华丽股份有限公司 320400009898880	
起运地、经由、目的地	天津—南京						
费用项目及金额	费用项目 运输费	金额 2 800	费用项目	金额	运输货物信息	略	
合　计	2 800	税率	9%	税额	252	货物编号	
价税合计(大写)	人民币叁仟零伍拾贰元整				(小写)￥3 052		
车种车号		车船吨位		备注	(承运人发票专用章)		
主管税务机关及代码	略						

收款人:　　　　复核:　　　　开票人:　　　　承运人:(章)

88-2

货物运输业增值税专用发票

抵 扣 联

1200193160　　　　No 41311568

校验码 58989 21127 36516 37269　　　　开票日期:2019 年 12 月 13 日

承运人及纳税人识别号	天津海通物流有限责任公司 200108591789600				密码区	略	
实际受票方及纳税人识别号	天津华丽股份有限公司 320400009898880						
收货人及纳税人识别号	江苏河海股份有限公司 61010659178520				发货人及纳税人识别号	天津华丽股份有限公司 320400009898880	
起运地、经由、目的地	天津—南京						
费用项目及金额	费用项目 运输费	金额 2 800	费用项目	金额	运输货物信息	略	
合　计	2 800	税率	9%	税额	252	货物编号	
价税合计(大写)	人民币叁仟零伍拾贰元整				(小写)￥3 052		
车种车号		车船吨位		备注	(承运人发票专用章)		
主管税务机关及代码	略						

收款人:　　　　复核:　　　　开票人:　　　　承运人:(章)

88-3

中国建设银行 转账支票存根 10203399 08114722 附加信息 出票日期:2019年12月13日 收款人:天津海通物流公司 金　额:¥3 052 用　途:支付L设备运费 备　注: 单位主管:王春景　会计:姚敏	10203399 中国建设银行　**转账支票**　08114722 出票日期(大写):贰零壹玖年壹拾贰月壹拾叁日　付款行名称:中国建设银行新北区支行 收款人:天津海通物流有限责任公司　出票人账号:2300098776 人民币(大写)叁仟零伍拾贰元整　亿 千 百 十 万 千 百 十 元 角 分：¥ 3 0 5 2 0 0 用途　支付L设备运输费　密码 上列款项请从我账户内支付　行号 出票人签章　复核　记账

88-4

资产清理损益计算表

2019年12月13日

清理项目名称	L设备		清理原因	
清理借方发生额			清理贷方发生额	
清理支出项目	金额		清理收入项目	金额
资产净值			出售收入	
清理费用				
合计			合计	
资产清理结果	净收益	金额	大写:	
	净损失		小写:	
	复核:		制单:	

89-1

增值税普通发票

发 票 联

012001900804 No 00235069

校验码 58989 21812 26316 69702 开票日期:2019 年 12 月 13 日

购买单位	名 称:天津华丽股份有限公司 纳税人识别号:320400009898880 地 址 、电 话:天津新北区河海东路 65 号 022-85499890 开户行及账号:中国建设银行新北区支行 2300098776				密码区	略	
货物或应税劳务名称	规格型号	单位	数量	单价	金额	税率	税额
修缮费			1		12 000	9%	1 080
合 计					12 000		1 080
价税合计(大写)	人民币壹万叁仟零捌拾元整				(小写)¥13 080		
销售单位	名 称:天津伟业建筑工程公司 纳税人识别号:220400763327909 地 址 、电 话:天津南开区八一路 1 号 022-65399755 开户行及账号:中国建设银行八一路支行 23007609875367				备注	(销售单位发票专用章)	

收款人: 复核: 开票人: 销售单位:(章)

89-2

中国建设银行
转账支票存根

10203399
08114723

附加信息

出票日期:2019 年 12 月 13 日

收款人:天津伟业建筑公司
金 额:¥13 080
用 途:支付修缮费
备 注:

单位主管:王春景 会计:姚敏

10203399

中国建设银行 **转账支票** 08114723

出票日期(大写):贰零壹玖年壹拾贰月壹拾叁日 付款行名称:中国建设银行新北区支行

收款人:天津伟业建筑工程公司 出票人账号:2300098776

人民币(大写)	亿	千	百	十	万	千	百	十	元	角	分
壹万叁仟零捌拾元整				¥	1	3	0	8	0	0	0

用途 支付货款 密码

上列款项请从 行号

我账户内支付

出票人签章 复核 记账

90-1

增值税专用发票

发 票 联

1200194130　　　　No　00276532

校验码 58989 78526 26316 69702　　　　开票日期:2019 年 12 月 13 日

购买单位	名　　称:天津华丽股份有限公司 纳税人识别号:320400009898880 地 址 、电 话:天津新北区河海东路 65 号 022-85499890 开户行及账号:中国建设银行新北区支行 2300098776				密码区	略	
货物或应税劳务名称	规格型号	单位	数量	单价	金额	税率	税额
维修费			10	500	5 000	13%	650
合　计					5 000		650
价税合计(大写)	人民币伍仟陆佰伍拾元整				(小写)¥5 650		
销售单位	名　　称:天津人和维修公司 纳税人识别号:221150087327217 地 址 、电 话:天津河西区前进道 65 号 022-75347793 开户行及账号:中国建设银行前进路支行 23060987670753				备注	(销售单位发票专用章)	

收款人:　　　　复核:　　　　开票人:　　　　销售单位:(章)

90-2

增值税专用发票

抵 扣 联

1200194130　　　　No　00276532

校验码 58989 78526 26316 69702　　　　开票日期:2019 年 12 月 13 日

购买单位	名　　称:天津华丽股份有限公司 纳税人识别号:320400009898880 地 址 、电 话:天津新北区河海东路 65 号 022-85499890 开户行及账号:中国建设银行新北区支行 2300098776				密码区	略	
货物或应税劳务名称	规格型号	单位	数量	单价	金额	税率	税额
修理费			10	500	5 000	13%	650
合　计					5 000		650
价税合计(大写)	人民币伍仟陆佰伍拾元整				(小写)¥5 650		
销售单位	名　　称:天津人和维修公司 纳税人识别号:221150087327217 地 址 、电 话:天津河西区前进道 65 号 022-75347793 开户行及账号:中国建设银行前进路支行 23060987670753				备注	(销售单位发票专用章)	

收款人:　　　　复核:　　　　开票人:　　　　销售单位:(章)

90-3

<table>
<tr><td rowspan="2">中国建设银行
转账支票存根
10203399
08114724
附加信息

出票日期:2019 年 12 月 13 日
收款人:天津人和维修公司
金　额:￥5 650
用　途:支付维修费
备　注:
单位主管:王春景　会计:姚敏</td>
<td>10203399
中国建设银行　转账支票　08114724
出票日期(大写):贰零壹玖年壹拾贰月壹拾叁日　付款行名称:中国建设银行新北区支行
收款人:天津人和维修公司　出票人账号:2300098776</td></tr>
<tr><td>人民币(大写)伍仟陆佰伍拾元整　亿 千 百 十 万 千 百 十 元 角 分：￥ 5 6 5 0 0 0
用途　支付维修费　密码
上列款项请从　行号
我账户内支付
出票人签章　复核　记账</td></tr>
</table>

91-1

交割单

营业部名称:华泰证券有限责任公司

股东姓名:天津华丽股份有限公司

资金账户:97763333

当前币种:人民币

成交日期	交易类别	证券名称	成交价格	成交数量	成交金额	结算价	实收佣金及税费	应付金额
2019.12.13	买入	凌辉股份	30	10 000	300 000	300 000	636	300 636

92-1

银行(短期贷款)还款凭证

2019 年 12 月 13 日　　合同编号:略

<table>
<tr><td rowspan="3">借款单位</td><td>名称</td><td>天津华丽股份有限公司</td><td rowspan="3">付款单位</td><td>名称</td><td>天津华丽股份有限公司</td></tr>
<tr><td>放款户账号</td><td>2400040015</td><td>往来户账号</td><td>2400040015</td></tr>
<tr><td>开户银行</td><td>中国银行新北区支行</td><td>开户银行</td><td>中国银行新北区支行</td></tr>
<tr><td>还款日期</td><td colspan="2">2019 年 12 月 13 日</td><td>还款次序</td><td colspan="2">第 1 次还款</td></tr>
<tr><td rowspan="2">还款金额</td><td>人民币</td><td rowspan="2">捌拾万元整</td><td rowspan="2" colspan="3">小写
￥800 000</td></tr>
<tr><td>(大写)</td></tr>
<tr><td colspan="6">还款内容:短期借款本金</td></tr>
<tr><td colspan="4">由我单位往来划转归还上述借款
(借款单位预留往来户印鉴)</td><td colspan="2">银行记账(略)</td></tr>
</table>

92-2

存(贷)款利息回单

币种:人民币　　2019年12月13日　　单位:元

付款人	户名	天津华丽股份有限公司	收款人	户名	中国银行新北区支行
	账号	2400040015		账号	略
收(付)金额	¥2 488.88		计息账号	2400040015	
借据编号	略		借据序号	略	
备注	起息日期	止息日期	积数	利率	利息
	2019.11.13	2019.12.12	略	3.73%	¥2 488.88
	调整利息:		冲正利息:		
应收(付)利息合计	人民币贰仟肆佰捌拾捌元捌角捌分				

银行章:　　经办人:

93-1

中国建设银行 转账支票存根 10203399 08114725	中国建设银行　**转账支票**　10203399　08114725
附加信息	出票日期(大写):贰零壹玖年壹拾贰月壹拾肆日　付款行名称:中国建设银行新北区支行
出票日期:2019年12月14日	收款人:天津金林股份有限公司　出票人账号:2300098776
收款人:天津金林公司	人民币(大写)叁仟元整　¥3 000.00
金　额:¥3 000	用途　支付违约金　密码
用　途:支付违约金	上列款项请从我账户内支付　行号
备　注:	
单位主管:王春景　会计:姚敏	出票人签章　复核　记账

亿	千	百	十	万	千	百	十	元	角	分
				¥	3	0	0	0	0	0

93-2

费用报销单

部门:行政部　　报销日期2019年12月14日　　附件:1张

费用项目	类别	金额(元)	部门负责人(签章)	萧雨
违约金	营业外支出	3 000		
			报销人	李一鑫
报销金额合计		¥3 000		
报销金额合计(大写)	人民币叁仟元整		¥3 000	

会计:徐子雅　　复核:徐子雅　　出纳:姚敏

94-1

增值税专用发票

记 账 联

1200196160　　No 00362535

校验码 58989 21127 58326 69702　　开票日期:2019 年 12 月 14 日

购买单位	名　　　称:河北商贸股份有限公司 纳税人识别号:321150087327217 地 址 、电 话:河北石家庄五四大街 50 号 0311-75347793 开户行及账号:中国银行五四大街支行 23025234546368				密码区	略	
货物或应税劳务名称	规格型号	单位	数量	单价	金额	税率	税额
A 产品		件	120	1 000	120 000	13%	15 600
合　计					120 000		15 600
价税合计(大写)	人民币壹拾叁万伍仟陆佰元整				(小写)¥135 600		
销售单位	名　　　称:天津华丽股份有限公司 纳税人识别号:320400009898880 地 址 、电 话:天津新北区河海东路 65 号 022-85499890 开户行及账号:中国建设银行新北区支行 2300098776				备注	(销售单位发票专用章)	

收款人:　　复核:　　开票人:　　销售单位:(章)

94-2

银行承兑汇票

中国建设银行　　出票日期 贰零壹玖年壹拾贰月壹拾肆日(大写)　　编号(略)

出票人全称	河北商贸股份有限公司	收款人	全称	天津华丽股份有限公司
出票人账号	23025234546368		账号	2300098776
付款行全称	中国银行五四大街支行		开户银行	中国建设银行新北区支行
出票金额	人民币(大写) 壹拾叁万伍仟陆佰元整		小写	¥135 600
汇票到期日(大写)	贰零贰零年零叁月壹拾肆日	付款行	行号	略
承兑协议编号	略		地址	略
本汇票请你行承兑,到期无条件付款。			本汇票已经承兑,到期日由本行付款。 承兑号盖章	
出票人盖章			承兑日期	2019 年 12 月 14 日　复核　记账

94-3

出　库　单

仓库号:产品库　　2019 年 12 月 14 日　　编号:1213

商品编号	名称	单位	规格	数量	单价	金额(元)
略	A 产品	件		120		
合 计						

部门主管:　　领用单位:河北商贸　　发货人:张虹　　制单:张虹

95-1

网银转账凭证

网银流水号(略)　　日期:2019 年 12 月 14 日

付款人	户名	天津华丽股份有限公司	收款人	户名	中华机械股份有限公司
	账号	2300098776		账号	13060987670753
	开户行	中国建设银行新北区支行		开户行	中国工商银行东风路支行
	账户性质	基本户		账户性质	基本户
金额	小写	¥50 000	用途:转账付款		
	大写	人民币伍万元整			
网银客户编号	2300098776		业务种类		
是否加急	否				
联系人	王春景	联系电话 022-85499890			
交易状态	交易成功		复核		时间 2019.12.01

96-1

中国建设银行转账支票存根

10203399

08114726

附加信息

出票日期:2019 年 12 月 14 日

收款人:河北城市大学
金　额:¥12 000
用　途:支付研究费
备　注:

单位主管:王春景　会计:姚敏

10203399

中国建设银行　转账支票　08114726

出票日期(大写):贰零壹玖年壹拾贰月壹拾肆日　　付款行名称:中国建设银行新北区支行

收款人:河北城市大学　　出票人账号:2300098776

人民币(大写)	亿	千	百	十	万	千	百	十	元	角	分
壹万贰仟元整				¥	1	2	0	0	0	0	0

用途　支付研究费　　密码

上列款项请从　　行号

我账户内支付

出票人签章　　复核　　记账

96-2

行政事业单位收款收据（第三联）

No. 1002356

2019 年 12 月 14 日

<table>
<tr><td>交款单位</td><td>天津华丽股份有限公司</td><td colspan="3">支付方式</td><td colspan="6">支票</td></tr>
<tr><td>人民币
（大写）</td><td colspan="4">壹万贰仟元整</td><td colspan="6">¥12 000</td></tr>
<tr><td rowspan="2">收款事由</td><td rowspan="2">合作研发费用</td><td rowspan="2">经办</td><td colspan="2">部门</td><td colspan="6">略</td></tr>
<tr><td colspan="2">人员</td><td colspan="6">略</td></tr>
<tr><td colspan="2">（收款单位财务专用章）</td><td>会计主管</td><td>王敏</td><td>稽核员</td><td></td><td>出纳员</td><td>李丽</td><td>缴款人</td><td>王景春</td></tr>
</table>

96-3

合作研发协议

甲方：天津华丽股份有限公司

乙方：河北城市大学

经甲、乙双方协议，同意双方共同开发研究生产技术工艺。研究费预计120 000元。乙方负责人员投入，甲方负责经费投入。

经费分三期投入，首期12 000元。在本协议签订之日10日内转入乙方账户。

其他内容略。

甲方：天津华丽股份有限公司
（盖章）
法人代表：刘晓宁
2019 年 12 月 7 日

乙方：河北城市大学
（盖章）
法人代表：王荣
2019 年 12 月 7 日

97-1

增值税专用发票

发 票 联

1200195130　　　　　　　　　　　　　　　　　No 00536351

校验码 58989 21127 83162 69702　　　　　　　　开票日期:2019 年 12 月 15 日

购买单位	名　　称:天津华丽股份有限公司 纳税人识别号:320400009898880 地 址 、电 话:天津新北区河海东路 65 号 022-85499890 开户行及账号:中国建设银行新北区支行 2300098776	密码区	略

货物或应税劳务名称	规格型号	单位	数量	单价	金额	税率	税额
办公桌		张	10	8 000	80 000	13%	10 400
椅子		把	10	2 000	20 000	13%	2 600
合　计					100 000		13 000
价税合计(大写)	人民币壹拾壹万叁仟元整				(小写)¥113 000		

销售单位	名　　称:天津金海购物中心 纳税人识别号:200107593168009 地 址 、电 话:天津河西区大屯路 1 号 022-65399755 开户行及账号:中国建设银行大屯路支行 33007609875367	备注	(销售单位发票专用章)

收款人:　　　　　　复核:　　　　　　开票人:　　　　　　销售单位:(章)

97-2

增值税专用发票

抵 扣 联

1200195130　　　　　　　　　　　　　　　　　No 00536351

校验码 58989 21127 83162 69702　　　　　　　　开票日期:2019 年 12 月 15 日

购买单位	名　　称:天津华丽股份有限公司 纳税人识别号:320400009898880 地 址 、电 话:天津新北区河海东路 65 号 022-85499890 开户行及账号:中国建设银行新北区支行 2300098776	密码区	略

货物或应税劳务名称	规格型号	单位	数量	单价	金额	税率	税额
办公桌		张	10	8 000	80 000	13%	10 400
椅子		把	10	2 000	20 000	13%	2 600
合　计					100 000		13 000
价税合计(大写)	人民币壹拾壹万叁仟元整				(小写)¥113 000		

销售单位	名　　称:天津金海购物中心 纳税人识别号:200107593168009 地 址 、电 话:天津河西区大屯路 1 号 022-65399755 开户行及账号:中国建设银行大屯路支行 33007609875367	备注	(销售单位发票专用章)

收款人:　　　　　　复核:　　　　　　开票人:　　　　　　销售单位:(章)

97-3

新增固定资产登记表

2019 年 12 月 15 日

固定资产名称	规格型号	种类	单位	数量	购入日期	投入使用日期	使用部门	预计使用年限
办公桌		家具	张	10	2019.12.15	2019.12.15	办公室	5 年
椅子		家具	把	10	2019.12.15	2019.12.15	办公室	5 年

复核人:王伟　　　　制表人:徐子雅

97-4

中国建设银行 转账支票存根

10203399
08114727

附加信息

出票日期:2019 年 12 月 15 日

收款人:	天津金海购物中心
金　额:	¥113 000
用　途:	支付办公桌椅款
备　注:	

单位主管:王春景　会计:姚敏

中国建设银行 转账支票　10203399　08114727

出票日期(大写):贰零壹玖年壹拾贰月壹拾伍日　付款行名称:中国建设银行新北区支行

收款人:天津金海购物中心　出票人账号:2300098776

人民币	亿	千	百	十	万	千	百	十	元	角	分
(大写)壹拾壹万叁仟元整			¥	1	1	3	0	0	0	0	0

用途 支付办公桌椅款　密码

上列款项请从　行号

我账户内支付

出票人签章　复核　记账

98-1

固定资产报废/处置申请单

2019 年 12 月 15 日　编号:G04

固定资产名称	HP 电脑	规格型号	略
购入时间	2018.05.30	资产编号	略
使用部门	行政部办公室	使用人	
资产原值	36 000	资产净值	18 720
规定使用年限	3 年	实际使用年限	1.5 年
报废/处置原因	到期报废		
部门主管意见	同意　江伍		
财务部门意见	同意　王景春		
经理意见	同意　刘晓宁		

98-2

捐赠审批单

2019 年 12 月 15 日　　　　附件:1 张

捐赠项目	捐赠物资名称	金额(元)	部门负责人(签章)	萧雨
希望工程	HP 电脑	5 000		
			审查意见	同意捐赠
			受赠方签字(直接捐赠)	柳明
合计			￥5 000	
金额合计(大写)	人民币伍仟元整　　￥5 000			

会计:徐子雅　　　　复核:徐子雅　　　　出纳:姚敏

98-3

公益事业捐赠收据

捐赠人:天津华丽股份有限公司　　捐赠日期 2019 年 12 月 15 日　　　　编号:略

捐赠项目	实物(货币)种类	数量	金额(元)
希望工程捐赠	HP 电脑	4	5 000
金额合计(小写)	￥5 000		
金额合计(大写)	人民币伍仟元整		

受赠人签章　　　　复核　　　　开票人:夏青

98-4

资产清理损益计算表

2019 年 12 月 15 日

清理项目名称	HP 电脑		清理原因	
清理借方发生额			清理贷方发生额	
清理支出项目	金额		清理收入项目	金额
资产净值			出售收入	
清理费用				
合计			合计	
资产清理结果	净收益	金额	大写:	
	净损失		小写:	
	复核:		制单:	

99-1

交 割 单

营业部名称:华泰证券有限责任公司

股东姓名:天津华丽股份有限公司

资金账户:97763333

当前币种:人民币

成交日期	交易类别	证券名称	成交价格	成交数量	成交金额	结算价	实收佣金及税费	应付金额
2019.12.16	买入	长红股份	12	12 000	144 000	144 000	318	144 318

100-1

增值税专用发票

记 账 联

1200196160 No 00362536

校验码 58989 78262 26316 69702 开票日期:2019 年 12 月 16 日

<table>
<tr><td>购买单位</td><td colspan="5">名 称:河北贝科股份有限公司
纳税人识别号:320400727909633
地 址 、电 话:河北石家庄幸福大街 9 号 0311-53829873
开户行及账号:中国银行幸福大街支行 2186510674360145</td><td>密码区</td><td colspan="2">略</td></tr>
<tr><td colspan="2">货物或应税劳务名称</td><td>规格型号</td><td>单位</td><td>数量</td><td>单价</td><td>金额</td><td>税率</td><td>税额</td></tr>
<tr><td colspan="2">A 产品</td><td></td><td>件</td><td>100</td><td>1 002</td><td>100 200</td><td>13%</td><td>13 026</td></tr>
<tr><td colspan="2">合 计</td><td></td><td></td><td></td><td></td><td>100 200</td><td></td><td>13 026</td></tr>
<tr><td colspan="2">价税合计(大写)</td><td colspan="7">人民币壹拾壹万叁仟贰佰贰拾陆元整 (小写)¥113 226</td></tr>
<tr><td>销售单位</td><td colspan="5">名 称:天津华丽股份有限公司
纳税人识别号:320400009898880
地 址 、电 话:天津新北区河海东路 65 号 022-85499890
开户行及账号:中国建设银行新北区支行 2300098776</td><td>备注</td><td colspan="2">(销售单位发票专用章)</td></tr>
</table>

收款人: 复核: 开票人: 销售单位:(章)

100-2

出 库 单

仓库号:产品库 2019 年 12 月 16 日 编号:1214

商品编号	名称	单位	规格	数量	单价	金额(元)
略	A 产品	件		100		
合 计						

部门主管: 领用单位:河北贝科 发货人:张虹 制单:张虹

100-3

托收凭证

委托日期　2019 年 12 月 16 日

<table>
<tr><td>业务类型</td><td colspan="7">委托收款(　)　　托收承付(√)</td></tr>
<tr><td rowspan="4">付款人</td><td>全称</td><td colspan="2">河北贝科股份有限公司</td><td rowspan="4">收款人</td><td>全称</td><td colspan="2">天津华丽股份有限公司</td></tr>
<tr><td>账号</td><td colspan="2">2186510674360145</td><td>账号</td><td colspan="2">2300098776</td></tr>
<tr><td>地址</td><td colspan="2">河北省 石家庄市/县</td><td>汇出地点</td><td colspan="2">天津市省　　市/县</td></tr>
<tr><td>开户行</td><td colspan="2">中国银行幸福大街支行</td><td>开户行</td><td colspan="2">中国建设银行新北区支行</td></tr>
<tr><td rowspan="2">金额</td><td>人民币</td><td colspan="3" rowspan="2">壹拾壹万叁仟贰佰贰拾陆元整</td><td colspan="3">小写</td></tr>
<tr><td>(大写)</td><td colspan="3">￥113 226</td></tr>
<tr><td>款项内容</td><td>货款</td><td>托收凭据名称</td><td colspan="2">合同、发货单等</td><td colspan="2">附寄单据张数</td><td>2</td></tr>
<tr><td>商品发运情况</td><td colspan="2">已发货</td><td colspan="2">合同名称号码</td><td colspan="3">略</td></tr>
<tr><td colspan="2">备注：</td><td colspan="2" rowspan="2">上列款项随附有关债务证明，请予办理。</td><td colspan="4" rowspan="2"></td></tr>
<tr><td colspan="2" rowspan="2">收款人开户行收到日期
年　月　日</td></tr>
<tr><td colspan="2">收款人签章</td><td>复核</td><td></td><td>记账</td><td></td></tr>
</table>

101-1

银行电子缴税付款凭证

转账日期:2019 年 12 月 17 日　　　　凭证编号:略

<table>
<tr><td colspan="4">纳税人全称及纳税识别号:天津华丽股份有限公司 320400009898880</td></tr>
<tr><td>付款人名称</td><td colspan="3">天津华丽股份有限公司</td></tr>
<tr><td>付款人账号</td><td>2300098776</td><td>征税机关名称</td><td>天津市税务局</td></tr>
<tr><td>付款人开户行</td><td>中国建设银行新北区支行</td><td>收款国库(银行)名称</td><td>略</td></tr>
<tr><td>小写(合计)金额</td><td></td><td>缴款书交易流水号</td><td>略</td></tr>
<tr><td>大写(合计)金额</td><td colspan="3"></td></tr>
</table>

税(费)种名称	所属日期	实缴金额
房产税	2019.11.30	1 200
印花税	2019.11.30	925.84
滞纳金	2019.12.15	2.13
合计		￥2 127.97

101-2

中华人民共和国
税收通用缴款书

编号略

隶属关系：

注册类型：股份公司　　填发日期：2019 年 12 月 17 日　　征收机关：

<table>
<tr><td rowspan="4">缴款单位（人）</td><td>代码</td><td>320400009898880</td><td>预算科目</td><td>编码</td><td>略</td></tr>
<tr><td>全称</td><td>天津华丽股份有限公司</td><td></td><td>名称</td><td>房产税/印花税</td></tr>
<tr><td>开户银行</td><td>中国建设银行新北区支行</td><td></td><td>级次</td><td>国税</td></tr>
<tr><td>账号</td><td>2300098776</td><td>收款国库</td><td colspan="2"></td></tr>
<tr><td colspan="3">税款所属时期　2019 年 11 月 30 日</td><td colspan="3">税款限缴日期 2019 年 12 月 15 日</td></tr>
</table>

品目名称	课税数量	计税金额或销售收入	税率或单位税额	已缴或扣除额	实缴金额
房产税					1 200
印花税					925.84
滞纳金					2.13
金额合计	人民币（大写）贰仟壹佰贰拾柒元玖角柒分				￥2 127.97

<table>
<tr><td rowspan="2">缴款单位（人）盖章
经办人（章）</td><td rowspan="2">税务机关（盖章）
填票人（章）</td><td>上列款项已收妥并划转收款单位账户</td><td rowspan="2">备注</td></tr>
<tr><td>国库（银行）盖章　　年　月　日</td></tr>
</table>

102-1

交　割　单

营业部名称：华泰证券有限责任公司

股东姓名：天津华丽股份有限公司

资金账户：97763333

当前币种：人民币

成交日期	交易类别	证券名称	成交价格	成交数量	成交金额	结算价	实收佣金及税费	应收金额
2019.12.17	卖出	洪州股份	20	4 000	80 000	80 000	177	79 823

103-1

增值税专用发票

发票联

1200198160　　No 00506275

校验码 58989 71212 26316 69702　　开票日期:2019 年 12 月 17 日

购买单位	名　　称:天津华丽股份有限公司 纳税人识别号:320400009898880 地 址 、电 话:天津新北区河海东路 65 号 022-85499890 开户行及账号:中国建设银行新北区支行 2300098776					密码区	略	
货物或应税劳务名称	规格型号	单位	数量	单价	金额	税率	税额	
Y 设备		台	1	50 000	50 000	13%	6 500	
合　计					50 000		6 500	
价税合计(大写)	人民币伍万陆仟伍佰元整				(小写)¥56 500			
销售单位	名　　称:天津金林股份有限公司 纳税人识别号:121150087327217 地 址 、电 话:天津河西区前进道 65 号 022-75347793 开户行及账号:中国建设银行前进路支行 23060987670753					备注	(销售单位发票专用章)	

收款人:　　复核:　　开票人:　　销售单位:(章)

103-2

增值税专用发票

抵扣联

1200198160　　No 00506275

校验码 58989 71212 26316 69702　　开票日期:2019 年 12 月 17 日

购买单位	名　　称:天津华丽股份有限公司 纳税人识别号:320400009898880 地 址 、电 话:天津新北区河海东路 65 号 022-85499890 开户行及账号:中国建设银行新北区支行 2300098776					密码区	略	
货物或应税劳务名称	规格型号	单位	数量	单价	金额	税率	税额	
Y 设备		台	1	50 000	50 000	13%	6 500	
合　计					50 000		6 500	
价税合计(大写)	人民币伍万陆仟伍佰元整				(小写)¥56 500			
销售单位	名　　称:天津金林股份有限公司 纳税人识别号:121150087327217 地 址 、电 话:天津河西区前进道 65 号 022-75347793 开户行及账号:中国建设银行前进路支行 23060987670753					备注	(销售单位发票专用章)	

收款人:　　复核:　　开票人:　　销售单位:(章)

103-3

中国建设银行 转账支票存根 10203399 08114728	中国建设银行 **转账支票** 10203399 08114728
附加信息	出票日期(大写):贰零壹玖年壹拾贰月壹拾柒日 付款行名称:中国建设银行新北区支行
出票日期:2019 年 12 月 17 日	收款人:天津金林股份有限公司 出票人账号:2300098776
收款人:天津金林公司	人民币(大写)伍万陆仟伍佰元整 亿 千 百 十 万 千 百 十 元 角 分: ¥ 5 6 5 0 0 0 0
金 额:¥56 500	用途 支付设备款 密码
用 途:支付设备款	上列款项请从我账户内支付 行号
备 注:	出票人签章 复核 记账
单位主管:王春景 会计:姚敏	

103-4

新增固定资产登记表

2019 年 12 月 17 日

固定资产名称	规格型号	种类	单位	数量	购入日期	投入使用日期	使用部门	预计使用年限
Y 设备		机器设备	台	1	2019.12.17	2019.12.17	二车间	10 年

复核人:王伟 制表人:徐子雅

104-1

电汇凭证

委托日期 2019 年 12 月 17 日

汇款人	全称	济南昌达股份有限公司	收款人	全称	天津华丽股份有限公司
	账号	110367860145654		账号	2300098776
	汇出地点	山东省 济南 市/县		汇入地点	天津市 省 市/县
汇出行名称	中国工商银行泉州路支行		汇入行名称	中国建设银行新北区支行	
金额	人民币(大写)叁拾肆万捌仟元整			小写 ¥348 000	
此汇款支付给收款人。			支付密码	略	
			附加信息及用途:		
汇款人盖章			复核		记账

105-1

销售合同

本合同于2019年12月07日，由博瑞克股份有限公司(以下简称甲方)和天津华丽股份有限公司(以下简称乙方)，经过友好协商签订，双方共同遵守执行。

第一条　乙方所提供的产品及费用清单(略)

第二条　包装为：略

第三条　交货期为：2019年12月07日

第四条　交货地点和方式(略)

第五条　付款方式

1. 本合同生效后，甲方尽快向乙方支付本合同总价，乙方提供"2/10，1/30，n/90"的付款现金折扣。

2. 甲方对乙方所提供的产品验收合格后，乙方出具甲方支付的相应金额的销售发票。

第六条　质量保证和售后服务(略)

第七条　合同的修改(略)

第八条　违约责任(略)

第九条　争端的解决(略)

第十条　合同生效及其他(略)

甲方：(盖章) 博瑞克股份有限公司
授权代表：张博瑞
法定代表人：张博瑞
通讯地址：北京海淀区学院路31号
电话：010-73295857
传真：010-73295857
开户银行：中国工商银行学院路支行
账号：1400040015235

乙方：(盖章) 天津华丽股份有限公司
授权代表：刘晓宁
法定代表人：刘晓宁
通讯地址：天津新北区河海东路65号
电话：022-85499890
传真：022-85499890
开户银行：中国建设银行新北区支行
账号：2300098776

106-1

中国建设银行 转账支票存根

10203399
08114729

附加信息

出票日期：2019年12月20日

收款人：	天津市邮政公司
金　额：	￥13 080
用　途：	支付报刊费
备　注：	

单位主管：王春景　会计：姚敏

中国建设银行　转账支票　10203399　08114729

出票日期(大写)：贰零壹玖年壹拾贰月贰拾日　付款行名称：中国建设银行新北区支行

收款人：天津市邮政公司　出票人账号：2300098776

人民币(大写)	亿	千	百	十	万	千	百	十	元	角	分
壹万叁仟零捌拾元				￥	1	3	0	8	0	0	0

用途　支付报刊费　　密码

上列款项请从　　行号

我账户内支付

出票人签章　　复核　　记账

106-2

增值税专用发票

发 票 联

1200196130　　　　　　　　　　　　　　　　No 00675327

校验码 58989 21127 62561 69702　　　　　　　开票日期:2019 年 12 月 20 日

<table>
<tr><td>购买单位</td><td colspan="7">名　　　称:天津华丽股份有限公司
纳税人识别号:320400009898880
地 址 、电 话:天津新北区河海东路 65 号 022-85499890
开户行及账号:中国建设银行新北区支行 2300098776</td><td>密码区</td><td>略</td></tr>
<tr><td colspan="2">货物或应税劳务名称</td><td>规格型号</td><td>单位</td><td>数量</td><td>单价</td><td>金额</td><td>税率</td><td colspan="2">税额</td></tr>
<tr><td colspan="2">报刊费</td><td></td><td></td><td>12</td><td>1 000</td><td>12 000</td><td>9%</td><td colspan="2">1 080</td></tr>
<tr><td colspan="2">合　计</td><td></td><td></td><td></td><td></td><td>12 000</td><td></td><td colspan="2">1 080</td></tr>
<tr><td colspan="2">价税合计(大写)</td><td colspan="8">人民币壹万叁仟零捌拾元整　　　　(小写)¥13 080</td></tr>
<tr><td>销售单位</td><td colspan="7">名　　　称:天津市邮政公司
纳税人识别号:200107593168009
地 址 、电 话:天津新北区春江路 1 号 022-53829873
开户行及账号:中国工商银行春江路支行 1186510674360145</td><td>备注</td><td>(销售单位发票专用章)</td></tr>
</table>

收款人:　　　　复核:　　　　开票人:　　　　销售单位:(章)

106-3

增值税专用发票

抵 扣 联

1200196130　　　　　　　　　　　　　　　　No 00675327

校验码 58989 21127 62561 69702　　　　　　　开票日期:2019 年 12 月 20 日

<table>
<tr><td>购买单位</td><td colspan="7">名　　　称:天津华丽股份有限公司
纳税人识别号:320400009898880
地 址 、电 话:天津新北区河海东路 65 号 022-85499890
开户行及账号:中国建设银行新北区支行 2300098776</td><td>密码区</td><td>略</td></tr>
<tr><td colspan="2">货物或应税劳务名称</td><td>规格型号</td><td>单位</td><td>数量</td><td>单价</td><td>金额</td><td>税率</td><td colspan="2">税额</td></tr>
<tr><td colspan="2">报刊费</td><td></td><td></td><td>12</td><td>1 000</td><td>12 000</td><td>9%</td><td colspan="2">1 080</td></tr>
<tr><td colspan="2">合　计</td><td></td><td></td><td></td><td></td><td>12 000</td><td></td><td colspan="2">1 080</td></tr>
<tr><td colspan="2">价税合计(大写)</td><td colspan="8">人民币壹万叁仟零捌拾元整　　　　(小写)¥13 080</td></tr>
<tr><td>销售单位</td><td colspan="7">名　　　称:天津市邮政公司
纳税人识别号:200107593168009
地 址 、电 话:天津新北区春江路 1 号 022-53829873
开户行及账号:中国工商银行春江路支行 1186510674360145</td><td>备注</td><td>(销售单位发票专用章)</td></tr>
</table>

收款人:　　　　复核:　　　　开票人:　　　　销售单位:(章)

107-1

入　库　单

仓库号：产品库　　　　2019 年 12 月 20 日　　　　编号：1203

商品编号	名称	单位	规格	数量	单价	金额(元)
略	B 产品	件		1 000		
合 计						

部门主管：刘海　　　　收货人：张虹　　　　制单：张虹

108-1

网银转账凭证

网银流水号(略)　　　　日期：2019 年 12 月 20 日

<table>
<tr><td rowspan="4">付款人</td><td>户名</td><td colspan="2">天津华丽股份有限公司</td><td rowspan="4">收款人</td><td>户名</td><td colspan="2">天津华丽股份有限公司</td></tr>
<tr><td>账号</td><td colspan="2">2300098776</td><td>账号</td><td colspan="2">2400040015</td></tr>
<tr><td>开户行</td><td colspan="2">中国建设银行新北区支行</td><td>开户行</td><td colspan="2">中国银行新北区支行</td></tr>
<tr><td>账户性质</td><td colspan="2">基本户</td><td>账户性质</td><td colspan="2">结算户</td></tr>
<tr><td rowspan="2">金额</td><td>小写</td><td colspan="3" rowspan="2">￥504 093.33
人民币伍拾万肆仟零玖拾叁元叁角叁分</td><td colspan="3" rowspan="2">用途：转账还款</td></tr>
<tr><td>大写</td></tr>
<tr><td>网银客户编号</td><td colspan="3">2300098776</td><td>业务种类</td><td colspan="3"></td></tr>
<tr><td>是否加急</td><td colspan="3">否</td><td colspan="4" rowspan="2"></td></tr>
<tr><td>联系人</td><td>王春景</td><td>联系电话</td><td>022-85499890</td></tr>
<tr><td>交易状态</td><td colspan="3">交易成功</td><td>复核</td><td></td><td>时间</td><td>2019.12.20</td></tr>
</table>

109-1

交　割　单

营业部名称：华泰证券有限责任公司

股东姓名：天津华丽股份有限公司

资金账户：97763333

当前币种：人民币

成交日期	交易类别	证券名称	成交价格	成交数量	成交金额	结算价	实收佣金及税费	应付金额
2019.12.20	买入	长生债券	142.86	700	100 000	100 000	1 060	101 060

110-1

存√(贷)款利息回单

币种:人民币　　2019 年 12 月 21 日　　单位:元

付款人	户名	中国银行新北区支行	收款人	户名	天津华丽股份有限公司
	账号	略		账号	2400040015
收(付)金额	￥833.33		计息账号	2400040015	
借据编号	略		借据序号		
备注	起息日期	止息日期	积数	利率	利息
	2019.09.21	2019.12.20	略		833.33
	调整利息:			冲正利息:	
应收(付)利息合计	人民币捌佰叁拾叁元叁角叁分				

银行章:　　经办人:

111-1

存√(贷)款利息回单

币种:人民币　　2019 年 12 月 21 日　　单位:元

付款人	户名	中国建设银行新北区支行	收款人	户名	天津华丽股份有限公司
	账号	略		账号	2300098776
收(付)金额	￥2 658.61		计息账号	2300098776	
借据编号	略		借据序号		
备注	起息日期	止息日期	积数	利率	利息
	2019.09.21	2019.12.20	略		2 658.61
	调整利息:			冲正利息:	
应收(付)利息合计	人民币贰仟陆佰伍拾捌元陆角壹分				

银行章:　　经办人:

111-2

存√(贷)款利息回单

币种:人民币　　2019 年 12 月 21 日　　单位:元

付款人	户名	中国建设银行新北区支行	收款人	户名	天津华丽股份有限公司
	账号	略		账号	2300098012
收(付)金额	￥110.48		计息账号	2300098012	
借据编号	略		借据序号		
备注	起息日期	止息日期	积数	利率	利息
	2019.09.21	2019.12.20	略		110.48
	调整利息:			冲正利息:	
应收(付)利息合计:	人民币壹佰壹拾元肆角捌分				

银行章:　　经办人:

112-1

银行(短期贷款)还款凭证

2019 年 12 月 21 日　　合同编号:略

借款单位	名称	天津华丽股份有限公司	付款单位	名称	天津华丽股份有限公司
	放款户账号	2400040015		往来户账号	2400040015
	开户银行	中国银行新北区支行		开户银行	中国银行新北区支行
还款日期	2019 年 12 月 21 日		还款次序	第　2　次还款	
还款金额	人民币（大写）	伍拾万元整		小写 ￥500 000	
还款内容:短期借款本金					
由我单位往来划转归还上述借款（借款单位预留往来户印鉴）				银行记账(略)	

112-2

存(贷√)款利息回单

币种:人民币　　2019 年 12 月 21 日　　单位:元

付款人	户名	天津华丽股份有限公司	收款人	户名	中国银行新北区支行
	账号	2400040015		账号	略
收(付)金额	￥2 750		计息账号	2400040015	
借据编号	略		借据序号		
备注	起息日期	止息日期	积数	利率	利息
			略		2 750
	调整利息:			冲正利息:	
应收(付)利息合计	人民币贰仟柒佰伍拾元整				

银行章:　　经办人:

113-1

增值税专用发票

发 票 联

1200197130 No 00223820

校验码 58989 21127 26316 02978 开票日期:2019 年 12 月 21 日

<table>
<tr><td rowspan="4">购买单位</td><td colspan="6">名 称:天津华丽股份有限公司</td><td rowspan="4">密码区</td><td rowspan="4">略</td></tr>
<tr><td colspan="6">纳税人识别号:320400009898880</td></tr>
<tr><td colspan="6">地 址 、电 话:天津新北区河海东路 65 号 022-85499890</td></tr>
<tr><td colspan="6">开户行及账号:中国建设银行新北区支行 2300098776</td></tr>
<tr><td colspan="2">货物或应税劳务名称</td><td>规格型号</td><td>单位</td><td>数量</td><td>单价</td><td>金额</td><td>税率</td><td>税额</td></tr>
<tr><td colspan="2">研发劳务费</td><td></td><td></td><td></td><td></td><td>113 207.55</td><td>6%</td><td>6 792.45</td></tr>
<tr><td colspan="2">合 计</td><td></td><td></td><td></td><td></td><td>113 207.55</td><td></td><td>6 792.45</td></tr>
<tr><td colspan="2">价税合计(大写)</td><td colspan="7">人民币壹拾贰万元整 (小写)¥120 000</td></tr>
<tr><td rowspan="4">销售单位</td><td colspan="6">名 称:天津金力研究所</td><td rowspan="4">备注</td><td rowspan="4">(销售单位发票专用章)</td></tr>
<tr><td colspan="6">纳税人识别号:220400763327909</td></tr>
<tr><td colspan="6">地 址 、电 话:天津南开区七一路 1 号 022-65399755</td></tr>
<tr><td colspan="6">开户行及账号:中国建设银行七一路支行 23007609875367</td></tr>
</table>

收款人: 复核: 开票人: 销售单位:(章)

113-2

增值税专用发票

抵 扣 联

1200197130 No 00223820

校验码 58989 21127 26316 02978 开票日期:2019 年 12 月 21 日

<table>
<tr><td rowspan="4">购买单位</td><td colspan="6">名 称:天津华丽股份有限公司</td><td rowspan="4">密码区</td><td rowspan="4">略</td></tr>
<tr><td colspan="6">纳税人识别号:320400009898880</td></tr>
<tr><td colspan="6">地 址 、电 话:天津新北区河海东路 65 号 022-85499890</td></tr>
<tr><td colspan="6">开户行及账号:中国建设银行新北区支行 2300098776</td></tr>
<tr><td colspan="2">货物或应税劳务名称</td><td>规格型号</td><td>单位</td><td>数量</td><td>单价</td><td>金额</td><td>税率</td><td>税额</td></tr>
<tr><td colspan="2">研发劳务费</td><td></td><td></td><td></td><td></td><td>113 207.55</td><td>6%</td><td>6 792.45</td></tr>
<tr><td colspan="2">合 计</td><td></td><td></td><td></td><td></td><td>113 207.55</td><td></td><td>6 792.45</td></tr>
<tr><td colspan="2">价税合计(大写)</td><td colspan="7">人民币壹拾贰万元整 (小写)¥120 000</td></tr>
<tr><td rowspan="4">销售单位</td><td colspan="6">名 称:天津金力研究所</td><td rowspan="4">备注</td><td rowspan="4">(销售单位发票专用章)</td></tr>
<tr><td colspan="6">纳税人识别号:220400763327909</td></tr>
<tr><td colspan="6">地 址 、电 话:天津南开区七一路 1 号 022-65399755</td></tr>
<tr><td colspan="6">开户行及账号:中国建设银行七一路支行 23007609875367</td></tr>
</table>

收款人: 复核: 开票人: 销售单位:(章)

113-3

中国建设银行 转账支票存根 10203399 08114730	10203399 中国建设银行　**转账支票**　08114730
附加信息	出票日期(大写):贰零壹玖年壹拾贰月贰拾壹日　付款行名称:中国建设银行新北区支行 收款人:天津金力研究所　出票人账号:2300098776
出票日期:2019年12月21日	人民币(大写)壹拾贰万元整
收款人:天津金力研究所	亿 千 百 十 万 千 百 十 元 角 分:¥ 1 2 0 0 0 0 0 0
金　额:¥120 000	用途　支付研发费　密码
用　途:支付研发费	上列款项请从我账户内支付　行号
备　注:	出票人签章　复核　记账
单位主管:王春景　会计:姚敏	

113-4

合作研发协议

甲方:天津华丽股份有限公司

乙方:天津金力研究所

经甲、乙双方协议,同意双方共同开发研究B产品生产技术工艺。研究费预计300 000元。乙方负责人员投入,甲方负责经费投入。

经费分三期投入,首期120 000元。在本协议签订之日10日内转入乙方账户。

其他内容略。

甲方:天津华丽股份有限公司　　乙方:天津金力研究所

(盖章)　　(盖章)

法人代表:刘晓宁　　法人代表:金天

2019年12月15日　　2019年12月15日

114-1

增值税专用发票

记账联

1200196160　　No 00362537

校验码 58989 21127 86213 69702　　开票日期:2019年12月21日

购买单位	名　　称:山东远东设备有限公司 纳税人识别号:511025921333663 地 址 、电 话:山东济南南京路369号 0579-67834256 开户行及账号:中国建设银行南京路支行 3186746014551036					密码区	略
货物或应税劳务名称	规格型号	单位	数量	单价	金额	税率	税额
B产品		件	800	980	784 000	13%	101 920
合　计					784 000		101 920
价税合计(大写)	人民币捌拾捌万伍仟玖佰贰拾元整				(小写)￥885 920		
销售单位	名　　称:天津华丽股份有限公司 纳税人识别号:320400009898880 地 址 、电 话:天津新北区河海东路65号 022-85499890 开户行及账号:中国建设银行新北区支行 2300098776					备注	(销售单位发票专用章)

收款人:　　复核:　　开票人:　　销售单位:(章)

114-2

出　库　单

仓库号:产品库　　2019年12月21日　　编号:1215

商品编号	名称	单位	规格	数量	单价	金额(元)
略	B产品	件		800		
合 计						

部门主管:　　领用单位: 山东远东　　发货人:张虹　　制单:张虹

115-1

新增固定资产登记表

2019年12月23日

固定资产名称	规格型号	种类	单位	数量	购入日期	投入使用日期	使用部门	预计使用年限
W设备		机器设备	台	1	2019.12.23	2019.12.23	二车间	10年

复核人:王伟　　制表人:徐子雅

115-2

增值税专用发票

发 票 联

1200197160　　　　No　00543623

校验码 58989 21127 85612 69702　　　　开票日期:2019 年 12 月 23 日

购买单位	名　　　称:天津华丽股份有限公司 纳税人识别号:320400009898880 地 址 、电 话:天津新北区河海东路 65 号 022-85499890 开户行及账号:中国建设银行新北区支行 2300098776	密码区	略

货物或应税劳务名称	规格型号	单位	数量	单价	金额	税率	税额
W 设备		台	10	100 000	1 000 000	13%	130 000
合　计					1 000 000		130 000
价税合计(大写)	人民币壹佰壹拾叁万元整				(小写)¥1 130 000		

销售单位	名　　　称:中华机械股份有限公司 纳税人识别号:210085986377952 地 址 、电 话:天津东丽区东风路 32 号 022-53279523 开户行及账号:中国工商银行东风路支行 13060987670753	备注	(销售单位发票专用章)

收款人:　　　　复核:　　　　开票人:　　　　销售单位:(章)

115-3

增值税专用发票

抵 扣 联

1200197160　　　　No　00543623

校验码 58989 21127 85612 69702　　　　开票日期:2019 年 12 月 23 日

购买单位	名　　　称:天津华丽股份有限公司 纳税人识别号:320400009898880 地 址 、电 话:天津新北区河海东路 65 号 022-85499890 开户行及账号:中国建设银行新北区支行 2300098776	密码区	略

货物或应税劳务名称	规格型号	单位	数量	单价	金额	税率	税额
W 设备		台	10	100 000	1 000 000	13%	130 000
合　计					1 000 000		130 000
价税合计(大写)	人民币壹佰壹拾叁万元整				(小写)¥1 130 000		

销售单位	名　　　称:中华机械股份有限公司 纳税人识别号:210085986377952 地 址 、电 话:天津东丽区东风路 32 号 022-53279523 开户行及账号:中国工商银行东风路支行 13060987670753	备注	(销售单位发票专用章)

收款人:　　　　复核:　　　　开票人:　　　　销售单位:(章)

115-4

股权投资协议

甲方：天津华丽股份有限公司
乙方：中华机械股份有限公司

经甲、乙双方协议，乙方同意以10台W设备作价人民币壹佰万元整（￥1 000 000）作为投资入股。
该投资在本协议签订之日起10日内划转给甲方。
乙方投资成功后，将拥有甲方10%的股权份额。
其他内容略。

甲方：天津华丽股份有限公司
（盖章）
法人代表：刘晓宁
2019年12月15日

乙方：中华机械股份有限公司
（盖章）
法人代表：梁田
2019年12月15日

116-1

产品福利发放清单

2019年12月23日

产品编号	名称	规格	计量单位	数量	备注
01230	A产品		件	1	一车间管理人员
01230	A产品		件	60	一车间工人
01230	A产品		件	1	二车间管理人员
01230	A产品		件	108	二车间工人
01230	A产品		件	4	机修车间
01230	A产品		件	4	动力车间
01230	A产品		件	20	厂部管理人员
01230	A产品		件	10	专设销售机构人员
01230	A产品		件	6	食堂人员
合计				214	

发货人：张虹　　审批人：李长滨

117-1

增值税专用发票

发票联

1200196160 销项负数 No 00362538

校验码 58989 98372 26316 69702 开票日期:2019年12月23日

购买单位	名 称:北京机械股份有限公司 纳税人识别号:115592010187869 地 址 、电 话:北京东城区东四大街77号 010-83795735 开户行及账号:中国银行东四大街支行 21102586749723				密码区	略	
货物或应税劳务名称	规格型号	单位	数量	单价	金额	税率	税额
B产品		件	4	−980	−3 920	13%	−509.6
合 计					−3 920		−509.6
价税合计(大写)	人民币肆仟肆佰贰拾玖元陆角整				(小写)¥ −4 429.6		
销售单位	名 称:天津华丽股份有限公司 纳税人识别号:320400009898880 地 址 、电 话:天津新北区河海东路65号 022-85499890 开户行及账号:中国建设银行新北区支行 2300098776				备注	(销售单位发票专用章)	

收款人: 复核: 开票人: 销售单位:(章)

117-2

增值税专用发票

抵扣联

1200196160 销项负数 No 00362538

校验码 58989 98372 26316 69702 开票日期:2019年12月23日

购买单位	名 称:北京机械股份有限公司 纳税人识别号:115592010187869 地 址 、电 话:北京东城区东四大街77号 010-83795735 开户行及账号:中国银行东四大街支行 21102586749723				密码区	略	
货物或应税劳务名称	规格型号	单位	数量	单价	金额	税率	税额
B产品		件	4	−980	−3 920	13%	−509.6
合 计					−3 920		−509.6
价税合计(大写)	人民币肆仟肆佰贰拾玖元陆角整				(小写)¥ −4 429.6		
销售单位	名 称:天津华丽股份有限公司 纳税人识别号:320400009898880 地 址 、电 话:天津新北区河海东路65号 022-85499890 开户行及账号:中国建设银行新北区支行 2300098776				备注	(销售单位发票专用章)	

收款人: 复核: 开票人: 销售单位:(章)

117-3

中国建设银行 转账支票存根 10203399 08114731	10203399 中国建设银行 **转账支票** 08114731
附加信息	出票日期(大写):贰零壹玖年壹拾贰月贰拾叁日　付款行名称:中国建设银行新北区支行
出票日期:2019 年 12 月 23 日	收款人:北京机械股份有限公司　出票人账号:2300098776
收款人:北京机械公司	人民币(大写)肆仟肆佰贰拾玖元陆角整　亿 千 百 十 万 千 百 十 元 角 分：¥ 4 4 2 9 6 0
金　额:¥4 429.6	用途 退还货款　密码
用　途:退还货款	上列款项请从我账户内支付　行号
备　注:	出票人签章　复核　记账
单位主管:王春景　会计:姚敏	

118-1

银行业务收费凭证

2019 年 12 月 24 日

户名:天津华丽股份有限公司　账号:2300098776

项目	起止号码	单价	数量	金额(元)				
				工本费	邮电费	手续费	其他	小计
手续费及佣金收入				50				50
合计								¥50
大写金额:(币种)人民币伍拾元整								
划款方式:　现金(√)　转账(　)			银行签章					

118-2

中国建设银行空白凭证领用单

2019 年 12 月 24 日　第 26 号

科目(借):　对方科目(贷):

户名:天津华丽股份有限公司　账号:2300098776

凭证种类			数量	单价	金额(元)
页(份)数	名称	号码			
25	现金支票	X320001-X320125	5	2.5	12.5
25	转账支票	Z220001-Z220375	15	2.5	37.5
合计	人民币(大写) 伍拾元整				¥50

119-1

支付宝结算凭证

收款金额	¥4 000
商品或服务名称	违约金
对方账户	秦皇岛海业股份有限公司
当前状态	已收款
交易时间	2019-12-24
交易单号	略

119-2

收　款　收　据

2019 年 12 月 24 日

交款单位：秦皇岛海业股份有限公司	收款方式：支付宝
人民币(大写)：肆仟元整	(小写)：¥4 000
收款事由：违约金罚款收入	

单位盖章：　　会计主管：　　记账：徐子雅　　交款人：李军　　收款人：姚敏

120-1

固定资产报废/处置申请单

2019 年 12 月 24 日　　编号：G05

固定资产名称	T 设备	规格型号	略
购入时间	2009.10.30	资产编号	略
使用部门	二车间	使用人	
资产原值	100 000	资产净值	5 000
规定使用年限	10 年	实际使用年限	10 年
报废/处置原因	到期报废		
部门主管意见	同意　　江伍		
财务部门意见	同意　　王景春		
经理意见	同意　　刘晓宁		

121-1

货物运输业增值税普通发票

发 票 联

012001901605 No 00657602

校验码 58989 78215 36516 63344 开票日期:2019 年 12 月 24 日

承运人及纳税人识别号	天津海通物流有限责任公司 200108591789600				密码区	略	
实际受票方及纳税人识别号	天津华丽股份有限公司 320400009898880				密码区	略	
收货人及纳税人识别号	天津二手设备调剂公司 215592010187869			发货人及纳税人识别号	天津华丽股份有限公司 320400009898880		
起运地、经由、目的地	天津—天津						
费用项目及金额	费用项目 运输费	金额 1 800	费用项目	金额	运输货物信息	略	
合 计	1 800	税率	9%	税额	162	货物编号	
价税合计(大写)	人民币壹仟玖佰陆拾贰元整			(小写)¥1 962			
车种车号		车船吨位			备注	(承运人发票专用章)	
主管税务机关及代码	略				备注	(承运人发票专用章)	

收款人: 复核: 开票人: 承运人:(章)

121-2

中国建设银行 转账支票存根

10203399

08114732

附加信息

出票日期:2019 年 12 月 24 日

收款人:天津海通物流公司	
金 额:¥1 962	
用 途:支付运费	
备 注:	

单位主管:王春景 会计:姚敏

中国建设银行 转账支票

10203399

08114732

出票日期(大写):贰零壹玖年壹拾贰月贰拾肆日 付款行名称:中国建设银行新北区支行

收款人:天津海通物流有限责任公司 出票人账号:2300098776

人民币(大写)	亿	千	百	十	万	千	百	十	元	角	分
壹仟玖佰陆拾贰元整					¥	1	9	6	2	0	0

用途 支付运费 密码

上列款项请从 行号

我账户内支付

出票人签章 复核 记账

122-1

增值税专用发票

记 账 联

1200196160　　　　No 00362539

校验码 58989 21127 26316 98257　　　　开票日期：2019 年 12 月 24 日

购买单位	名　　称：天津二手设备调剂公司 纳税人识别号：215592010187869 地 址 、电 话：天津东城丽区东四路 77 号 022-83795735 开户行及账号：中国银行东四路支行 21102586749723						密码区	略
货物或应税劳务名称	规格型号	单位	数量	单价	金额	税率	税额	
T 设备		台	1	4 000	4 000	2%	80	
合　计					4 000		80	
价税合计（大写）	人民币肆仟零捌拾元整				（小写）¥4 080			
销售单位	名　　称：天津华丽股份有限公司 纳税人识别号：320400009898880 地 址 、电 话：天津新北区河海东路 65 号 022-85499890 开户行及账号：中国建设银行新北区支行 2300098776						备注	（销售单位发票专用章）

收款人：　　复核：　　开票人：　　销售单位：（章）

122-2

中国建设银行 进账单（收账通知） 3

2019 年 12 月 24 日

出票人	全　　称	天津二手设备调剂公司	收款人	全　　称	天津华丽股份有限公司
	账　　号	21102586749723		账　　号	2300098776
	开户银行	中国银行东四路支行		开户银行	中国建设银行新北区支行

金额	人民币（大写）肆仟零捌拾元整	亿	千	百	十	万	千	百	十	元	角	分
						¥	4	0	8	0	0	0

票据种类	支票	票据张数	1	（开户银行签章）
票据号码	略			
复核　　记账				

123-1

领款单

2019 年 12 月 24 日

部门	二车间		姓名	武学	
用途事由	清理报废设备劳务费				
金额	大写	人民币壹仟捌佰元整		小写	￥1 800
审批意见			领款人		

会计主管： 出纳：

123-2

资产清理损益计算表

2019 年 12 月 24 日

清理项目名称	T 设备		清理原因	
清理借方发生额			清理贷方发生额	
清理支出项目	金额		清理收入项目	金额
资产净值			出售收入	
清理费用				
合计			合计	
资产清理结果	净收益	金额	大写：	
	净损失		小写：	
	复核：		制单：	

124-1

借款单

2019 年 12 月 27 日

部门	一车间		姓名	周林	
借款事由	出差				
借款金额	大写	人民币叁仟元整		小写	￥3 000
审批意见	同意		借款人	周林	
			领款人		

会计主管：王伟 出纳：姚敏

125-1

增值税专用发票

发 票 联

1200198130　　　　　　　　　　　　　　　　　　No　00630278

校验码 58989 86316 26316 69702　　　　　　　　开票日期:2019 年 12 月 10 日

购买单位	名　　称:天津华丽股份有限公司 纳税人识别号:320400009898880 地 址 、电 话:天津新北区河海东路 65 号 022-85499890 开户行及账号:中国建设银行新北区支行 2300098776	密码区	略

货物或应税劳务名称	规格型号	单位	数量	单价	金额	税率	税额
房地产销售款（新北区黄河路 125 号 15 栋 3101 室）		m^2	100	13 761.467 9	1 376 146.79	9%	123 853.21
合　计					1 376 146.79		123 853.21
价税合计(大写)	人民币人民币壹佰伍拾万元整				(小写)¥ 1 500 000		

销售单位	名　　称:天津工业展览馆 纳税人识别号:210106591785205 地 址 、电 话:天津塘沽区五四大街 200 号 022-67239892 开户行及账号:中国银行五四大街支行 3400152304005	备注	(销售单位发票专用章)

收款人:　　　　复核:　　　　开票人:　　　　销售单位:(章)

125-2

增值税专用发票

抵 扣 联

1200198130　　　　　　　　　　　　　　　　　　No　00630278

校验码 58989 86316 26316 69702　　　　　　　　开票日期:2019 年 12 月 10 日

购买单位	名　　称:天津华丽股份有限公司 纳税人识别号:320400009898880 地 址 、电 话:天津新北区河海东路 65 号 022-85499890 开户行及账号:中国建设银行新北区支行 2300098776	密码区	略

货物或应税劳务名称	规格型号	单位	数量	单价	金额	税率	税额
房地产销售款（新北区黄河路 125 号 15 栋 3101 室）		m^2	100	13 761.467 9	1 376 146.79	9%	123 853.21
合　计					1 376 146.79		123 853.21
价税合计(大写)	人民币人民币壹佰伍拾万元整				(小写)¥ 1 500 000		

销售单位	名　　称:天津工业展览馆 纳税人识别号:210106591785205 地 址 、电 话:天津塘沽区五四大街 200 号 022-67239892 开户行及账号:中国银行五四大街支行 3400152304005	备注	(销售单位发票专用章)

收款人:　　　　复核:　　　　开票人:　　　　销售单位:(章)

125-3

中华人民共和国税收通用缴款书

隶属关系： 编号：略

注册类型：股份公司 填发日期：2019 年 12 月 27 日 征收机关：

缴款单位（人）	代码	320400009898880	预算科目	编码	略
	全称	天津华丽股份有限公司		名称	契税
	开户银行	中国建设银行新北区支行		级次	地税
	账号	2300098776	收款国库		
税款所属时期 年 月 日			税款限缴日期 年 月 日		

品目名称	课税数量	计税金额或销售收入	税率或单位税额	已缴或扣除额	实缴金额
契税		1 376 146.79	3%		41 284.40
金额合计	人民币（大写）肆万壹仟贰佰捌拾肆元肆角整 ¥41 284.40				
缴款单位（人）盖章 经办人（章）	税务机关（盖章） 填票人（章）	上列款项已收妥并划转收款单位账户 国库（银行）盖章 年 月 日			备注

125-4

中国建设银行 转账支票存根	中国建设银行 转账支票
10203399 08114733	10203399 08114733
附加信息	出票日期（大写）：贰零壹玖年壹拾贰月贰拾柒日 付款行名称：中国建设银行新北区支行
出票日期：2019 年 12 月 27 日	收款人：天津工业展览馆 出票人账号：2300098776
收款人：天津工业展览馆	人民币（大写）壹佰伍拾万元整
金 额：¥1 500 000	亿 千 百 十 万 千 百 十 元 角 分：¥ 1 5 0 0 0 0 0 0
用 途：支付房款	用途 支付房款 密码
备 注：	上列款项请从我账户内支付 行号
单位主管：王春景 会计：姚敏	出票人签章 复核 记账

125-5

新增固定资产登记表

2019 年 12 月 27 日

固定资产名称	规格型号	种类	单位	数量	购入日期	投入使用日期	使用部门	预计使用年限
办公楼		房屋	套	1	2019.12.27	2019.12.27	办公室	20 年

复核人:王伟　　　　制表人:徐子雅

125-6

网银转账凭证

网银流水号(略)　　　　日期:2019 年 12 月 27 日

<table>
<tr><td rowspan="4">付款人</td><td>户名</td><td>天津华丽股份有限公司</td><td rowspan="4">收款人</td><td>户名</td><td>天津市税务局</td></tr>
<tr><td>账号</td><td>2300098776</td><td>账号</td><td>略</td></tr>
<tr><td>开户行</td><td>中国建设银行新北区支行</td><td>开户行</td><td>中国银行新北区支行</td></tr>
<tr><td>账户性质</td><td>基本户</td><td>账户性质</td><td>财政户</td></tr>
<tr><td rowspan="2">金额</td><td>小写</td><td rowspan="2">¥41 284.40
人民币肆万壹仟贰佰捌拾肆元肆角整</td><td colspan="3" rowspan="2">用途:缴契税</td></tr>
<tr><td>大写</td></tr>
<tr><td>网银客户编号</td><td colspan="2">2300098776</td><td>业务种类</td><td colspan="2"></td></tr>
<tr><td>是否加急</td><td colspan="2">否</td><td colspan="3" rowspan="2"></td></tr>
<tr><td>联系人</td><td>王春景</td><td>联系电话 022-85499890</td></tr>
<tr><td>交易状态</td><td colspan="2">交易成功</td><td>复核</td><td></td><td>时间 2019.12.27</td></tr>
</table>

126-1

中国建设银行
现金支票存根

10203399
18115702

附加信息

出票日期:2019 年 12 月 27 日

收款人:	天津华丽公司
金　额:	¥5 000
用　途:	提现备用
备　注:	

单位主管:王春景　会计:姚敏

10203399

中国建设银行　现金支票　18115702

出票日期(大写):贰零壹玖年壹拾贰月贰拾柒日　付款行名称:中国建设银行新北区支行

收款人:天津华丽股份有限公司　出票人账号:2300098776

人民币(大写)	亿	千	百	十	万	千	百	十	元	角	分
伍仟元整					¥	5	0	0	0	0	0

用途 提现备用　　密码

上列款项请从　　行号

我账户内支付

出票人签章　　复核　　记账

127-1

领款单

2019 年 12 月 27 日

部门	一车间		姓名	张兴全
用途事由	见义勇为奖金			
金额	大写	壹仟贰佰元整	小写	¥1 200
审批意见	同意		领款人	张兴全

会计主管:王伟　　　　出纳:姚敏

127-2

费用报销单

部门:一车间　　　　报销日期 2019 年 12 月 27 日　　　　附件:1 张

费用项目	类别	金额(元)		
见义勇为奖金	管理费用	1 200	部门负责人(签章)	江伍
			报销人	张兴全
报销金额合计		¥1 200		
报销金额合计(大写)	人民币壹仟贰佰元整		¥1 200	

会计:徐子雅　　　　复核:徐子雅　　　　出纳:姚敏

128-1

增值税专用发票

记账联

1200196160　　　　No　00362540

校验码 58989 21127 65329 69702　　　　开票日期:2019 年 12 月 27 日

购买单位	名　称:江晨餐饮有限责任公司 纳税人识别号:210085986377952 地 址 、电 话:天津东丽区东风路 32 号 022-53279523 开户行及账号:中国工商银行东风路支行 13060987670753				密码区	略	
货物或应税劳务名称	规格型号	单位	数量	单价	金额	税率	税额
专利技术 K		件	1	94 339.62	94 339.62	6%	5 660.38
合　计					94 339.62		5 660.38
价税合计(大写)	人民币壹拾万元整				(小写)¥100 000		
销售单位	名　称:天津华丽股份有限公司 纳税人识别号:320400009898880 地 址 、电 话:天津新北区河海东路 65 号 022-85499890 开户行及账号:中国建设银行新北区支行 2300098776				备注	(销售单位发票专用章)	

收款人:　　　　复核:　　　　开票人:　　　　销售单位:(章)

128-2

<table>
<tr><td rowspan="1">

中国建设银行
转账支票存根
10203399
08114734

附加信息

出票日期：2019 年 12 月 27 日

收款人：江晨餐饮公司
金　额：￥300 000
用　途：支付投资款
备　注：

单位主管：王春景　会计：姚敏

</td><td>

10203399
中国建设银行　**转账支票**　08114734

出票日期（大写）：贰零壹玖年壹拾贰月贰拾柒日　付款行名称：中国建设银行新北区支行
收款人：江晨餐饮有限责任公司　出票人账号：2300098776

人民币（大写）叁拾万元整

亿	千	百	十	万	千	百	十	元	角	分
		￥	3	0	0	0	0	0	0	0

用途　支付投资款　密码
上列款项请从　行号
我账户内支付

出票人签章　复核　记账

</td></tr>
</table>

128-3

股权投资协议

甲方：江晨餐饮有限责任公司

乙方：天津华丽股份有限公司

经甲、乙双方协议，乙方同意以无形资产专利技术 K 作价人民币壹拾万元整（￥100 000）以及现金人民币叁拾万元整（￥300 000）作为投资入股。

该投资在本协议签订之日起　20　日内划转入甲方银行账户

（户名：江晨餐饮有限责任公司　账号：23053670760987）。

乙方投资成功后，将拥有甲方10％的股权份额。

其他内容略。

甲方：　江晨餐饮有限责任公司
（盖章）
法人代表：于江
2019 年 12 月 08 日

乙方：天津华丽股份有限公司
（盖章）
法人代表：刘晓宁
2019 年 12 月 08 日

128-4

无形资产报废/处置申请单

2019 年 12 月 27 日　　编号：W02

无形资产名称	专利技术 K	规格型号	略
购入时间	2016.11.30	资产编号	略
使用部门	办公室	使用人	
资产原值	120 000 元	资产净值	84 000 元
规定使用年限	10 年	实际使用年限	3 年
报废/处置原因	投资转让		
部门主管意见	同意　萧雨		
财务部门意见	同意　王景春		
经理意见	同意　刘晓宁		

128-5

资产清理损益计算表

2019 年 12 月 27 日

清理项目名称	专利技术 K		清理原因	
清理借方发生额			清理贷方发生额	
清理支出项目	金额		清理收入项目	金额
资产净值			出售收入	
清理费用				
合计			合计	
资产清理结果	净收益	金额	大写：	
	净损失		小写：	
	复核：		制单：	

129-1

新增固定资产登记表

2019 年 12 月 28 日

固定资产名称	规格型号	种类	单位	数量	购入日期	投入使用日期	使用部门	预计使用年限
X 设备		机器设备	台	1	2019.12.28	2019.12.28	二车间	10 年

复核人：王伟　　制表人：徐子雅

129-2

海关进口关税专用缴款书

收入系统：　　　　　　　　填发日期 2019 年 12 月 20 日　　　　　　　　号码略

收款单位	收入机关	中央金库			缴款单位（人）	名称	天津华丽股份有限公司	
	科目	进口关税	预算级次	中央		账号	2300098776	
	收款国库					开户行	中国建设银行新北区支行	
税号	货物名称	数量	单位	完税价格			税率	税款金额
54253453	X设备	1	台	66 573			10%	6 657.3
金额(大写)	人民币陆仟陆佰伍拾柒元叁角整						合计	￥6 657.3
申请单位编号	320400009898880	报关单编号	略	填制单位	收款国库（银行）			
合同(批文)号	略	运输工具(号)	略					
缴款期限	2020.01.03	提/装货单号	略					
备注				制单人				
				复核人				

从填发缴款书之日起限 15 日内缴纳（期末遇法定节假日顺延），逾期按日征收税款总额千分之一的滞纳金。

129-3

海关进口增值税专用缴款书

收入系统：　　　　　　　　填发日期 2019 年 12 月 20 日　　　　　　　　号码略

收款单位	收入机关	中央金库			缴款单位（人）	名称	天津华丽股份有限公司	
	科目	进口增值税	预算级次	中央		账号	2300098776	
	收款国库					开户行	中国建设银行新北区支行	
税号	货物名称	数量	单位	完税价格			税率	税款金额
54253453	X设备	1	台	73 230.3			13%	9 519.94
金额(大写)	人民币玖仟伍佰壹拾玖元玖角肆分						合计	￥9 519.94
申请单位编号	320400009898880	报关单编号	略	填制单位	收款国库（银行）			
合同(批文)号	略	运输工具(号)	略					
缴款期限	2020.01.03	提/装货单号	略					
备注	略			制单人				
				复核人				

从填发缴款书之日起限 15 日内缴纳（期末遇法定节假日顺延），逾期按日征收税款总额千分之一的滞纳金。

129-4

银行电子缴税付款凭证

转账日期:2019.12.28　　　　凭证编号略

纳税人全称及纳税识别号 天津华丽股份有限公司 320400009898880				
付款人名称	天津华丽股份有限公司			
付款人账号	2300098776		征税机关名称	海关
付款人开户行	中国建设银行新北区支行		收款国库(银行)名称	中央金库
小写(合计)金额	¥16 177.24		缴款书交易流水号	略
大写(合计)金额	人民币壹万陆仟壹佰柒拾柒元贰角肆分			
税(费)种名称		所属日期		实缴金额
进口关税				¥6 657.3
进口增值税				¥9 519.94
合计				¥16 177.24

130-1

增值税专用发票

发 票 联

1200197130　　　　No 00785619

校验码 58989 21127 26316 72179　　　　开票日期:2019 年 12 月 28 日

购买单位	名　　称:天津华丽股份有限公司 纳税人识别号:320400009898880 地 址 、电 话:天津新北区河海东路 65 号 022-85499890 开户行及账号:中国建设银行新北区支行 2300098776				密码区	略	
货物或应税劳务名称	规格型号	单位	数量	单价	金额	税率	税额
水费		t	927	3.65	3 383.55	9%	304.52
污水处理费		t	927	1.35	1 251.45	0%	0
合　计					4 635.00		304.52
价税合计(大写)	人民币肆仟玖佰叁拾玖元伍角贰分				(小写)¥4 939.52		
销售单位	名　　称:天津市自来水公司 纳税人识别号:200107593168257 地 址 、电 话:天津新北区春江路 10 号 022-53829873 开户行及账号:中国工商银行春江路支行 1186510674360145				备注	(销售单位发票专用章)	

收款人:　　　复核:　　　开票人:　　　销售单位:(章)

130-2

增值税专用发票

抵扣联

1200197130　　　　　　　　　　　　　　　　No　00785619

校验码 58989 21127 26316 72179　　　　　　　开票日期:2019 年 12 月 28 日

购买单位	名　　称:天津华丽股份有限公司 纳税人识别号:320400009898880 地 址 、电 话:天津新北区河海东路 65 号 022-85499890 开户行及账号:中国建设银行新北区支行 2300098776	密码区	略

货物或应税劳务名称	规格型号	单位	数量	单价	金额	税率	税额
水费		t	927	3.65	3 383.55	9%	304.52
污水处理费		t	927	1.35	1 251.45	0%	0
合　计					4 635.00		304.52
价税合计(大写)	人民币肆仟玖佰叁拾玖元伍角贰分				(小写)¥4 939.52		

销售单位	名　　称:天津市自来水公司 纳税人识别号:200107593168257 地 址 、电 话:天津新北区春江路 10 号 022-53829873 开户行及账号:中国工商银行春江路支行 1186510674360145	备注	(销售单位发票专用章)

收款人:　　　　复核:　　　　开票人:　　　　销售单位:(章)

130-3

中国建设银行 转账支票存根	
10203399 08114735	
附加信息	
出票日期:2019 年 12 月 28 日	
收款人:天津市自来水公司	
金　额:¥4 939.52	
用　途:支付水费	
备　注:	
单位主管:王春景　会计:姚敏	

10203399

中国建设银行　**转账支票**　08114735

出票日期(大写):贰零壹玖年壹拾贰月贰拾捌日　　付款行名称:中国建设银行新北区支行

收款人:天津市自来水公司　　出票人账号:2300098776

人民币(大写)	亿	千	百	十	万	千	百	十	元	角	分
肆仟玖佰叁拾玖元伍角贰分					¥	4	9	3	9	5	2

用途　支付水费　　　密码

上列款项请从　　　　行号

我账户内支付

出票人签章　　　　复核　　　　记账

130-4

水费分配表

2019 年 12 月 28 日

部门	数量（t）	自来水单价（元/t）	水费分配金额（元）	污水处理费单价（元/t）	污水处理费分配金额（元）	合计分配金额（元）
一车间	592.013	3.65		1.35		
二车间	296.007					
机修车间	8.88					
动力车间	5.92					
行政管理部门	15.3					
专设销售机构	8.88					
合计	927					

制单：　　　　　　　　　　　　　　复核人：

131-1

通用机打发票

发票代码	略		
发票号码	略		
密码	略		
机打号码	略		
机器编号	略	收款人	吴思
收款单位	天津金海购物中心超市		
税务登记号	200107593168009		
开票时间	2019.12.29		
付款单位（个人）	天津华丽股份有限公司		
项目	单价	数量	金额（元）
运动用品	16	50	800
合计金额	￥800		
合计税额	￥104		
价税合计金额大写	人民币玖佰零肆元整		
价税合计金额小写	￥904		

131-2

费用报销单

部门:工会　　　　报销日期 2019 年 12 月 28 日　　　　附件:1 张

<table>
<tr><td>费用项目</td><td>类别</td><td>金额(元)</td><td rowspan="2">部门负责人
(签章)</td><td rowspan="2">萧雨</td></tr>
<tr><td>工会比赛活动</td><td>管理费用</td><td>904</td></tr>
<tr><td></td><td></td><td></td><td>审查意见</td><td>同意</td></tr>
<tr><td></td><td></td><td></td><td>报销人</td><td>马云</td></tr>
<tr><td>报销金额合计</td><td></td><td>¥904</td><td colspan="2"></td></tr>
<tr><td>报销金额合计(大写)</td><td colspan="4">人民币玖佰零肆元整　　　　¥904</td></tr>
</table>

会计:徐子雅　　　　复核:徐子雅　　　　出纳:姚敏

132-1

增值税专用发票

发 票 联

1200195130　　　　No　00586315

校验码 58989 76531 26316 69702　　　　开票日期:2019 年 12 月 29 日

<table>
<tr><td>购买单位</td><td colspan="5">名　　　称:天津华丽股份有限公司
纳税人识别号:320400009898880
地 址 、电 话:天津新北区河海东路 65 号 022-85499890
开户行及账号:中国建设银行新北区支行 2300098776</td><td>密码区</td><td colspan="2">略</td></tr>
<tr><td colspan="2">货物或应税劳务名称</td><td>规格型号</td><td>单位</td><td>数量</td><td>单价</td><td>金额</td><td>税率</td><td>税额</td></tr>
<tr><td colspan="2">广告费</td><td></td><td></td><td></td><td></td><td>50 000</td><td>6%</td><td>3 000</td></tr>
<tr><td colspan="2">合　计</td><td></td><td></td><td></td><td></td><td>50 000</td><td></td><td>3 000</td></tr>
<tr><td colspan="2">价税合计(大写)</td><td colspan="7">人民币伍万叁仟元整　　　　(小写)¥53 000</td></tr>
<tr><td>销售单位</td><td colspan="5">名　　　称:天津电视台
纳税人识别号:221150087327231
地 址 、电 话:天津河西区前进道 65 号 022-75347793
开户行及账号:中国建设银行前进路支行 23060987670753</td><td>备注</td><td colspan="2">(销售单位发票专用章)</td></tr>
</table>

收款人:　　　　复核:　　　　开票人:　　　　销售单位:(章)

132-2

增值税专用发票

抵扣联

1200195130　　No 00586315

校验码 58989 76531 26316 69702　　开票日期:2019年12月29日

购买单位	名　　称:天津华丽股份有限公司 纳税人识别号:320400009898880 地 址 、电 话:天津新北区河海东路65号 022-85499890 开户行及账号:中国建设银行新北区支行 2300098776	密码区	略

货物或应税劳务名称	规格型号	单位	数量	单价	金额	税率	税额
广告费					50 000	6%	3 000
合　计					50 000		3 000
价税合计(大写)	人民币伍万叁仟元整				(小写)¥53 000		

销售单位	名　　称:天津电视台 纳税人识别号:221150087327231 地 址 、电 话:天津河西区前进道65号 022-75347793 开户行及账号:中国建设银行前进路支行 23060987670753	备注	(销售单位发票专用章)

收款人:　　复核:　　开票人:　　销售单位:(章)

132-3

中国建设银行
转账支票存根
10203399
08114736

附加信息

出票日期:2019年12月29日

收款人:天津电视台
金　额:¥53 000
用　途:支付广告费
备　注:

单位主管:王春景　会计:姚敏

10203399

中国建设银行　转账支票　08114736

出票日期(大写):贰零壹玖年壹拾贰月贰拾玖日　　付款行名称:中国建设银行新北区支行

收款人:天津电视台　　出票人账号:2300098776

人民币	亿	千	百	十	万	千	百	十	元	角	分
(大写)伍万叁仟元整				¥	5	3	0	0	0	0	0

用途 支付广告费　　密码

上列款项请从　　行号

我账户内支付

出票人签章　　复核　　记账

133-1

通用机打发票

发票代码	略		
发票号码	略		
密码	略		
机打号码	略		
机器编号	略	收款人	吴思
收款单位	天津金海购物中心超市		
税务登记号	200107593168009		
开票时间	2019.12.30		
付款单位(个人)	天津华丽股份有限公司		
项目	单价	数量	金额(元)
食品	10	50	500
合计金额	￥500		
合计税额	￥65		
价税合计金额大写	人民币伍佰陆拾伍元整		
价税合计金额小写	￥565		

133-2

费用报销单

部门：工会　　报销日期 2019 年 12 月 30 日　　附件：1 张

费用项目	类别	金额(元)	部门负责人(签章)	萧雨
工会元旦活动费	管理费用	565		
			报销人	马云
报销金额合计		￥565		
报销金额合计(大写)	人民币伍佰陆拾伍元整			￥565

会计：徐子雅　　复核：徐子雅　　出纳：姚敏

134-1

通用机打发票

发票代码	略		
发票号码	略		
密码	略		
机打号码	略		
机器编号	略	收款人	吴思
收款单位	天津金海购物中心超市		
税务登记号	200107593168009		
开票时间	2019.12.30		
付款单位(个人)	天津华丽股份有限公司		
项目	单价	数量	金额(元)
蔬菜			5 000
合计金额	¥5 000		
合计税额	¥450		
价税合计金额大写	人民币伍仟肆佰伍拾元整		
价税合计金额小写	¥5 450		

134-2

中国建设银行 转账支票存根

10203399

08114737

附加信息

出票日期:2019 年 12 月 30 日

收款人:	天津金海购物中心超市
金　额:	¥5 450
用　途:	支付蔬菜款
备　注:	

单位主管:王春景　会计:姚敏

中国建设银行 转账支票　10203399　08114737

出票日期(大写):贰零壹玖年壹拾贰月叁拾日　付款行名称:中国建设银行新北区支行

收款人:天津金海购物中心超市　出票人账号:2300098776

人民币	亿	千	百	十	万	千	百	十	元	角	分
(大写)伍仟肆佰伍拾元整					¥	5	4	5	0	0	0

用途　支付蔬菜款　密码

上列款项请从　行号

我账户内支付

出票人签章　复核　记账

135-1

增值税普通发票

发 票 联

012001902804　　　　No 00653263

校验码 58989 96285 26316 69702　　　　开票日期:2019 年 12 月 30 日

购买单位	名　　称:天津华丽股份有限公司 纳税人识别号:320400009898880 地 址 、电 话:天津新北区河海东路 65 号 022-85499890 开户行及账号:中国建设银行新北区支行 2300098776				密码区	略	
货物或应税劳务名称	规格型号	单位	数量	单价	金额	税率	税额
餐费					22 000	6%	1 320
合　计					22 000		1 320
价税合计(大写)	人民币贰万叁仟叁佰贰拾元整				(小写)¥23 320		
销售单位	名　　称:江晨餐饮有限责任公司 纳税人识别号:210300865727567 地 址 、电 话:天津东丽区顺达路 52 号 022-53279523 开户行及账号:中国银行顺达路支行 23053670760987				备注	(销售单位发票专用章)	

收款人:　　　　复核:　　　　开票人:　　　　销售单位:(章)

135-2

中国建设银行 转账支票存根

10203399
08114738

附加信息

出票日期:2019 年 12 月 30 日

收款人:	江晨餐饮有限责任公司
金　额:	¥23 320
用　途:	支付餐费
备　注:	

单位主管:王春景　　会计:姚敏

中国建设银行　转账支票　　10203399　08114738

出票日期(大写):贰零壹玖年壹拾贰月叁拾日　　付款行名称:中国建设银行新北区支行

收款人:江晨餐饮有限责任公司　　出票人账号:2300098776

人民币	亿	千	百	十	万	千	百	十	元	角	分
(大写)贰万叁仟叁佰贰拾元整				¥	2	3	3	2	0	0	0

用途　支付餐费　　　密码
上列款项请从　　　　行号
我账户内支付

出票人签章　　　　复核　　　　记账

136-1

银行借款利息计算单

2019 年 12 月 31 日

借款种类	借款金额(元)	贷款年利率(%)	月利息额(元)	备注
3 个月周转借款	100 000	5		10 月 25 日借入
6 个月周转借款	200 000	5.1		12 月 3 日借入
3 个月周转借款	250 000	5		12 月 25 日借入
合计				

制单： 审核：

137-1

预计产品质量保证损失计算表

2019 年 12 月 31 日

计提数	比例(%)	计提金额(元)
(略)	(略)	19 500
合计		19 500

制单： 审核：

138-1

天津金日股份有限公司年度利润分配方案

重要提示(略)

一、年度利润分配方案

1. 年度公司实现净利润 人民币壹佰万元整(¥1 000 000) 。

2. 本次分配按本年度净利润的40%的分配率向全体股东分配含税现金股利：人民币肆拾万元整(¥400 000)。剩余净利润结转下年度。

3. 略

二、分派股利具体实施时间

1. 股权登记日：2019 年 12 月 31 日

2. 现金股利发放日：2020 年 1 月 20 日

三、分派对象

截至 2019 年 12 月 31 日下午 5 点持有本公司股权的在册全体股东。

其他内容(略)

天津金日股份有限公司董事会

2019 年 12 月 31 日

139-1

增值税专用发票

发 票 联

1200199160　　　　No 00698511

校验码 58989 21127 26316 89367　　　　开票日期:2019 年 12 月 31 日

购买单位	名　　称:天津华丽股份有限公司 纳税人识别号:320400009898880 地 址 、电 话:天津新北区河海东路 65 号 022-85499890 开户行及账号:中国建设银行新北区支行 2300098776	密码区	略

货物或应税劳务名称	规格型号	单位	数量	单价	金额	税率	税额
电费		度	44 812	0.505	22 630.06	13%	2 941.91
合　计					22 630.06		2 941.91
价税合计(大写)	人民币贰万伍仟伍佰柒拾壹元玖角柒分　　(小写)¥25 571.97						

销售单位	名　　称:天津市电力公司 纳税人识别号:211025921334564 地 址 、电 话:天津新北区南京路 369 号 022-67834256 开户行及账号:中国建设银行南京路支行 2186746014551036	备注	(销售单位发票专用章)

收款人:　　　　复核:　　　　开票人:　　　　销售单位:(章)

139-2

增值税专用发票

抵 扣 联

1200199160　　　　No 00698511

校验码 58989 21127 26316 89367　　　　开票日期:2019 年 12 月 31 日

购买单位	名　　称:天津华丽股份有限公司 纳税人识别号:320400009898880 地 址 、电 话:天津新北区河海东路 65 号 022-85499890 开户行及账号:中国建设银行新北区支行 2300098776	密码区	略

货物或应税劳务名称	规格型号	单位	数量	单价	金额	税率	税额
电费		度	44 812	0.505	22 630.06	13%	2 941.91
合　计					22 630.06		2 941.91
价税合计(大写)	人民币贰万伍仟伍佰柒拾壹元玖角柒分　　(小写)¥25 571.91						

销售单位	名　　称:天津市电力公司 纳税人识别号:211025921334564 地 址 、电 话:天津新北区南京路 369 号 022-67834256 开户行及账号:中国建设银行南京路支行 2186746014551036	备注	(销售单位发票专用章)

收款人:　　　　复核:　　　　开票人:　　　　销售单位:(章)

139-3

<table>
<tr><td rowspan="2">中国建设银行
转账支票存根
10203399
08114739
附加信息

出票日期:2019 年 12 月 31 日
收款人:天津市电力公司
金　额:¥25 571.97
用　途:支付电费
备　注:
单位主管:王春景　会计:姚敏</td>
<td>10203399
中国建设银行　**转账支票**　08114739
出票日期(大写):贰零壹玖年壹拾贰月叁拾壹日　付款行名称:中国建设银行新北区支行
收款人:天津市电力公司　出票人账号:2300098776</td></tr>
<tr><td>人民币（大写）贰万伍仟伍佰柒拾壹元玖角柒分
亿 千 百 十 万 千 百 十 元 角 分
¥ 2 5 5 7 1 9 7
用途　支付电费　密码
上列款项请从　行号
我账户内支付
出票人签章　复核　记账</td></tr>
</table>

139-4

电力费分配表

2019 年 12 月 31 日

部门	数量(度)	分配率(%)	分配金额(元)
一车间	17 874		
二车间	25 138		
机修车间	110		
动力车间	160		
行政管理部门	1 000		
专设销售机构	530		
合计	44 812		

制单：　　审核：

140-1

保险费摊销计算表

2019 年 12 月 31 日

部门	金额(元)	摊销期限	本期金额(元)
一车间	7 200	12	
二车间	4 800	12	
机修车间	3 600	12	
动力车间	3 600	12	
管理部门	14 550	12	
合计	33 750		

制单：　　审核：

141-1

报刊费摊销计算表

2019 年 12 月 31 日

部门	金额(元)	摊销期限	本期金额(元)
一车间	2 400	12	
二车间	4 800	12	
管理部门	14 400	12	
合计	21 600		

制单： 审核：

142-1

汇兑损益计算表

2019 年 12 月 31 日

外币账户	美元账面余额	人民币账面余额	按期末汇率计算的人民币金额	汇兑差额
合计				

制单： 审核：

143-1

长期债权投资(长生债券)利息计算单

2019 年 12 月 31 日

日期	应计利息	利息调整摊销	利息收入	摊余成本
2019.12.20				
2019.12.31				

制单： 审核：

144-1

金融资产公允价值变动损益及资产减值损失计算表

2019 年 12 月 31 日

证券代码	证券名称	持有数量	账面价值	收盘价	市值	公允价值变动	资产减值损失
略	东方股份			22			
	长红股份			10.8			
	凌辉股份			33			
	长生债券				100 625.16		
	合计						

制单： 审核：

145-1

固定资产折旧计算表

2019 年 12 月 31 日

固定资产类别	使用部门	品名	单位	数量	原价	月折旧率	月折旧额

制单：　　　　　　　　　　　　　　　　审核：

146-1

无形资产摊销计算表

2019 年 12 月 31 日

名称	账面原价	摊销期限	月摊销额
合计			

147-1

房产税计算表

2019 年 12 月 31 日

项目	从价计征					从租计征			减免税额	本期应纳税额	备注
	房产原值	应税房产原值	计税房产余值	税率	本期计税额	本期租金收入	税率	本期计算税额			
房屋及建筑面积											
合计											

制单：　　　　　　　　　　　　　　　　　　　　审核：

147-2

城镇土地使用税计算表

2019 年 12 月 31 日

项目	地段等级	占地总面积（m^2）	免税面积（m^2）	应税面积（m^2）	单位税额（元）	本期计算税额（元）	本期减免税额（元）	本期应纳税额（元）
	1 级							
合计								

制单：　　　　　　　　　　　　　　　　　　　　审核：

147-3

印花税计算表

2019 年 12 月 31 日

税目	计税依据	税率(%)	应纳税额(元)	备注
（略）	（略）	（略）	3 178.30	
合计			3 178.30	

制单：　　　　　　　　　　　　　　　　　　　　审核：

148-1

基金费用计算表

2019 年 12 月 31 日

地方基金种类	计税依据	税率	金额(元)	备注
残保金	(略)	(略)	74 900	
垃圾费	(略)	(略)	17 976	
工会经费	(略)	(略)	8 294.40	
职工教育经费	(略)	(略)	5 184	
合计				

制单： 审核：

149-1

天津海天 股份有限公司年度利润分配方案

重要提示(略)

一、年度利润分配方案

1. 年度公司实现净利润人民币贰佰万元整(￥2 000 000)。

2. 本次分配按本年度净利润的40%的分配率向全体股东分配含税现金股利：人民币捌拾万元整(￥800 000)。剩余净利润结转下年度。

3. 略

二、分派股利具体实施时间

1. 股权登记日：2019 年 12 月 31 日

2. 现金股利发放日：2020 年 1 月 20 日

三、分派对象

截至 2019 年 12 月 31 日下午 5 点持有本公司股权的在册全体股东。

其他内容(略)

天津海天 股份有限公司董事会

2020 年 1 月 4 日

150-1

原材料发料汇总表

2019 年 12 月 31 日

类别 用途	甲		乙		丙		合计
	数量	金额(元)	数量	金额(元)	数量	金额(元)	
G 半成品	4 000		2 300		2 142		
M 半成品	3 500		1 000		2 058		
一车间							
二车间							
销售材料							
合计	7 500		3 300		4 200		

制单： 审核：

151-1

低值易耗品领用汇总表

2019 年 12 月 31 日

类别 / 用途	工作鞋		手套		合计
	数量	金额(元)	数量	金额(元)	
机修车间	4		13		
动力车间	4		4		
一车间	61		183		
二车间	109		200		
合计					

制单：　　　　　　　　　　　　　　　　　　　　审核：

152-1

工资费用分配表

2019 年 12 月 31 日

应借账户		直接计入	分配计入			合计
			生产工时	分配率(%)	分配金额(元)	
基本生产成本	G 半成品					
	M 半成品					
	小计					
	A 产品					
	B 产品					
	小计					
辅助生产成本	动力车间					
	机修车间					
制造费用	一车间					
	二车间					
管理费用	管理部门					
销售费用	专设销售机构					
管理费用	福利部门					
合计						

制单：　　　　　　　　　　　　　　　　　　　　审核：

153-1

五险一金分配表

2019 年 12 月 31 日

应借账户		工资总额	养老保险 16%	医疗保险 8%	失业保险 1%	生育保险 0.8%	工伤保险 1%	住房公积金 10%
基本生产成本	G 半成品							
	M 半成品							
	小计							
	A 产品							
	B 产品							
	小计							
辅助生产成本	机修车间							
	动力车间							
制造费用	一车间							
	二车间							
管理费用	管理部门							
销售费用	专设销售机构							
管理费用	福利部门							
合计		345 600						

制单：　　　　审核：

154-1

福利费、工会经费和职工教育经费分配表

2019 年 12 月 31 日

应借账户		工资总额	福利费 14%	工会经费 2%	教育经费 2.5%	合计
基本生产成本	G 半成品					
	M 半成品					
	小计					
	A 产品					
	B 产品					
	小计					
辅助生产成本	机修车间					
	动力车间					
制造费用	一车间					
	二车间					
管理费用	管理部门					
销售费用	专设销售机构					
管理费用	福利部门					
合计						

制单：　　　　审核：

155-1

辅助生产车间提供劳务汇总表

2019 年 12 月 31 日　　单位：工时

部门	机修车间	动力车间	一车间	二车间	管理部门	福利部门	合计
机修车间			12 000	30 000			42 000
动力车间	100		2 000	1 200	600	100	4 000

155-2

动力车间辅助生产费用分配表

2019 年 12 月 31 日

部门	分配标准	分配金额(元)
机修车间		
一车间		
二车间		
管理部门		
福利部门		
合计		

制单：　　审核：

155-3

机修车间辅助生产费用分配表

2019 年 12 月 31 日

部门	分配标准	分配金额(元)
一车间		
二车间		
合计		

制单：　　审核：

156-1

一车间制造费用分配表

2019 年 12 月 31 日

应借账户		生产工时	分配率(%)	分配金额(元)
自制半成品	G			
	M			
合计				

制单：　　审核：

156-2

二车间制造费用分配表

2019 年 12 月 31 日

应借账户		生产工时	分配率(%)	分配金额(元)
库存产品	A			
	B			
合计				

制单： 审核：

157-1

第一车间成本计算单

2019 年 12 月 31 日

产品名称:G 半成品　　完工产品:2 000 件　　月末在产品:500 件　　完工率:50%

摘要	直接材料	直接人工	制造费用	合计
期初在产品成本				
本月发生费用				
生产费用合计				
约当产量				
单位成本				
完工产品成本				
月末在产品成本				

制单： 审核：

157-2

第一车间成本计算单

2019 年 12 月 31 日

产品名称:M 半成品　　完工产品:2 100 件　　月末在产品:300 件　　完工率:80%

摘要	直接材料	直接人工	制造费用	合计
期初在产品成本				
本月发生费用				
生产费用合计				
约当产量				
单位成本				
完工产品成本				
月末在产品成本				

制单： 审核：

157-3

入　库　单

仓库号:产品库　　2019 年 12 月 31 日　　编号:1203

商品编号	名称	单位	规格	数量	单价	金额(元)
略	G 半成品	件		700		
	M 半成品	件		800		
合 计						

部门主管:刘海　　收货人:张虹　　制单:张虹

157-4

自制半成品入库汇总表

2019 年 12 月 31 日　　编号:H1201

产品编号	名称	规格	计量单位	数量	单价	金额(元)	备注
略	G 半成品						
	M 半成品						

复核:　　制单人:

158-1

自制半成品出库汇总表

2019 年 12 月 31 日

类别 / 用途	G 半成品			M 半成品		
	数量	单价	金额(元)	数量	单价	金额(元)
A 产品						
B 产品						
合计						

制单:　　审核:

159-1

第二车间成本计算单

2019 年 12 月 31 日

产品名称:A 产品　　完工产品:3 000 件　　月末在产品:500 件　　完工率:50%

摘要	自制半成品	直接人工	制造费用	合计
期初在产品成本				
本月发生费用				
生产费用合计				
约当产量				
单位成本				
完工产品成本				
月末在产品成本				

制单:　　审核:

159-2

第二车间成本计算单

2019 年 12 月 31 日

产品名称:B 产品　　完工产品:2 600 件　　月末在产品:200 件　　完工率:80%

摘要	自制半成品	直接人工	制造费用	合计
期初在产品成本				
本月发生费用				
生产费用合计				
约当产量				
单位成本				
完工产品成本				
月末在产品成本				

制单:　　审核:

159-3

入　库　单

仓库号:产品库　　2019 年 12 月 31 日　　编号:1204

商品编号	名称	单位	规格	数量	单价	金额(元)
略	A 产品	件		1 000		
	B 产品	件		300		
合 计						

部门主管:刘海　　收货人:张虹　　制单:张虹

159-4

产成品入库汇总单

2019 年 12 月 31 日　　编号：H1202

产品编号	名称	规格	计量单位	数量	单价	金额(元)	备注
略	A 产品						
	B 产品						

复核：　　制单人：

160-1

单位产品成本计算表

2019 年 12 月 31 日

产品名称	期初产成品		本月完工产品		加权平均单价
	数量	金额(元)	数量	金额(元)	

制单：　　审核：

160-2

产品成本结转表

2019 年 12 月 31 日

项目	A 产品			B 产品		
	数量	单位成本	总成本(元)	数量	单位成本	总成本(元)
销售						
产品福利领用						
合计						

制单：　　审核：

161-1

固定资产竣工决算表

2019 年 12 月 31 日

<table>
<tr><td>名称</td><td>买价</td><td>安装成本</td><td>决算总金额</td></tr>
<tr><td></td><td></td><td></td><td></td></tr>
<tr><td></td><td></td><td></td><td></td></tr>
<tr><td colspan="2">财务部门意见：
同意
签章：
2020 年 1 月 4 日</td><td colspan="2">公司领导意见：
同意
签章：
2020 年 1 月 4 日</td></tr>
</table>

审核：　　　　　　　　制单：

161-2

新增固定资产登记表

2019 年 12 月 31 日

固定资产名称	规格型号	种类	单位	数量	购入日期	投入使用日期	使用部门	预计使用年限

复核人：王伟　　　　　　　　制表人：徐子雅

162-1

固定资产盈亏报告表

2019 年 12 月 31 日

<table>
<tr><td rowspan="2">类别</td><td rowspan="2">名称规格</td><td rowspan="2">单位</td><td rowspan="2">存放地点</td><td rowspan="2">账面数量</td><td rowspan="2">实物数量</td><td colspan="2">盘盈</td><td colspan="4">盘亏</td><td rowspan="2">原因</td></tr>
<tr><td>数量</td><td>重置成本（元）</td><td>数量</td><td>原值（元）</td><td>已提折旧（元）</td><td>月折旧额（元）</td></tr>
<tr><td>生产用</td><td>Z 设备</td><td>台</td><td>二车间</td><td>0</td><td>1</td><td>1</td><td>2 000</td><td></td><td></td><td></td><td></td><td>无法查明原因</td></tr>
<tr><td>管理用</td><td>电脑 DELL</td><td>台</td><td>行政部</td><td>0</td><td></td><td></td><td></td><td>3</td><td>21 000</td><td>9 975</td><td>554.17</td><td>被盗</td></tr>
<tr><td></td><td></td><td></td><td></td><td></td><td></td><td></td><td></td><td></td><td></td><td></td><td></td><td></td></tr>
<tr><td>合计</td><td></td><td></td><td></td><td></td><td></td><td></td><td>20 000</td><td></td><td>21 000</td><td></td><td></td><td></td></tr>
</table>

使用部门：王丹　周小平　　　　会计：　　　　主管：

163-1

固定资产盘亏核销报告表

2019 年 12 月 31 日

固定资产名称	单位	盘亏			盘亏原因
		数量	原值(元)	已提折旧(元)	
电脑 DELL	台	3	21 000	9 975	被盗

财务部门意见：	保管部门意见：	公司领导意见：
转入营业外支出 签章： 2020 年 1 月 4 日	同意 周小平 2020 年 1 月 4 日	同意 签章： 2020 年 1 月 4 日

制单：　　　　　　　　　　　　审核：

164-1

材料盈亏报告表

2019 年 12 月 31 日

编号	名称	单位	账面数量	实物数量	盘盈		盘亏		原因
					数量	金额(元)	数量	原值(元)	
0101001	甲材料	kg	4 515	4 535	20				计量不准
0101002	乙材料	kg	3 900	3 888			12		管理不善丢失
合计									

制单：　　　　　　　　　　　　审核：

165-1

材料盘盈盘亏核销报告表

2019 年 12 月 31 日

编号	名称	单位	账面数量	实存数量	盘盈		盘亏		原因
					数量	金额(元)	数量	原值(元)	
0101001	甲材料	kg	4 515	4 535	20				计量不准
0101002	乙材料	kg	3 900	3 888			12		管理不善丢失
合计									

财务部门意见：	保管部门意见：	公司领导意见：
盘盈冲减管理费用； 盘亏由保管员张立平承担 1 000 元； 其余部分计入管理费用。 签章： 2020 年 1 月 4 日	同意 周小平 2020 年 1 月 4 日	同意 签章： 2020 年 1 月 4 日

制单：　　　　　　　　　　　　审核：

166-1

坏账准备计算表

2019 年 12 月 31 日

期末应收账款余额	账龄	计提比例(%)	计提额(元)
合计			

制单： 审核：

167-1

应交增值税计算表

2019 年 12 月 31 日

序号	项目	金额(元)
1	销项税额	
2	进项税额	
3	上期留抵税额	
4	进项税额转出	
5	应纳税额	
6	期末留抵税额	
7	简易征收办法计算的应纳税额	
8	应纳税额减征额	
9	应纳税额合计	

制单： 审核：

168-1

城市维护建设税、教育费附加、地方教育费附加计算表

2019 年 12 月 31 日

税种	纳税项目	计税依据	税率(%)	应交金额(元)
城市维护建设税				
	小计			
教育费附加				
	小计			
地方教育费附加				
	小计			

制单： 审核：

169-1

月度应交所得税计算表

2019 年 12 月 31 日

项目	金额(元)
营业收入	
营业成本	
利润总额	
减:不征税收入	
免税收入	
弥补以前年度亏损	
实际利润额	
税率(25%)	
应纳所得税额	
减:减免所得税额	
实际已预交所得税	
应补(退)所得税	
减:以前年度多缴在本期抵缴所得税额	
本期实际应补(退)所得税额	

制单:　　　　　　　　　　　　　　　　　　　　审核:

170-1

递延所得税资产和递延所得税负债计算表

2019 年 12 月 31 日　　　　　　　　　　单位:元

项目	2018 年 12 月 31 日余额	2019 年 12 月 31 日余额	应确认金额	应转回金额

制单:　　　　　　　　　　　　　　　　　　　　审核:

171-1

损益类账户发生额计算表

2019 年 12 月 31 日　　单位：元

账户名称	借方累计发生额	贷方累计发生额

制单：　　审核：

172-1

年度净利润计算表

2019 年 12 月 31 日

项目	金额(元)
利润总额	
所得税费用	
净利润	

制单：　　审核：

173-1

法定盈余公积计算表

2019 年 12 月 31 日

项目	金额(元)
提取法定盈余公积	

制单： 审核：

174-1 资产负债表(略)

174-2 利润表(略)

174-3 现金流量表(略)

174-4 所有者权益变动表(略)

175-1

销售合同

本合同于2019 年12 月07 日，由博瑞克股份有限公司(以下简称甲方)和天津华丽股份有限公司(以下简称乙方)，经过友好协商签订，双方共同遵守执行。

第一条 乙方所提供的产品及费用清单(略)

第二条 包装为:略

第三条 交货期为:2019 年12 月07 日

第四条 交货地点和方式(略)

第五条 付款方式

1. 本合同生效后，甲方尽快向乙方支付本合同总价，乙方提供“2/10，1/30，n/90”的付款现金折扣。

2. 甲方对乙方所提供的产品验收合格后，乙方出具甲方支付的相应金额的销售发票。

第六条 质量保证和售后服务(略)

第七条 合同的修改(略)

第八条 违约责任(略)

第九条 争端的解决(略)

第十条 合同生效及其他(略)

甲方:(盖章)博瑞克股份有限公司
授权代表:张博瑞
法定代表人:张博瑞
通讯地址:北京海淀区学院路 31 号
电话:010-73295857
传真:010-73295857
开户银行:中国工商银行学院路支行
账号:1400040015235

乙方:(盖章)天津华丽股份有限公司
授权代表:刘晓宁
法定代表人:刘晓宁
通讯地址:天津新北区河海东路 65 号
电话:022-85499890
传真:022-85499890
开户银行:中国建设银行新北区支行
账号:2300098776

175-2 资产负债表(略)

175-3 利润表(略)

176-1

2019 年度企业所得税汇算清缴计算表

2020 年 4 月 25 日

项目	金额(元)	备注
会计利润总额		
加:纳税调整增加额		
其中:		
加:纳税调整减少额		
其中:		
应纳税所得额		
适用税率		
应纳所得税额		
减:累计实际已预缴的所得税额		
汇缴应补缴所得税额		

制单: 审核:

176-2

以前年度损益调整结转表

2020 年 4 月 25 日

项目	金额(元)
以前年度利润总额	
以前年度所得税费用	
以前年度净利润	

制单: 复核:

176-3

法定盈余公积计提及利润分配明细项目结转表

2020 年 4 月 25 日

项目	金额(元)
提取法定盈余公积	

制单: 复核:

第二部分　财务分析实训

财务分析不仅是连接会计与财务的桥梁，而且是解密公司价值与公司活动之间内在联系的神奇钥匙。现实经济生活中几乎所有的微观经济管理工作都需要使用财务分析知识和具备财务分析能力。在实际工作中，以财务分析为基础的证券或投资定价成为金融投资的核心工作，以财务分析为基础的风险评价成为银行或信用评级机构的核心工作，以舞弊分析为目的的财务分析是注册会计师及政府审计的重要工作，通过财务分析判断企业是否足额纳税或资本金是否满足法律要求是税务部门与工商部门的重要工作。另外，财务分析还是公司制定战略与评价经营业绩，甚至是个人理财的重要工具。即便是宏观经济管理工作也需要财务分析，如通过银行的财务分析，可以了解和评价中央银行货币政策的执行效果，了解宏观调控效果与国家经济安全情况等。

一、实训目的

1. 掌握财务分析的原理与框架，掌握财务分析的方法与技术。

2. 通过财务分析，发现经营过程中的异象，剖析问题产生的根源，培养学生分析问题、解决问题的能力。

3. 通过财务分析，改善企业的经营决策，助力企业的长远健康发展。

4. 通过财务报表比较分析、行业对比分析及比率分析等，全面分析企业经济活动的优劣，培养学生的全局思维和创新思维。

二、实训准备

宏观环境分析对企业财务分析十分重要，企业财务活动的各个环节都会不同程度地受到宏观环境的影响，只有将宏观环境因素与企业经营活动有机结合起来，才能准确分析企业的财务状况和财务成果的水平。因此，在进行企业财务分析过程中，不仅要了解企业自身的战略定位、经营特点、经营目标等，而且要充分了解国内外财经政策与市场信息；不仅要分析企业的盈利能力、支付能力，而且必须掌握市场上的无风险投资收益率水平、其他企业的投资收益率水平；不仅要看企业目前的生产经营状况，而且应根据国家的产业政策信息，预测企业未来的发展前景；不仅要了解企业的名义产出和盈利水平，而且要依据通货膨胀率分析确定企业的实际产出和盈利水平；不仅要根据企业财务会计信息分析其流动性和偿债能力，还要研究宏观和微观经济环境的变化和国家信贷政策变动情况等。

1. 学习政策法规

政策法规信息主要指国家为加强宏观管理所制定的各项与企业有关的政策、法规、制度等。

（1）经济体制方面的政策。财务分析中如能明确企业所处的体制环境，尤其是能预测到体制的变动，势必对企业的投资和经营产生积极的影响。

（2）宏观经济政策。主要指财政政策、税收政策、金融政策、货币政策、经济周期、汇率变动等。管理者要适时关注税率、利率的水平及其变动，掌握通货膨胀率的水平及变动趋势，掌握宏观经济政策的状况及其变动趋势。

(3) 产业政策与技术政策。研究国家产业发展的政策性文献，搞清楚哪些产业是基础产业，哪些产业是支柱产业，哪些是国家鼓励创新和推广的技术等。

2. 关注市场信息

市场信息包括除政策法规信息之外的所有企业外部信息，主要有：

(1) 综合部门发布的信息。主要指国家统计局定期公布的统计报告和统计分析，发改委发布的国民经济计划，以及有关部门发布的部门信息及经济形势的预测等。

(2) 证券市场的信息。主要指各证券市场和资金市场有关股价、债券利息等方面的信息，如上市公司的每日股市行情，人民银行每日公布的人民币汇率，证券报纸杂志刊登的有关股价、利率等方面的信息，以及国外证券市场的信息等。

(3) 其他市场的信息。主要指生产市场信息、物资市场信息、劳动力市场信息以及有关信息市场或信息部门提供的各种信息，包括中介机构提供的公证信息。

(4) 企业间交流的信息。主要指企业与同行业其他企业或有业务往来的企业间相互交换的报表及业务信息等。

(5) 其他有关信息。其他有关信息指除以上市场信息之外的与企业财务分析有关的信息，如通过出国考察访问、购买国外经济信息报纸杂志、参加国际会议等方式从国外取得的各种经济信息资料，以及国内有关部门的评比、会议交流信息等。

3. 确定财务分析评价标准

由于会计综合模拟实训给定的资料有限，学生利用财务报表进行财务分析时，评价标准可以优先采用经验标准和历史标准。

(1) 经验标准。经验标准是依据大量实践经验的检验而形成的。需要指出的是，经验标准并不是适应一切领域或一切情况的绝对标准。实践证明，受行业因素和企业发展阶段的影响，相同比率在不同行业和企业的不同发展阶段存在较大差异。因此，我们在应用经验标准时，必须分析具体情况，不能生搬硬套。

(2) 历史标准。历史标准是以企业过去某一时间的实际业绩为标准。历史标准可选择企业历史最高水平，也可选择企业正常经营条件下的业绩水平。在财务分析中，经常将本年的财务状况与上年进行对比，此时企业上年的业绩水平实际上可看作历史标准。需要指出的是，历史标准适用范围较窄，只能说明企业自身的发展变化，不能全面评价企业在同行业中的地位与水平。

4. 了解财务会计报表的局限性

了解财务会计报表的局限性能够让我们以更加开放的思维对企业财务状况进行分析评价。

(1) 财务会计报表计量的局限性。财务会计报表都是以货币为计量单位计量的，不能反映企业经营中的非货币性事项，如产量、质量、劳动力及设备状况等。这些信息对分析企业财务状况和经营状况也是非常必要的。另外，以货币为计量手段，在通货膨胀率较高的情况下，会对分析数据的准确性产生不利影响，导致分析结果产生错误。

(2) 财务会计报表内容的局限性。主要体现在两个方面：第一，财务报表不能反映企业未来将要发生的事项，只是对历史情况的反映；第二，财务报表中的金额可能不完全可比。如不同企业在不同时期根据自身要求采用的存货计价方法和折旧方法有可能不同，而不同的具体会计原则和会计方法会对计量结果直接产生影响。

(3) 财务会计报表时间的局限性。财务会计报表的编报通常是按月进行的，有些报表是按年进行的，且报表报出时间与报表内容反映的时间之间又存在时间差。因此，财务报表信息有可能并不能反映财务分析时企业的现实情况，尤其在当今市场竞争激烈、市场信息瞬息万变的时代，明确报表时间上的局限性是十分必要的。

三、实训资料

(1) 天津华丽股份有限公司 2018 年和 2019 年年末资产负债表、利润表、现金流量表

(2) 普通制造行业财务指标平均值

主要指标	行业平均值
流动比率	2.1
速动比率	1.35
资产负债率	65%
应收账款周转率	7.5
存货周转率	6.5
流动资产周转率	1.89
主营业务利润率	38.5%
总资产净利率	7%
净资产收益率	20%

四、实训要求

(一) 明确分析方法

由于前述会计核算实训能够提供财务分析的资料主要是近两年的 3 张主表，相关的行业背景资料和历史资料不够全面，因此，我们推荐采用的财务分析方法主要有比较会计报表和比率分析法两种方法，报表分析者可以根据不同的分析内容选择恰当的分析方法。

1. 比较会计报表

比较的方法包括水平分析法和垂直分析法。

(1) 水平分析法。其要点是：将报表资料中不同时期的同项数据进行对比。对比的方式有计算绝对值增减变动、计算增减变动率和计算变动比率值等。

(2) 垂直分析法。其要点是：第一，通过计算报表中各项目占总体的比重或结构，反映报表中的项目与总体关系情况及其变动情况。第二，将分析期各项目的比重与前期同项目的比重进行对比，研究各项目的比重变动情况。

2. 比率分析法

比率分析法是财务分析最基本、最重要的方法。比率分析法就是将影响财务状况的两个相关因素联系起来，通过计算比率反映它们之间的关系，借以评价企业财务状况和经营状况的一种财务分析方法。

（二）选择分析内容

教师可以根据实训时间长短灵活安排实训内容。如果时间充足，可以要求学生完成全部分析内容；如果时间有限，可以将学生分为若干小组，每组通过抽签方式选择其中一项或两项分析内容进行实训。

1. 财务报表分析

（1）资产负债表分析

① 资产负债表水平分析。即选择资产、负债和股东权益的上年实际数作为比较标准，计算这些项目的变动额和变动率以及某项目变动对总资产或权益总额的影响程度，从而揭示资产、负债和股东权益项目前后两年发生的变动及其变动的原因，以便确定重点分析项目。

② 资产负债表垂直分析。即通过将资产负债表中各项目与总资产或权益总额进行对比，分析企业的资产构成、负债构成和股东权益构成，揭示企业资产结构和资本结构的合理程度，探索企业资产结构优化、资本结构优化的思路。

③ 资产负债表项目分析。即对资产负债表中资产、负债和股东权益的主要项目进行深入分析，分析关键项目的规模、结构等发生增减变动的原因。

（2）利润表分析

① 利润表综合分析。即借助水平分析法对利润表主表各项利润额的增减变动进行分析；借助垂直分析法对利润结构（即各项利润及成本费用占收入的比重）变动情况进行分析。

② 利润表分项分析。即对企业利润表中重要项目的变动情况进行分析，深入揭示利润形成的主观及客观原因。具体包括企业收入构成分析、成本费用构成分析、资产减值损失分析、投资收益分析等。

（3）现金流量表分析

① 现金流量表变动情况分析。主要包括现金流量表一般分析、现金流量表水平分析、现金流量表结构分析。

② 现金流量表主要项目分析。主要包括经营活动现金流量项目分析、投资活动现金流量项目分析、筹资活动现金流量项目分析和汇率变动对现金的影响分析。

③ 现金流量与利润综合分析。主要包括经营活动现金流量与利润关系分析、现金流量表附表水平分析、现金流量表附表主要项目分析和经营活动净现金流量阶段性分析。

2. 财务效率分析

要求学生站在企业经营者的立场，根据期末报表及其相关资料计算企业的偿债能力、盈利能力、营运能力和发展能力指标并进行分析评价。

（三）撰写分析报告

由于我们提供的模拟实训材料与真实的企业材料存在差异，根据模拟实训材料进行财务报表分析的目标是：训练学生进行财务报表分析的科学思维方法，要求学生结合企业内外部环境（如国家宏观政策法规、市场信息、国际经济环境等）的变化对财务报表、财务状况进行全面分析，使学生能以更加开放的思维和更加开阔的视野对企业财务状况进行科学评价，分析结论可以百花齐放，只要言之有理即可。

1. 财务分析报告的格式与内容

（1）基本财务情况反映。主要说明财务报表分析、财务效率分析和企业财务状况分析的主要内容、主要结论和特殊事项，全面反映企业总体财务状况；挖掘报表数据或指标数据发生变化的内部和外部原因，发现企业经营管理中存在的潜在“危险”信号。

(2) 主要成绩和重大事项说明。针对企业经营管理中取得的成绩及原因进行说明。

(3) 存在问题的分析。这是企业财务报表分析的关键所在。对存在问题进行分析，一要抓住关键问题，二要分清原因(包括内部原因和外部原因)。

(4) 提出改进措施。财务分析的目的是发现问题并解决问题，因此，财务分析报告对企业存在的问题必须提出切实可行的改进意见。

应当指出，财务分析报告的结构和内容不是固定不变的，根据不同的分析目的或针对不同的财务分析服务对象，分析报告的内容侧重点可不同。有的财务分析报告可能侧重于第一部分的企业财务情况反映，有的则可能侧重于存在问题的分析及提出改进措施意见。

2. 财务分析报告的撰写要求

(1) 突出重点、兼顾一般

编写财务分析报告，必须根据分析的目的和要求，突出分析的重点，不能面面俱到。但是突出重点并不意味着可忽视一般，企业经营活动和财务活动都是相互联系、相互影响的，在对重点问题进行分析时，兼顾一般问题，有利于作出全面正确的评价。

(2) 观点明确、抓住关键

对财务分析报告每一部分的编写，都应观点明确，指出企业经营活动和财务活动中取得的成绩和存在的问题，并抓住关键问题进行深入分析，搞清主观原因和客观原因。

(3) 注重时效、及时编报

财务分析报告具有很强的时效性，尤其对一些决策者而言，及时的财务分析报告意味着决策成功了一半，过时的财务分析报告将失去意义，甚至产生危害。在当今信息社会中，财务分析报告作为一种信息媒体，必须十分注重时效性。

(4) 客观公正、真实可靠

财务分析报告编写得客观公正、真实可靠是充分发挥财务分析报告作用的关键。如果财务分析报告不能做到客观公正，人为地夸大某些方面或缩小某些方面，甚至弄虚作假，则会使财务分析报告使用者得出错误结论，造成决策失误。财务分析报告的客观公正、真实可靠，既取决于财务分析基础资料的真实可靠，又取决于财务分析方法的正确运用。

(5) 报告清楚、文字简练

报告清楚，一是指财务分析报告必须结构合理、条理清晰；二是指财务分析报告的论点和论据清楚；三是指财务分析报告的结论要清楚。文字简练，是指在财务分析报告编写中，要做到言简意赅、简明扼要。当然，报告清楚与文字简练应相互兼顾，做到简练而又清楚，清楚而又简练，既不能为了清楚而长篇大论，又不能为了简练而使报告表述不清。

第三部分 审计实训

一、实训目的

通过审计实训，使学生在系统、全面地掌握审计的基本技能的同时，加深其对审计理论的理解；锻炼学生的审计实践动手能力，为其走向审计工作岗位奠定基础。

二、实训要求

1. 总体要求

在本次审计实训中，要求学生了解主要报表项目实质性程序的内容，掌握实质性测试过程中各种审计方法的使用，掌握销售与收款循环、采购与付款循环、生产循环、货币资金审计工作底稿的编制，能够针对审计中发现的问题作出职业判断并编制审计调整分录。

2. 其他要求

本次审计实训主要是根据天津华丽股份有限公司的业务资料及会计核算实训的结果资料等开展审计业务。

被审计单位及审计项目：天津华丽股份有限公司 2019 年度的会计报表审计。

执行审计业务的主体及时间：东方会计师事务所接受委托，负责对天津华丽股份有限公司 2019 年度的会计报表进行审计，审计时间为 2020 年 2 月 20 日～2 月 28 日。

三、实训内容

审计实训主要是练习实质性程序的实务操作，按企业业务循环分别对被审计单位展开审计业务。实质性程序也叫实质性测试，是指在符合性测试的基础上，为取得直接证据而运用检查、监盘、观察、访谈及函证、计算、分析性复核等方法，对被审计单位会计报表的真实性和财务收支的合法性进行审查，以得出审计结论的过程。实质性测试是审计实施阶段最重要的一项工作。审计实训的主要内容包括：销售与收款循环审计、购货与付款循环审计、生产与存货循环审计和货币资金审计。

（一）销售与收款循环审计

1. 主营业务收入审计业务相关资料

2020 年 1 月份部分收入情况汇总表

记账日期	凭证编号	客户名称	货物名称	营业收入	增值税额	发票内容					发货记录			
						编号	日期	单价	数量	金额	日期	名称	数量	金额
2日	转3	济南昌达	A产品	100 000	13 000	N05841	2019年12月30日	1 000	100	100 000	2019年12月28日	A产品	100	100 000
5日	转7	江苏河海	B产品	147 000	19 110	N05842	2020年1月4日	980	150	147 000	2020年1月4日	B产品	150	147 000
6日	银收8	鞍山跃达	B产品	150 000	19 500	N05842	2020年1月6日	500	300	150 000	2020年1月5日	B产品	300	150 000

2. 应收账款审计业务相关资料

（1）应收账款坏账准备的计提比例

① 应收账款坏账准备计提比例：根据企业的具体情况，注册会计师认定该公司应收账款的坏账计提比例过低，应按以下比例调整：2～3 年按 60％计提；1～2 年（含 1 年以内）均按 10％计提。

② 其他应收款坏装准备的计提比例不变。

（2）与客户关系

被审计单位与其客户关系为非关联方。

（3）应收账款函证情况

注册会计师选择4个应收账款明细账户进行函证，函证方式是积极式，询证函回函情况如下：

函证回函情况一览表

客户名称	回函情况
河北贝科	未收到回函
北京东风	可以确认
山东远东	信息不符，截至12月31日，我公司欠贵公司货款为901 460元，12月9日预付账款可以抵付部分货款
天津跃进	信息不符，截至12月31日，我公司不欠贵公司货款

3. 营业收入实质性程序

营业收入实质性程序汇总如下：

营业收入实质性程序表

可供选择的审计程序	索引号
1. 获取或编制主营业务收入明细表和其他业务收入明细表，复核加计是否正确，并与总账数和明细账合计数核对是否相符。	A2-1 A2-2
2. 实施分析程序，对有异常情况的项目做进一步调查。	A3
3. 抽取出库单，审查出库日期、号码、品名、数量等是否与发票、记账凭证所载信息一致。	A4
4. 抽取记账凭证，审查入账日期、编号、数量、单价、金额等是否与发票、出库单一致。	A5
5. 销售的截止测试，以确定是否存在跨期现象。	A6
6. 检查营业收入是否已按照企业会计准则的规定在财务报表中作出恰当列报和披露。	A2

4. 应收账款实质性程序

应收账款实质性程序汇总如下：

应收账款实质性程序表

可供选择的审计程序	索引号
1. 获取或编制应收账款明细表，复核加计正确，并与总账数和明细账合计数核对是否相符。	B2
2. 获取应收账款账龄分析表。	B3
3. 实施函证程序，编制应收账款函证结果汇总表、应收账款函证差异调节表、应收账款替代测试表。	B4、B5、 B6
4. 对未函证的应收账款，检查相关支持性文件，确定会计处理是否正确。	B6
5. 审查计提的应收账款坏账准备。	B7
6. 检查应收账款是否已按照《企业会计准则》的规定在财务报表中作出恰当列报和披露。	B2

（二）购货与付款循环审计

1. 购货与付款循环审计业务相关资料

(1) 审计人员实地观察该公司固定资产，与固定资产卡片核对无误。

(2) 所有固定资产都取得了相关所有权的证明，如房产证等。

(3) 该公司各类固定资产折旧率及折旧年限如下：

固定资产折旧表

固定资产类别	折旧年限(年)	残值率(%)	年折旧率(%)
房屋及建筑物	20	4	4.8
机器设备	10	5	9.5
运输设备	3	4	32
电子设备	3	4	32
工具器具	5	5	19
家具	5	4	19.2

在折旧计算检查表中，对机器设备本期应提折旧的计算写出计算过程，对比已计提折旧，分析是否存在审计差异。

(4) 审计人员未实施对应付账款的函证程序。

2. 固定资产实质性程序

固定资产实质性程序汇总如下：

固定资产实质性程序表

可供选择的审计程序	索引号
1. 获取或编制固定资产明细表，复核加计是否正确，并与总账数和明细账合计数核对是否相符，结合累计折旧和固定资产减值准备与报表数核对是否相符。	C2
2. 实地检查重要固定资产（如为首次接受审计，应适当扩大检查范围），确定其是否存在，关注是否存在已报废但仍未核销的固定资产。	C3
3. 检查本期固定资产的增加： (1) 询问管理层当年固定资产的增加情况，并与获取或编制的固定资产明细表进行核对； (2) 检查本年度增加固定资产的计价是否正确，手续是否齐备，会计处理是否正确。	C4
4. 检查本期固定资产的减少： (1) 结合固定资产清理科目，抽查固定资产账面转销额是否正确； (2) 检查减少固定资产的会计处理是否正确。	C5
5. 检查累计折旧计提和会计处理是否正确，编制折旧计算检查表。	C6
6. 检查固定资产是否已按照企业会计准则的规定在财务报表中作出恰当列报和披露。	C2

3. 应付账款实质性程序

应付账款实质性程序汇总如下：

应付账款实质性程序表

可供选择的审计程序	索引号
1. 获取或编制应付账款明细表，复核加计是否正确，并与报表数、总账数和明细账合计数核对是否相符。	D2
2. 检查债务形成的相关原始凭证，如供应商发票、验收报告或入库单等，查找有无未及时入账的应付账款，确定应付账款金额的准确性。	D3
3. 针对资产负债表日后付款项目，检查银行对账单及有关付款凭证（如银行划款通知、供应商收据等），询问被审计单位内部或外部的知情人员，查找有无未及时入账的应付账款。	D4 D4-1
4. 复核截至审计现场工作日的全部未处理的供应商发票，并询问是否存在其他未处理的供应商发票，确认所有的负债都记录在正确的会计期间内。	D4-2
5. 检查应付账款是否已按照企业会计准则的规定在财务报表中作出恰当列报和披露。	D2

（三）生产与存货循环审计

1. 存货审计业务相关资料

审计人员经与天津华丽股份有限公司管理层沟通制定下列存货监盘计划：

存货监盘计划（简化格式）
一、存货监盘的目标、范围及时间安排 存货监盘的目的是为了获取天津华丽股份有限公司资产负债表日有关存货数量和存在状况的审计证据。监盘的范围为截至盘点日企业拥有的全部存货。具体监盘时间2020年2月20日。 二、存货的要点及关注的事项 由于企业的主要存货有：原材料、低值易耗品、库存商品及在产品，种类较多，盘点工作量大，请相关部门提前做好各项准备工作。 三、参与盘点人员的分工 此次盘点工作共组成五个小组，分别负责五类存货的盘点工作。每一小组由一名注册会计师负责监盘。 四、检查存货的范围 根据监盘的结果，决定抽查所盘物料的20%，包括在公共仓库和外单位寄销的部分产成品。

存货监盘汇总表

2020 年 2 月 20 日

存货种类及名称	计量单位	实际结存	账面结存(自填)
库存商品			
A	件	2 500	
B	件	3 100	
在产品			
A	件	100	
B	件	30	
G	件	600	
M	件	200	
半成品			
G	件	2 340	
M	件	4 100	
原材料			
甲	kg	6 000	
乙	kg	300	
丙	kg	2 675	
低值易耗品			
工作鞋	双	0	
手套	副	200	

根据盘点记录和注册会计师的监盘情况,决定抽查库存 A 产品、M 半成品、甲材料三种存货。

2020 年 1 月 1 日~2 月 20 日部分存货的收入、发出情况统计表

存货种类及名称	计量单位	收入数量	发出数量
A 产品	件	1 000	460
M 半成品	件	3 000	800
甲材料	kg	3 500	2 035

2. 计价测试

审计人员决定测试甲材料与 A 产品的计价。

3. 存货实质性程序

存货实质性程序汇总如下:

存货实质性程序表

可供选择的审计程序	索引号
1. 获取或编制存货明细表，复核加计是否正确，并与总账数、明细账合计数、报表数核对是否相符	E2
2. 存货的截止测试 (1) 存货入库截止测试； (2) 存货出库截止测试	E3-1 E3-2
3. 实施存货监盘程序	E4-1 E4-2
4. 测试期末存货计价	E5　E6
5. 检查存货跌价准备	E7
6. 检查存货是否已按照企业会计准则的规定在财务报表中作出恰当列报和披露	E2

（四）货币资金审计

1. 库存现金审计业务相关资料

2020 年 2 月 25 日上午，审计人员对天津华丽股份有限公司的库存现金进行突击盘点，盘点情况如下：

(1) 现钞：100 元 420 张，50 元 180 张，10 元 450 张，5 元 31 张，1 元 17 张。

(2) 2 月 25 日库存现金账面余额 58 990 元。盘点日未入账的支出凭证 2 张，金额为 6 000元。盘点日未入账的收款凭证 1 张，金额为 2 682 元。

(3) 2020 年 1 月 1 日至 2020 年 2 月 25 日收入现金 53 267.6 元，支出现金 482.2 元。

2. 银行存款审计业务相关资料

审计人员于 2020 年 2 月 15 日对截至 2019 年 12 月 31 日的银行存款余额进行了函证，与之前天津华丽股份有限公司转交给会计师事务所的银行对账单余额一致。

3. 货币资金实质性程序

货币资金实质性程序汇总如下：

货币资金实质性程序表

可供选择的审计程序	索引号
1. 核对现金日记账、银行存款日记账、其他货币资金明细账与总账的余额是否相符。	F1
2. 监盘库存现金，编制库存现金监盘表。	F2
3. 取得或编制“银行存款余额明细表“，取得”银行对账单“，核对日记账、明细表、对账单。	F3
4. 取得或编制“银行存款余额调节表“，检查未达账项的真实性。	F4
5. 向所有开户银行进行函证，编制“银行存款函证结果汇总表”。	F5
6. 抽查大额货币资金收支的凭证记录。	F6
7. 检查货币资金是否已按照《企业会计准则》的规定在财务报表中作出恰当列报和披露。	F1

第四部分 会计信息系统实训

一、实训目的

通过该实训，学生能够规划企业的电算化财务，建立企业财务计算机账，熟练运用会计软件进行业务处理，并且能够举一反三，在运用其他会计软件时也可以迅速入门，培养学生利用会计信息系统进行会计核算和管理的能力。

二、实训内容

该实训以上机操作为主，其主要内容为工业企业的财务资料，完成从经济业务的原始单据到产生会计报表的完整过程，实现会计核算的自动化和会计报表的自动生成。具体内容包括：

1. 系统管理与基础设置

2. 总账系统的操作

(1) 系统初始化：为总账系统日常业务处理工作做准备，主要包括设置系统参数、录入期初余额。

(2) 日常业务处理：主要包括凭证管理、出纳管理和账簿管理。

① 凭证管理：填制凭证、审核凭证、凭证记账的操作。

② 出纳管理：出纳签字、现金日记账、银行存款日记账和资金日报表的查询。

③ 账簿管理：按多种条件查询总账、日记账及明细账等，具有总账、明细账和凭证联查功能。

(3) 期末处理：主要包括银行对账，自动转账处理，进行试算平衡、对账、结账等工作。

3. 报表系统的操作

报表系统的操作包括自定义会计报表格式、利用报表模板生成会计报表。

4. 采购与应付款系统的操作

(1) 在库存管理系统中填制并审核采购入库单。

(2) 在采购管理系统中填制并审核采购发票。

(3) 在采购管理系统中执行采购结算。

(4) 在存货核算系统中记账并生成入库凭证。

(5) 在应付款管理系统中审核采购发票并生成相应凭证。

(6) 支付款项时，在应付款系统中录入付款单并生成相应凭证。

5. 销售与应收款系统的操作

(1) 在销售系统中填制并审核销售订单。

(2) 在销售管理系统中填制并审核发货单。

(3) 在销售管理系统中根据发货单填制并复核销售发票。

(4) 在库存管理系统中审核销售出库单。

(5) 在存货核算系统中对销售出库单记账并生成凭证。

(6) 在应收款管理系统中审核销售发票并生成销售收入凭证。

(7) 收到款项时，在应收款管理系统中输入收款单并生成凭证。

6. 固定资产系统的操作

在固定资产系统中进行固定资产的日常管理，并生成计提折旧等凭证。

三、实训要求

实训过程中要求对企业不同的财务岗位进行模拟操作，为了能够系统、全面地熟悉和掌握企业整个业务操作流程，此次实训要求一人单独完成。要求学生具备较扎实的会计学、计算机操作等方面的基础知识。

四、实训准备

该实训需要在机房进行，实训前需要做好相应的准备工作：

(1) 微型计算机、打印机、网络交换机 1 个、刻录机一台、教师机一台。

(2) 实训软件已正确安装(本实训以用友财务软件为例)。

(3) 实训的基础数据资料准备(见附录)。

(4) 实训时间:2 周。

附录

(一) 账套信息

1. 增加用户

表 1-1　用户列表

编号	姓名	所在部门及分管工作	U8 中所属角色
001	王春景	财务部——财务主管	账套主管
002	姚敏	财务部——出纳	出纳
003	徐子雅	财务部——总账会计	总账会计、应收会计、应付会计
004	王伟	财务部——经理助理	凭证审核、报表编制
005	郝欣然	采购部——采购主管	采购主管、仓库主管、存货核算员
006	刘丽	销售部——销售主管	销售主管、仓库主管、存货核算员
007	刘海	仓储部	仓库主管、存货核算员

2. 建立企业账套

(1) 账套信息

账套号:班级＋学号后 2 位。

账套名称:天津华丽股份有限公司，必须输入。

账套路径:采用默认账套路径。

启用会计期间:2019 年 12 月。

(2) 单位信息

单位名称:天津华丽股份有限公司；单位简称:天津华丽；单位地址:天津新北区河海东

路65号；法人代表：刘晓宁；联系电话：022-85499890；税号：320400009898880。

(3) 核算类型

该企业的记账本位币：人民币(RMB)；

企业类型：工业企业；

行业性质：2007年新会计准则；

账套主管：001 王春景；

选中“按行业性质预置科目”复选框。

(4) 基础信息

该企业有外币核算，进行经济业务处理时，需要对存货进行分类。

(5) 分类编码方案

该企业的分类方案如下：

科目编码级次：4222

存货分类编码级次：1223

其余采用系统默认。

(6) 数据精度

该企业对存货数量、单价小数位定为2。

(7) 系统启用

启用总账、应付款、应收款、采购管理、销售管理、库存管理、存货核算、固定资产系统，启用时间为2019-12-01。

3. 设置用户权限

表1-2 用户权限表

编号	用户	角色	权限
001	王春景	财务部——账套主管	自动拥有系统全部模块的权限
002	姚敏	财务部——出纳	总账—出纳 总账—凭证—出纳签字
003	徐子雅	财务部——总账会计	总账
004	王伟	财务部——经理助理	凭证审核
005	郝欣然	采购部——采购主管	采购管理
006	刘丽	销售部——销售主管	销售管理
007	刘海	仓储部	库存管理、存货核算

实训中，主要由徐子雅来完成各项业务处理及记账工作，需要出纳签字的由姚敏来完成，审核工作由王伟来完成。实际工作中，按企业实际分工来完成具体业务处理工作。

(二) 基础档案

(1) 部门档案

表 2-1　部门档案

部门编码	部门名称
1	厂部办公室
2	财务部
3	采购部
4	销售部
5	生产部
501	一车间
502	二车间
503	机修车间
504	动力车间
6	仓储部

（2）人员类别

表 2-2　人员类别

人员类别编码	人员类别名称
1011	企业管理人员
1012	销售人员
1013	车间管理人员
1014	生产工人

（3）人员档案

表 2-3　人员档案

职员编号	职员姓名	所属部门	职员类别	是否操作员	是否业务员
101	李一鑫	厂部办公室	企业管理人员	否	是
201	王春景	财务部	企业管理人员	是	是
202	姚敏	财务部	企业管理人员	是	是
203	徐子雅	财务部	企业管理人员	是	是
204	王伟	财务部	企业管理人员	是	是
301	郝欣然	采购部	企业管理人员	是	是
302	周宏	采购部	企业管理人员	否	是
401	刘丽	销售部	销售人员	是	是
501	李微	一车间	车间管理人员	否	是
502	周林	一车间	生产人员	否	是
601	刘海	仓储部	企业管理人员	是	是

注：以上人员雇佣状态为“在职”。

（4）客户档案

表 2-4　客户档案

客户编号	客户名称(简称)	税号	开户银行	账号
001	济南昌达	511136633302592	中国工商银行泉州路支行	110367860145654
002	河北贝科	320400727909633	中国银行幸福大街支行	2186510674360145
003	山东远东	511025921333663	中国建设银行南京路支行	3186746014551036
004	博瑞克	100108591789600	中国工商银行学院路支行	1400040015235
005	江苏河海	610106591785205	中国建设银行前进路支行	3400152304005
006	北京东风	100107593168009	中国建设银行大屯路支行	33007609875367
007	河北商贸	321150087327217	中国银行五四大街支行	23025234546368
008	天津跃进	210085986377952	中国工商银行东风路支行	13060987670753
009	秦皇岛海业	310300865727623	中国银行八一路支行	23053670760987
010	北京机械	115592010187869	中国银行东四大街支行	21102586749723

（5）供应商档案

表 2-5　供应商档案

供应商编号	供应商名称(简称)	税号	开户银行	账号
001	北京宏程	110105592187869	中国工商银行白云路支行	1110360145678654
002	北方长江	100107593168009	中国工商银行春江路支行	1186510674360145
003	山东益阳	411025921333663	中国建设银行南京路支行	2186746014551036
004	河北江陵	200108591789600	中国银行前进大街支行	3400040015235
005	河北景业	210106591785205	中国银行五四大街支行	3400152304005
006	天津机械	320400763327909	中国建设银行八一路支行	23007609875367
007	天津金林	121150087327217	中国建设银行前进路支行	23060987670753
008	北京景虹	110085986377952	中国工商银行东四支行	1110258674976423
009	天津紫冠	210300865727623	中国银行通达路支行	23053670760987
010	天津海通物流	200107593168009	中国工商银行学院路支行	1400040015235
011	山东黄河物流	311025921333663	中国建设银行南京路支行	3186746014551036

（6）计量单位组

表 2-6　计量单位组

计量单位组编号	计量单位组名称	计量单位组类别
01	无换算关系	无换算率

（7）计量单位

表 2-7　计量单位

计量单位编号	计量单位名称	所属计量单位组名称
01	千克	无换算关系
02	件	无换算关系
03	双	无换算关系
04	副	无换算关系
05	千米	无换算关系

（8）存货分类

表 2-8　存货分类

存货类别编码	存货类别名称
1	原材料
2	低值易耗品
3	自制半成品
4	产成品
9	应税劳务

（9）存货档案

表 2-9　存货档案

存货编码	存货名称	计量单位	所属分类	税率	存货属性
001	甲材料	千克	1	13%	内销、外购、生产耗用
002	乙材料	千克	1	13%	内销、外购、生产耗用
003	丙材料	千克	1	13%	内销、外购、生产耗用
004	工作鞋	双	2	13%	内销、外购、生产耗用
005	手套	副	2	13%	内销、外购、生产耗用
006	G 半成品	件	3	13%	自制、生产耗用
007	M 半成品	件	3	13%	自制、生产耗用
008	A 成品	件	4	13%	内销、自制
009	B 成品	件	4	13%	内销、自制
999	运输费	千米	9	9%	内销、外购、应税劳务

(10) 仓库档案

表 2-10 仓库档案

仓库编码	仓库名称	计价方式
1	原料库	加权平均法
2	半成品库	加权平均法
3	成品库	加权平均法

(11) 收发类别

表 2-11 收发类别

收发类别编号	收发类别名称	收发标志	收发类别编号	收发类别名称	收发标志
1	正常入库	收	3	正常出库	发
11	采购入库	收	31	销售出库	发
12	产成品入库	收	32	材料领用出库	发
13	其他入库	收	33	其他出库	发
2	非正常入库	收	4	非正常出库	发
21	盘盈入库	收	41	盘亏出库	发
22	其他入库	收	42	其他出库	发

(12) 采购类型

表 2-12 采购类型

采购类型编码	采购类型名称	入库类别	是否默认值
1	普通采购	采购入库	是

(13) 销售类型

表 2-13 销售类型

销售类型编码	销售类型名称	出库类别	是否默认值
1	批发	销售出库	是
2	零售	销售出库	是

（14）会计科目

表 2-14　会计科目

科目编号及名称	辅助核算	方向
库存现金(1001)	日记账	借
银行存款(1002)	日记账、银行账	借
建行存款(100201)	日记账、银行账	借
人民币户(10020101)	日记账、银行账	借
美元户(10020102)	日记账、银行账、外币	借
中行存款(100202)	日记账、银行账	借
人民币户(10020201)	日记账、银行账	借
美元户(10020202)	日记账、银行账、外币	借
其他货币资金(1012)		借
信用证存款(101201)		借
银行汇票(101202)		借
存出保证金(101203)		借
支付宝(101204)		借
微信(101205)		借
应收账款(1122)	客户往来	借
应收票据(1121)	客户往来	借
预付账款(1123)	供应商往来	借
其他应收款(1221)	个人往来	借
原材料(1403)		借
甲材料(140301)	数量核算(千克)	借
乙材料(140302)	数量核算(千克)	借
丙材料(140303)	数量核算(千克)	借
库存商品(1405)	项目核算、数量核算(件)	借
低值易耗品(1412)		借
工作鞋(141201)		借
手套(141202)		借
应付票据(2201)	供应商往来	贷
应付账款(2202)	供应商往来	贷
预收账款(2203)	客户往来	贷
应付职工薪酬(2211)		贷
工资(221101)		贷

续表

科目编号及名称	辅助核算	方向
福利费(221102)		贷
工会经费(221103)		贷
职工教育经费(221104)		贷
应交税费(2221)		贷
应交增值税(222101)		贷
进项税(22210101)		贷
销项税(22210102)		贷
进项税转出(22210103)		贷
未交增值税(222102)		贷
应交城建税(222103)		贷
应交教育费附加(222104)		贷
应交地方教育费附加(222105)		贷
应交房产税(222106)		贷
应交城镇土地使用税(222107)		贷
应交印花税(222108)		贷
应交所得税(222109)		贷
其他应付款(2241)		贷
应付社保费(224101)		贷
应付公积金(224102)		贷
利润分配(4104)		贷
未分配利润(410401)		贷
提取法定盈余公积(410402)		贷
生产成本(5001)		借
基本生产成本(500101)		借
直接材料(50010101)	项目核算	借
直接人工(50010102)	项目核算	借
制造费用(50010103)	项目核算	借
转出(50010104)	项目核算	借
辅助生产成本(500102)	部门核算	借
制造费用(5101)		借
工资(510101)	部门核算	借

续表

科目编号及名称	辅助核算	方向
折旧费(510102)	部门核算	借
办公费(510103)	部门核算	借
水电费(510104)	部门核算	借
修理费(510105)	部门核算	借
转出(510106)	部门核算	借
主营业务收入(6001)	项目核算、数量核算(件)	贷
资产处置损益(6115)		贷
主营业务成本(6401)	项目核算、数量核算(件)	借
销售费用(6601)		借
工资(660101)		借
折旧费(660102)		借
广告费(660103)		借
运输费(660104)		借
保险费(660105)		借
包装费(660106)		借
其他(660107)		借
管理费用(6602)		借
工资(660201)		借
保险费(660202)		借
办公费(660203)		借
差旅费(660204)		借
水电费(660205)		借
折旧费(660206)		借
其他(660207)		借
财务费用(6603)		借
利息(660301)		借
汇兑损益(660302)		借
手续费(660303)		借
其他(660304)		借
信用减值损失(6702)		借

指定科目：

现金总账科目——库存现金；

银行总账科目——银行存款；

现金流量科目——库存现金、银行存款、其他货币资金。

(15) 凭证类别

表 2-15 凭证类别

凭证分类	限制类型	限制科目
收款凭证	借方必有	1001,1002
付款凭证	贷方必有	1001,1002
转账凭证	凭证必无	1001,1002

(16) 外币及汇率

币符:USD;币名:美元;浮动汇率,2019 年 12 月 1 日记账汇率 6.6673。

(17) 项目目录

项目大类:产品

项目分类:1 半成品;2 产成品

项目目录如下:

表 2-16 项目目录

项目编号	项目名称	所属分类码
01	G 半成品	1
02	M 半成品	1
03	A 产品	2
04	B 产品	2

(18) 结算方式

表 2-17 结算方式

结算方式编码	结算方式名称	票据管理
1	现金结算	否
2	支票结算	否
201	现金支票	是
202	转账支票	是
3	电汇	否
4	银行汇票	否
5	商业汇票	否
501	银行承兑汇票	否
502	商业承兑汇票	否
6	其他	否

（19）本单位开户银行

编码:01;名称:中国建设银行新北区支行;账号:2300098776。

（三）期初设置

1. 总账系统初始设置

（1）总账系统参数设置

制单序时控制;支票控制;赤字控制:资金及往来科目;赤字控制方式:提示;可以使用应收、应付、存货受控科目;现金流量科目必录现金流量项目;凭证编号方式采用系统编号;出纳凭证必须经由出纳签字;可查询他人凭证。

（2）期初余额

① 总账期初余额表(见财务会计手工模拟实训资料总账期初余额表)

② 辅助账期初余额表

表 3-1　会计科目:1122 应收账款　余额:借　160 000 元

日期	凭证号	客户单位名称	摘要	方向	金额(元)
2019-10-25		河北贝科	销售商品	借	160 000

表 3-2　会计科目:1221 其他应收款　余额:借　2 000 元

日期	凭证号	部门	职员	摘要	方向	金额(元)
2019-10-26		一车间	李薇	出差借款	借	1 000
2019-10-27		采购部	周宏	出差借款	借	1 000

表 3-3　会计科目:2202 应付账款　余额:贷　90 200 元

日期	凭证号	供应商单位名称	摘要	方向	金额(元)
2019-10-07		北京宏程	购买商品	贷	90 200

表 3-4　会计科目:2201 应付票据　余额:贷　75 000 元

日期	凭证号	供应商单位名称	摘要	方向	金额(元)
2019-10-07		山东益阳	购买商品	贷	75 000

表 3-5　会计科目:1405 库存商品　余额:借　1 900 000 元

科目名称	数量	单价	金额(元)
A	900	800	720 000
B	2 000	590	1 180 000

表 3-6 会计科目:5001 生产成本 余额:借 1 261 800 元 单位:元

科目名称	A	B	G	M	合计
直接材料	560 000	278 000	952 000	579 600	1 512 800
直接人工	208 000	170 000	63 200	37 800	539 000
制造费用	32 000	13 800	44 800	12 600	103 200
合计	800 000	461 800	1 060 000	630 000	2 951 800

2. 固定资产系统初始设置

(1) 控制参数设置

表 3-7 控制参数设置

控制参数	参数设置
约定与说明	我同意
启用月份	2019 年 12 月
折旧信息	· 本账套计提折旧 · 折旧方法:平均年限法 · 折旧汇总分配周期:1 个月 · 当"月初已计提月份=可使用月份-1"时,将剩余折旧全部提足
编码方式	· 资产类别编码方式:2 1 1 2 · 固定资产编码方式:按"类别编码+部门编码+序号"自动编码;卡片序号长度为 3
财务接口	与账务系统进行对账 对账科目: · 固定资产对账科目:1601 固定资产 · 累计折旧对账科目:1602 累计折旧
补充参数	· 业务发生后立即制单 · 月末结账前一定要完成制单登账业务 · 固定资产缺省入账科目:1601,累计折旧缺省入账科目:1602

(2) 部门对应折旧科目

表 3-8 部门对应折旧科目

部门编码	部门名称	折旧科目
1	厂部办公室	管理费用—折旧费
2	财务部	管理费用—折旧费

表 3-8(续)

部门编码	部门名称	折旧科目
3	采购部	管理费用—折旧费
4	销售部	销售费用
5	生产部	
501	一车间	制造费用—折旧费
502	二车间	制造费用—折旧费

（3）设置资产类别

表 3-9　固定资产类别

编码	类别名称	折旧年限(年)	残值率(%)	计提属性
01	房屋及建筑物	20	4	正常计提
02	机器设备	10	5	正常计提
03	运输设备	3	4	正常计提
04	电子设备	3	4	正常计提
05	工具器具	5	5	正常计提
06	家具	5	4	正常计提

（4）录入原始卡片

表 3-10　固定资产原始卡片

固定资产名称	类别编号	所在部门	增加方式	可使用年限/月	开始使用日期	原值（元）	累计折旧（元）	对应折旧科目
厂房	01	一车间	直接购入	240	2009-11-30	3 000 000	1 440 000	制造费用/折旧费
厂房	01	二车间	直接购入	240	2008-05-30	3 000 000	1 656 000	制造费用/折旧费
办公楼	01	厂部	直接购入	240	2008-05-30	2 000 000	1 104 000	管理费用/折旧费
K 设备	02	一车间	直接购入	120	2009-11-30	20 000	19 000	制造费用/折旧费
L 设备	02	一车间	直接购入	120	2014-11-30	300 000	142 500	制造费用/折旧费
Q 设备	02	一车间	直接购入	120	2018-05-30	62 400	8 892	制造费用/折旧费
T 设备	02	二车间	直接购入	120	2009-11-30	100 000	95 000	制造费用/折旧费
D 设备	02	一车间	直接购入	120	2016-11-30	200 000	57 000	制造费用/折旧费
N 设备	02	一车间	直接购入	120	2010-11-30	100 000	85 500	制造费用/折旧费

表 3-10(续)

固定资产名称	类别编号	所在部门	增加方式	可使用年限/月	开始使用日期	原值(元)	累计折旧(元)	对应折旧科目
S 设备	02	二车间	直接购入	120	2016-11-30	120 000	34 200	制造费用/折旧费
F 设备	02	二车间	直接购入	120	2012-11-30	80 000	53 200	制造费用/折旧费
HP 电脑	04	厂部	直接购入	36	2018-05-30	36 000	17 280	管理费用/折旧费
联想电脑	04	厂部	直接购入	36	2017-05-30	50 000	40 000	管理费用/折旧费
DELL 电脑	04	厂部	直接购入	36	2017-11-30	18 000	11 520	管理费用/折旧费
办公桌椅	06	厂部	直接购入	60	2015-11-30	80 000	61 440	管理费用/折旧费
文件柜	06	厂部	直接购入	60	2016-11-30	30 000	17 280	管理费用/折旧费
汽车-丰田	03	厂部	直接购入	36	2016-11-30	180 000	172 800	管理费用/折旧费

说明：使用状况均为在用。

3. 应收款管理系统初始设置

(1) 选项设置

坏账处理方式：账龄分析法；自动计算现金折扣；其他参数为系统默认。

(2) 设置科目

基本科目设置：应收科目为 1122，预收科目为 2203，销售收入科目为 6001，应交增值税科目为 22210102，其他可暂时不设置。

结算方式科目设置：现金结算对应 1001，现金支票、转账支票、电汇结算对应 10020101，银行汇票结算对应 101202。

(3) 坏账准备设置

期初余额 900 元，科目 1231，对方科目 6702。

表 3-11 坏账准备计提比例表

账龄	计提比例(%)
1 年以内	5
1～2 年	10
2～3 年	50
3 年以上	100

(4) 期初余额

应收账款科目的期初余额为 160 000 元，以应收单形式录入。

表 3-12　期初数据表

日期	客户单位名称	方向	金额(元)
2019-10-25	河北贝科	借	160 000

4. 应付款管理系统初始设置

(1) 科目设置

基本科目设置：应付科目为 2202，预付科目为 1123，采购科目为 1402，税金科目为 22210101。

结算方式科目设置：现金结算对应 1001，现金支票、转账支票、电汇结算对应 10020101，银行汇票结算对应 101202。

(2) 期初余额

应付账款科目的期初余额为 90 200 元，以应付单形式录入。

表 3-13　期初数据表

日期	供应商单位名称	方向	金额(元)
2019-10-07	北京宏程	贷	90 200

5. 采购、销售系统初始设置

(1) 采购管理系统期初数据

11 月 25 日，从天津机械有限公司购入丙材料，数量 2 500 千克，合同单价 100 元/千克，商品已验收入原材料仓库，至今尚未收到发票。

(2) 采购管理系统期初记账。

6. 库存、存货核算系统初始设置

(1) 存货科目设置

表 3-14　存货科目设置

仓库	存货	存货科目编码及名称
原料库	甲	140301 甲材料
原料库	乙	140302 乙材料
原料库	丙	140303 丙材料
半成品库	G	1405 库存商品
半成品库	M	1405 库存商品
产成品库	A	1405 库存商品
产成品库	B	1405 库存商品

(2) 对方科目设置

根据收发类别设置对方科目。

表 3-15 对方科目设置

收发类别	对方科目
101 采购入库	1402 在途物资
102 产成品入库	50010105 基本生产成本—其他
201 盘盈入库	1901 待处理资产损溢
301 销售出库	6401 主营业务成本

(3) 库存、存货核算系统期初余额

表 3-16 期初数据表

仓库名称	存货名称	数量	结存单价(元)
原料库	甲	4 190	110
	乙	1 080	180
	丙	6 400	100
半成品库	G	2 000	530
	M	1 800	350
产成品库	A	900	800
	B	2 000	590

(4) 办理期初记账

(四) 日常业务

见财务会计手工模拟实训资料。

(五) 期末处理

(1) 对除总账系统外各个业务模块进行月末处理和月末结账

(2) 总账系统期末处理

① 利用自定义转账对无形资产进行摊销。

② 进行汇兑损益计算并生成凭证。

③ 分收、支结转损益类账户。

④ 利用自定义转账结转本年利润到未分配利润。

⑤ 对账、结账。

(六) 报表编制

根据总账资料,利用报表模板生成资产负债表、利润表和现金流量表。

下篇　单项实训

第一项　ERP 沙盘模拟实训

一、实训目的

ERP 沙盘模拟实训是集知识性、趣味性、对抗性于一体的企业管理技能训练课程。受训学生被分成若干个团队，每个团队由 5～6 个学生组成，每个学生将担任总经理、营销总监、生产总监、财务总监、供应总监等。每个团队经营一个销售良好、资金充裕的虚拟公司，连续从事 4～6 个会计年度的经营活动。通过直观的企业沙盘，模拟企业实际运行状况，内容涉及企业整体战略、产品研发、生产、市场、销售、财务管理、团队协作等多方面，让学生从游戏般的训练中体验完整的企业经营过程，感受企业发展的典型历程，感悟正确的经营思路和管理理念。在训练中，学生将遇到企业经营中常出现的各种典型问题，他们将一同发现机遇、分析问题、制定决策，保证公司经营成功并不断成长。

ERP 沙盘模拟的目的，是让学生在仿真企业环境中，以企业业务流程为主线，将各个相关部门、各个职能岗位有机地连接在一起，通过模拟商业实战中的经济业务和岗位分工，感性认识企业生产经营活动的全貌，消化巩固所学专业理论知识，学会理论联系实际的方法，锻炼和提高独立分析问题和解决问题的能力，通过不同会计岗位之间的配合，增强学生的协调配合能力和团队合作精神，为从事会计、财务管理与审计等工作奠定基础。

二、实训内容

序号	实训项目	实训内容
1	团队组建	总体介绍，组建团队
2	领会规则	学习“企业经营实战演练”规则
3	学习经营	学习经营流程，通过模拟企业 3～4 年的运营，掌握 ERP 沙盘模拟操作方法，在深刻理解模拟规则的基础上制定经营方案
4	在实战中成长	完成 6 年的模拟经营，并在经营过程中进行产品-市场战略、财务指标等分析

三、实训环境及要求

（一）实训环境

ERP 沙盘模拟实训在沙盘模拟室完成。

（二）实训要求

1. 实训前的要求

（1）认真阅读实训指导书，明确实训目的要求，理解实训内容，熟悉实训规则。

（2）完成实训指导书中需要预习的相关内容。

（3）初步估算（或预测）实训结果（包括各项报表数据），做出预算报表。

2. 实训中的要求

（1）参加实训者要自觉遵守沙盘模拟室规则。

（2）根据实训内容，准备好实训所需的仪器设备和装置并安放适当。按实训方案及实训中各岗位的职责有序摆放实训用的沙盘，不擅自挪动沙盘中任何器具的位置。

（3）各岗位要认真根据模拟经营过程如实记录各项经济活动的发生，各岗位要严格遵守岗位职责，按照企业运营流程和沙盘模拟规则进行操盘，达到学习与他人协同工作的目的。

（4）模拟过程中发生不明状况，报告指导老师和实训室工作人员，等待处理。

（5）沙盘模拟实训要严肃认真、胆大心细，CEO要组织团队密切协作，发挥团队优势，按时完成任务。实训过程中要保持整洁的实训环境。

3. 实训后的要求

实训后要求学生认真写好实训报告。

四、实训项目

项目一　团队组建

（一）实训目的

1. 通过实训，使学生认知企业的组织结构。

2. 理解各个角色的岗位职责。

3. 理解制造企业的运营流程。

（二）实训原理

任何一个企业都有与企业类型相适配的组织结构。企业组织结构是企业全体职工为实现企业目标，在管理工作中进行分工协作，在职务范围、责任、权利方面形成的结构体系。

企业经营管理涉及企业的战略制定与执行、市场营销、采购与生产管理、财务管理等多项内容。在企业中，这些职能是由不同的业务部门履行的，企业经营管理过程也是各部门协同工作、共同努力实现企业目标的过程。

（三）实训内容

1. 内容：总体介绍，组建团队。

2. 重点：企业组建，角色分工，岗位认知。

3. 难点：岗位认知，各角色对自己的岗位职责建立清晰的认识；根据工作分工和工作现场进行位置调整，强调现场管理。

4. 过程及要求：

（1）企业组建时，要求对学生进行分组（每组一般5～6人），接着各组为自己的模拟企业命名，确定企业的宗旨和经营理念。

（2）要求每个企业首先推出本企业的总经理；在总经理的带领下，确定营销总监、生产总监、采购总监、财务总监等各职能角色。

（3）要求各角色对自己的岗位职责建立清晰的认识；根据工作分工和工作现场进行位置调整，强调现场管理的重要性。

5. 岗位职责：

（1）总经理岗位。负责制定和实施企业总体战略与年度经营计划；建立和健全企业的管理体系与组织结构；主持企业的日常经营管理工作，实现企业经营管理目标和发展目标。

（2）营销总监岗位。分析市场环境，把握市场机会，制定企业市场营销战略和实施计划；对企业市场营销计划进行监督和控制；负责企业竞争对手的监控与分析。

在ERP沙盘模拟实训中，市场分析的依据是教师提供的“市场预测”；竞争对手就是课程中划分的其他几个企业组织。

（3）生产总监岗位。制定落实生产计划；规划、配置和调动生产资源，保证及时交货。

（4）采购总监岗位。负责各种原材料的及时采购，确保企业生产的正常进行；负责编制并实施采购供应计划。

（5）财务总监岗位。负责对企业的资金进行预测、筹集、调度与监控。其主要任务是管好现金流，按需求支付各项费用、核算成本，做好财务分析；进行现金预算，采用经济有效的方式筹集资金，将资金成本控制到较低水平，管好、用好资金。

（四）要求与思考

1. 要求：

按时上交各组附有组名、企业名称、企业宗旨、各岗位成员的信息表，并粘贴于指定位置，画出所在企业的组织机构简图。

2. 回答问题：

（1）你所在组的企业名称是什么？你们企业的宗旨是什么？

（2）你在企业内是什么岗位？你的职责是什么？

项目二　领会规则

（一）实训目的

1. 通过实训，使学生理解模拟规则的含义，熟悉模拟规则的重要性。

2. 领会不同岗位工作要掌握的规则。

3. 学会在规则允许的范围内制定生产经营策略并开展工作。

（二）实训原理

企业是社会经济的基本单位，企业的发展要受自身条件和外部环境的制约。企业的生存与企业间的竞争不仅要遵守国家的各项法律法规及行政管理规定，还要遵守行业内的各种约定。在开始企业模拟竞争之前，管理层必须了解和熟悉这些规则，这样才能做到合法经营，才能在竞争中求生存、求发展。

（三）实训内容

1. 内容：领会不同工作岗位要掌握的规则。

2. 重点：理解规则的含义。

3. 难点：学会在规则允许的范围内制定经营策略，开展经营活动。

4. 过程及要求：严格遵循规则，各司其职。各岗位应完成的具体工作如下：

序号	职能角色	具体工作
1	总经理	(1) 管理团队；(2) 岗位考核与人员激励；(3) 建立各职能岗位考核标准
2	生产总监	(1) 厂房购买、出售与租赁；(2) 生产线购买、转产与维护、出售；(3) 产品研发、产品生产与管理体系认证；(4) 登记产品核算表；(5) 产量预测
3	采购总监	(1) 制订采购计划；(2) 采购订货；(3) 采购入库处理；(4) 存货数量的控制与登记
4	财务/会计总监	(1) 日常现金收入和支出及记录；(2) 融资与贴现；(3) 固定资产投资管理；(4) 财务报告
5	营销总监	(1) 市场开发规则；(2) 市场准入规则；(3) 市场预测分析；(4) 参加客户订货会；(5) 制订营销方案及订单争取；(6) 订单登记

(四) 要求与思考

1. 作为营销总监，你准备如何进行竞争对手分析？
2. 作为营销总监，参加订货会时，选单次序是如何规定的？
3. 作为生产总监，不同的生产线在试用期间如何计算折旧？
4. 作为采购总监，如何制定采购计划？（不考虑库存的情况下）
5. 作为财务总监，对企业资金缺口可以用哪些方式解决？
6. 作为会计总监，简化的利润表和资产负债表与会计制度中规范的报表有何区别？

项目三　学习经营

(一) 实训目的

1. 熟悉企业经营活动的构成。
2. 促进新管理层与团队磨合，进一步熟悉规则，明晰企业的运营过程。
3. 能够熟练运用经营记录表对企业发生的各项活动进行准确记录。
4. 学会 ERP 电子沙盘的操作流程。
5. 制定较为详细的经营方案。

(二) 实训原理

一个企业的经营战略及战略思维是应该建立在全体组织成员的意识和行动上的，就是要站在企业战略高度来思考问题，不能只考虑自身部门的问题。全体组织成员要充分认识到企业战略问题相当重要，不能只考虑近期的发展，而要对企业的未来进行长远规划，着重关注企业持续发展和长期利益，否则很容易导致经营困难甚至破产。

(三) 实训内容

1. 内容：进行 3～4 年的初步运行，讲解财务基本知识点。

2. 重点：进一步熟悉规则，明晰企业的运营过程；理解本岗位需要完成的工作任务；能够熟练运用经营记录表对企业发生的各项活动进行准确记录。

3. 难点：理解本岗位需要完成的工作任务；构建长远的企业经营战略思维模式。

4. 过程及要求：企业运营流程按照时间顺序分为年初工作、季度工作和年末工作。执行企业运营流程时由总经理主持，团队成员各司其职、有条不紊，每执行完一项任务，总经理在“运营表”上对该项任务做完成标识。涉及现金收付，财务总监负责记录，并要相应地在“运营表”中登记现金收支情况。

5. 知识链接：

(1) 年初工作。

① 新年度规划会议；② 支付利息/更新长期贷款/申请长期贷款；③ 参加订货会/支付广告费/登记销售订单。

(2) 季度工作。

① 季度初现金盘点(填余额)；② 更新短期贷款/还本付息/申请短期贷款；③ 更新应付款/归还应付款；④ 原材料入库/更新原料订单；⑤ 下原料订单；⑥ 更新生产/完工入库；⑦ 投资新生产线/变卖生产线/生产线转产；⑧ 向其他企业购买原材料/出售原材料；⑨ 开始下一批生产；⑩ 更新应收款/应收款收现；⑪ 出售厂房；⑫ 向其他企业购买成品/出售成品；⑬ 按订单交货；⑭ 产品研发投资；⑮ 支付行政管理费；⑯ 其他现金收支情况；⑰ 现金收入合计；⑱ 现金支出合计；⑲ 期末现金对账。

(3) 年末工作。

① 违约扣款；② 支付设备维修费；③ 支付租金/购买厂房；④ 计提折旧；⑤ 新市场开拓/ISO资格认证投资；⑥ 结账：财务总监需要编制产品核算统计表、综合管理费用明细表、利润表和资产负债表。

(四) 要求与思考

1. 初始年末各组是否按时上交规范、正确的本企业产品核算统计表、综合管理费用明细表、利润表和资产负债表。

2. 各位总监怎样才能在“企业经营过程记录表”中做好记录？

3. 本企业采用何种战略进行经营，如何做预算？

项目四　在实战中成长

(一) 实训目的

1. 通过实训，各组学生在团队合作下完成6年的模拟经营，获得企业运营管理的宝贵经验。

2. 认真履行岗位职责，理解岗位职责要求。

3. 学会利用专业知识和管理工具做好各项管理工作。

4. 学会与团队成员协同工作，为企业创造价值。

(二) 实训原理

作为管理层，各组将对本企业的发展负完全责任。通过模拟企业6年的经营，各组将在分析市场、制定战略、营销策划、生产组织、财务管理等一系列活动中参悟科学的管理规律，全面提升管理能力。

（三）实训内容

1. 内容：在实战中成长，团队合作完成 6 年的模拟经营，获得企业运营管理的宝贵经验。

2. 重点：认真履行岗位职责，理解岗位职责要求；学会利用专业知识和管理工具做好各项管理工作；学会与团队成员协同工作，为企业创造价值。

3. 难点：如何利用专业知识和管理工具做好各项管理工作；怎样与团队成员协同工作，为企业创造价值。

4. 过程及要求：企业模拟经营步骤如下：

序号	步骤	要求
1	制订计划	(1) 制订业务计划：包括销售计划、设备投资与改造计划、生产计划、采购计划、市场开发计划、产品研发计划；(2) 资金预测及计划
2	执行与控制	(1) 企业日常在总经理的领导下，按照企业运营流程指示的程序及顺序进行；(2) 填写订单登记表；(3) 填写产品核算统计表；(4) 填写综合管理费用明细表；(5) 编制利润表；(6) 编制资产负债表
3	评价与总结	(1) 各组自我反思与总结；(2) 教师现场案例解析

（四）要求与思考

1. 上交 1～6 年的订单登记表、产品核算统计表、综合管理费用明细表、利润表、资产负债表。

2. 通过经营学到了什么？

3. 经营过程中遇到了什么问题？是如何解决的？

五、重要经营规则

1. 生产线

生产线	购置费	安装周期	生产周期	维修费	残值	转产周期	转产费	分值
超级手工线	35W	无	2Q	5W/年	5W	无	无	0 分
自动线	150W	3Q	1Q	20W/年	30W	1Q	20W	8 分
柔性线	200W	4Q	1Q	20W/年	40W	无	无	10 分
租赁线	0W	无	1Q	65W/年	−65W	1Q	20W	0 分

(1) 不论何时出售生产线，从生产线净值中取出相当于残值的部分计入现金，净值与残值之差计入损失；

(2) 只有空闲的生产线方可转产；

(3) 已建成的生产线都要交维修费。

2. 折旧(平均年限法)

生产线	购置费	残值	建成第1年	建成第2年	建成第3年	建成第4年	建成第5年
超级手工线	35W	5W	0W	10W	10W	10W	0W
自动线	150W	30W	0W	30W	30W	30W	30W
柔性线	200W	40W	0W	40W	40W	40W	40W

(1) 当生产线净值等于残值时生产线不再计提折旧,但可以继续使用;

(2) 生产线建成第1年(当年)不计提折旧。

3. 厂房

厂房	购买价格	租金	出售价格	容量	购买上限	分值
大厂房	400W	40W/年	400W	4条	4个	10分
中厂房	300W	30W/年	300W	3条	4个	8分
小厂房	180W	18W/年	180W	2条	4个	7分

(1) 租用或购买厂房可以在任何季度进行。如果决定租用厂房或者厂房买转租,租金在开始租用时交付。

(2) 厂房租入后,租期结束以后才可作租转买、退租等处理;如果没有重新选择,系统自动做续租处理,租金在“当季结束”时和“行政管理费”一并扣除。

(3) 如需新建生产线,则厂房须有空闲空间。

(4) 当厂房中没有生产线时,才可以选择退租。

(5) 厂房合计购买或租用的上限为4个。

(6) 已购厂房随时可以按原值出售(如有租金须付清后才可出售,否则无法出售),获得账期为4Q的应收款。

4. 融资

贷款类型	贷款时间	贷款额度	年息	还款方式
长期贷款	每年度初	所有贷款不超过上一年所有者权益的3倍,不低于10W	10%	年初付息,到期还本
短期贷款	每季度初	所有贷款不超过上一年所有者权益的3倍,不低于10W	5%	到期一次还本付息
资金贴现	任何时间	视应收款额	10%(1季、2季) 12.5%(3季、4季)	变现时贴息,可对1、2季应收款联合贴现;3、4季同理
库存拍卖	原材料8折(向下取整),成品按成本价			

(1) 长期贷款期限为1～5年，短期贷款期限为4个季度(一年)。

(2) 长期贷款借入当年不付息，从第二年年初开始，每年按年利率支付利息，到期还本时，支付最后一年利息。

(3) 短期贷款到期时，一次性还本付息。

(4) 长期贷款和短期贷款均不可提前还款。

(5) 如与参数有冲突，以参数为准。

5. 市场准入开拓

市场	开发费用	时间	分值
本地	10W/年×1年=10W	1年	7分
区域	10W/年×1年=10W	1年	7分
国内	10W/年×2年=20W	2年	8分
亚洲	10W/年×3年=30W	3年	9分
国际	10W/年×4年=40W	4年	10分

市场准入开拓，只能在每年第四季度操作。

6. ISO认证

市场	开发费用	时间	分值
ISO 9000	10W/年×2年=20W	2年	8分
ISO 14000	20W/年×2年=40W	2年	10分

ISO认证，只能在每年第四季度操作。

7. 产品研发

名称	开发费用	开发周期	加工费	直接成本	产品组成	分值
P1	10W/季×2季=20W	2季	10W/个	20W/个	R1	7分
P2	10W/季×3季=30W	3季	10W/个	30W/个	R2+R3	8分
P3	10W/季×4季=40W	4季	10W/个	40W/个	R1+R3+R4	9分
P4	10W/季×5季=50W	5季	10W/个	50W/个	P1+R2+R4	10分

8. 原材料

名称	购买价格	提前期
R1	10W/个	1季
R2	10W/个	1季
R3	10W/个	2季
R4	10W/个	2季

9. 紧急采购

(1) 付款即到货,可马上投入生产或销售,原材料价格为直接成本的 2 倍,成品价格为直接成本的 3 倍。即:紧急采购 R1 或 R2 的单价为 20W/个,紧急采购 P1 的单价为 60W/个,紧急采购 P2 的单价为 90W/个。

(2) 紧急采购原材料和产品时,直接扣除现金。上报报表时,成本仍然按照标准成本记录,紧急采购多付出的成本计入费用表“损失”项。

(3) 如与参数冲突,以参数为准。

10. 选单规则

(1) 以当年本市场本产品广告投放额大小顺序依次选单;如果两组本市场本产品广告额相同,则看当年本市场广告投放总额;如果当年本市场广告总额也相同,则看上一年该市场销售排名;如仍相同,先投广告者先选单。

(2) 如参数中选择有市场老大,则市场老大有该市场所有产品优先选单权。

提请注意:

① 必须在倒计时大于 5 秒时选单,出现确认框要在 3 秒内按下“确认”按纽,否则可能造成选单无效。

② 每组每轮选单只能先选择 1 张订单,待所有投放广告组完成第一轮选单后还有订单,该市场该产品广告额大于等于 30W 的组将获得第二轮选单机会,选单顺序和第一轮相同;第二轮选单完成后,该市场该产品广告额大于等于 50W 的组将获得第三轮选单机会,选单顺序和第一轮相同;依此类推。

③ 在某细分市场(如本地、P1)有多次选单机会,只要放弃一次,则视同放弃该细分市场所有选单机会。

④ 选单中有意外,请立即告知教师,教师会暂停倒计时。

⑤ 市场老大指上一年某市场内所有产品销售总额最多,且该市场没有违约的那家企业。如果出现多组销售总额相等情况,则市场无老大。

11. 取整规则

(1) 违约金扣除——四舍五入;

(2) 库存出售所得现金——向下取整;

(3) 贴现费用——向上取整;

(4) 贷款利息——四舍五入;

(5) 所得税计算——四舍五入。

12. 重要参数

违约金比例	20.00%	贷款额倍数	3 倍
产品折价率	100.00%	原材料折价率	80.00%
长贷利率	10.00%	短贷利率	5.00%
1、2 期贴现率	10.00%	3、4 期贴现率	12.50%
初始现金	800W	管理费	10W
信息费	0W	所得税税率	25.00%

续表

选单时间	45 秒	首位选单补时	15 秒
最大长贷年限	5 年	最小得单广告额	10W
原材料紧急采购倍数	2 倍	产品紧急采购倍数	3 倍
市场同开数量	2	市场老大	有
竞单时间	90 秒	竞单同竞数	2
最大厂房数量	4 个		

请注意：每市场每产品选单时第一个组选单时间为 60 秒，自第二个组起，选单时间设为 45 秒。

13. 破产处理

当某组权益为负（指当年结束系统生成资产负债表时为负）或现金断流时（即现金为负数，但权益和现金可以为零），企业破产。

破产后，教师可通过注资等方式使其继续参与模拟经营实训。

14. 教学排名

教学结果以参加教学各组的第 6 年结束后的最终所有者权益进行评判，分数高者为优胜。

如果出现最终所有者权益相等的情况，则参照各组第 6 年结束后的最终盘面计算盘面加分值，加分值高的组排名在前（排行榜只限于排名之用，不计入最终权益值）。如果加分值仍相等，则比较第 6 年净利润，高者排名靠前；如果还相等，则先完成第 6 年经营的组排名在前。

总成绩＝所有者权益×(1＋企业综合发展潜力/100)

企业综合发展潜力＝市场资格分值＋ISO 资格分值＋生产资格分值＋厂房分值＋各条生产线分值

生产线建成（包括转产）即加分，无须生产出产品，也无须有在制品；厂房必须为买。

第二项 审计信息系统实训

一、实训目的

随着会计信息系统的普及，审计人员正面临着如何审查电子数据和提高审计工作效率及数据分析能力等多重压力，审计人员不仅要具备扎实深厚的业务知识，还要具备较高的信息化技能。

通过审计信息系统实训的学习，可以使学生在掌握审计业务知识和审计业务技能的过程中，逐步了解计算机辅助审计的知识和操作技能，提高审计职业的信息技术含量，为学生在以后的工作中能更好地履行审计监督职责打下基础。

二、实训内容与要求

审计信息系统实训内容主要包括以下两部分：

第一部分，审计信息系统介绍。主要内容包括审计信息系统的产生、概念、原理和审计步骤。

第二部分，审计软件的应用。在这部分内容中，首先对使用的审计软件进行介绍；然后，应用审计软件完成系统中给出的案例企业财务报表审计的任务。

通过这两部分内容的学习，学生应了解审计信息系统的基础知识，熟练掌握各类审计工具、各项系统功能模块的使用。

三、实训内容详解

（一）审计信息系统介绍

1. 审计信息系统概念与发展

审计信息系统是计算机技术和审计工作相融合的过程，是指对会计信息系统所形成的信息进行审计，是由独立的机构或审计人员以被审计单位在一定时期内的会计信息系统及其会计资料反映的经济活动为对象，利用专门的计算机审计技术，通过对系统内部控制、应用程序、数据文件以及对其信息化过程和结果等进行的审计。

国外早在1955年就提出了“计算机审计”的概念，计算机辅助审计技术已被研究了几十年。使用计算机辅助审计，不仅能节约时间、降低审计风险，而且能提高审计质量。

2. 审计信息系统原理

为了避免影响被审计单位信息系统的正常运行，并保持审计的独立性，规避审计风险，审计人员在进行面向电子数据的计算机辅助审计时，一般不使用被审计系统的信息系统进行查询、检查，而是将所需的被审计单位的电子数据采集到审计人员的计算机中，利用审计软件进行分析。概括起来，目前我国研究和开展的审计信息系统多是面向电子数据的计算机辅助审计（电子数据审计），其原理如图1所示。

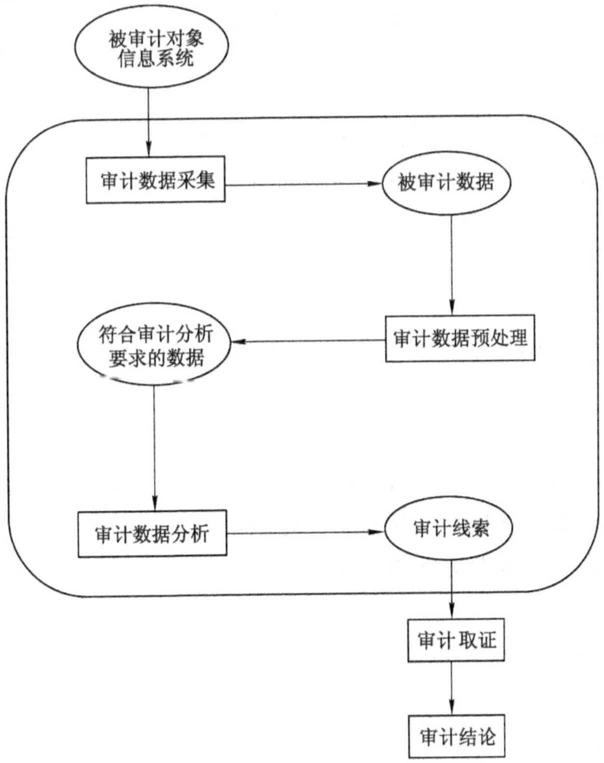

图1　审计信息系统工作原理

3. 审计信息系统的审计程序

审计信息系统的审计程序划分为准备阶段、实施阶段和报告阶段,如图 2 所示。

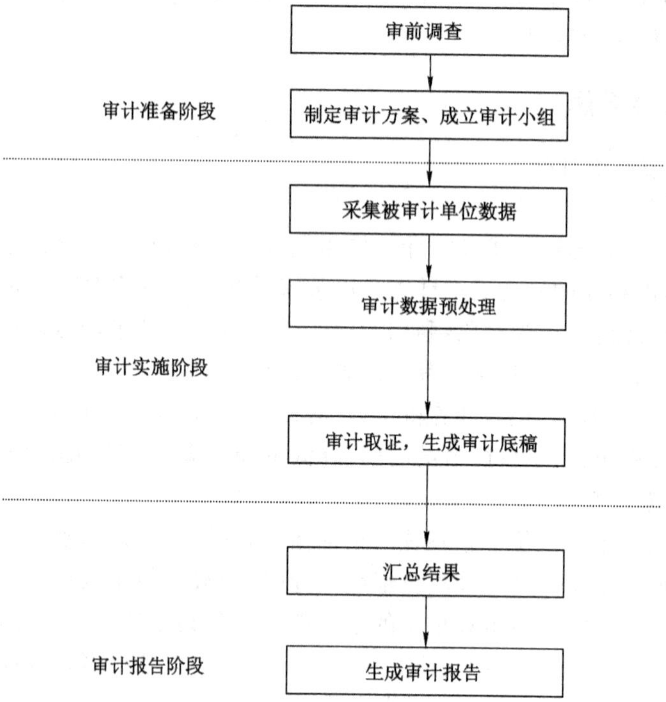

图 2 审计信息系统下的审计程序

(二)审计软件的应用(以用友审计软件为例)

用友审计软件是全过程一体化的软件,它将已有审计技术方法规范化成不同的审计模块和模板,并且将它程序化。这样的软件一般包括项目管理、检查工具的应用、审计工作底稿制作和管理、审计报告生成等审计工作所应有的功能。该软件的主要操作过程与内容如下。

1. 数据转换

数据转换是审计工作的前提和关键,它包括建立项目、数据连接和会计流处理几个部分。

(1) 建立项目

建立项目即对被审计单位的相关信息进行收集和汇总,其中包括被审计单位项目名称、审计时限范围、会计流模板选择。在转换初始时的项目建立仅仅是数据文件的相关信息,上传到数据库之后,可以实现数据的网络共享。

(2) 数据连接

数据连接就是将财务数据和审计软件连接上,这需要审计人员在采集数据之后,牢记数据存储的位置,便于快速查找。

(3) 会计流处理

会计流处理可以实现将财务数据转换成审计软件可以识别的数据格式,通过一键就可以完成数据转换、科目处理、分类账处理，从而可以系统自动生成科目余额表和财务账表。同时，在转换完成之后，可以迅速进入到查询窗口进行简单查询。

2. 审计工具

在用友审计软件中，审计工具种类主要包括：

(1) 查询查账类。查询查账类包括查询、查账、pps 抽样等审计工具，每一种查询都可以进行条件的随意组合，查询出有针对性的结果，找到审计疑点。

(2) 审计检查类。审计检查类包括分录检查、平衡检查等审计工具，可以快速查找出会计人员的记账错误，确定审计重点。

(3) 审计计算类。审计计算类包括贷款利息计算、固定资产计算、存货计价计算等工具，计算工具针对特定的科目按照标准计算方法计算出结果。

(4) 审计分析类。审计分析类是最重要的一类审计工具，其中包括图形分析、汇总分析、对方科目分析、经济指标分析等工具，分析工具的最大好处在于可以直接快速地查出审计疑点，提高工作效率。

(5) 财务报表类。用友审计软件在数据转换完成之后，自动生成财务报表，包括计算报表、试算报表和审定报表几部分。财务报表采用自定义的模式，可以自行修改，自动生成。

3. 审计工作底稿管理

工作底稿编制平台可以轻松地完成工作人员在工作中用到的各种底稿，也可以利用网络与审计组其他成员合作完成同一项任务。

(1) 工作底稿人员分配

授权机制保护工作底稿的安全。项目组里分为项目管理员、复核人、一般用户。每个项目只能有一个项目管理员，对所管理的项目具有绝对的权利，例如：查阅、删改工作底稿，增删项目组成员，给项目组成员以及项目所属部门负责人设定权限等。项目管理员的产生是普通用户新建项目就自动成为项目管理员；但在一些非常的情境下也可以由系统管理员指定人员列表中的任何人成为项目管理员，例如：项目管理员忘记密码，解除项目管理员管理权限等。复核人可以浏览、编辑已经编制过的所有底稿(没有项目管理员的删除权)，添加“审计程序表”上的复核属性：复核人、复核时间、复核标记，自动拥有“普通用户”的权限。一般用户可以查看项目名称的列表但不能进入项目。普通用户在人员列表中出现，可以被项目管理员加入审计项目组授予相应的权限，也可以被系统管理员授予某些项目的项目管理权限，还可以新建项目，成为该项目的项目管理员。

(2) 工作底稿权限

工作底稿有三种权限设置：完全控制、修改、只读。完全控制可以删除底稿、编辑底稿属性(改名等)、浏览底稿、编辑底稿；修改可以编辑底稿、编辑底稿属性(改名等)；只读只有浏览底稿的权利。底稿初始化时，默认将底稿的“只读”权授予所有用户。第一个使用底稿的人，将被授予底稿的“完全控制”权。项目管理员可以强制将某个底稿的“完全控制”权授予某用户，可以强制删除、编辑底稿属性和底稿内容。拥有底稿“完全控制”权的用户可以对底稿进行授权。

(3) 工作底稿初始化

在项目里如果要重新选择工作底稿模板或者重新制作一套工作底稿，可以进行底稿初始化。

(4) 取数公式

取数公式是工作底稿自动生成的依据，每一张工作底稿都需要设置好取数公式才可以自动完成。取数公式分为单格取数、列取数、分组取数、底稿取数、报表取数以及其他取数等。审计人员可以根据实际需要设置不同的取数公式，生成工作底稿，作为审计依据。

第三项　税务信息系统实训

一、实训目的

税务信息系统实训主要为巩固课程体系中的税法理论课程的学习而配套设置的，是培养学生税务处理实际操作技能的一门专业必修实践课程。通过本实训的修习，可为会计学专业综合模拟实训奠定良好的基础。

税务信息系统实训通过税收实务训练，使学生能够更好地掌握所学税收基本理论和基本知识，掌握税收征管程序和操作。其主要内容包括熟练掌握主要流转税和企业所得税应纳税额的计算方法，准确填制纳税申报表和完成网上申报处理，从而较全面地提升学生税收实务操作能力。

二、实训步骤

1. 按照老师给定的账号和密码登录税务申报模拟系统，进入系统后自行修改登录密码，增加备注名称为“班级-姓名”；

2. 点击进入“我的教学班级”，按照老师要求分别登录进入各个主体企业，熟悉各模拟企业的资料，为企业分别进行后续报税操作奠定基础。

3. 网上报税的基本操作步骤如下。

第一步，按每天任务要求，选择实训企业。

点击首页主体企业列表中的主体企业图标，进入模拟企业学习。进入主体企业后，首先看到一个企业财务室的界面，点击界面上的“国税”图标，进入税务网页面。该页面分为上下两部分，上半部分是税务网首页，下半部分显示主体企业的各项信息及相关背景资料。然后点击界面下侧“企业信息”的日历，选择办理业务的时间，再根据“企业信息”中提供的税务登记号及密码，点击登录上侧“办税大厅”。进入“网上申报”界面，开始进行企业相关税种申报。

需要特别注意：办理业务的时间选择必须在正确的纳税申报时间段，否则会影响申报的正确性。

第二步，完成实训任务中需要的“背景资料”信息。

点击“背景资料”，可根据不同税种要求，选择要参考使用的背景资料名称，然后进入查看。认真阅读各种涉税事项资料，包括合同、原始凭证、发票等。为后续纳税申报表的填写做好数据分析和准备。

第三步，纳税申报主表和各项附表的填制。

根据实训任务和背景资料提供的信息，提取相关数据进行分析计算，并进行有关申报表格项目的填列，完成数据录入后，及时予以保存。对各项输入数据检查无误后，点击“申报”

或“正式申报”按钮，完成申报操作。

如申报后发现错误，需要修改数据，可以点击页面中下方的“查看做题结果按钮”，选择需要修改的申报项目，再点击“重置申报”，即可回到相关申报项目中进行修改，修改完毕后重新保存提交即可。

学生每天按有关软件资料或实训资料要求进行实务操作，教师根据实训情况进行针对性讲解。

三、实训内容

（一）纳税申报原理和基本程序

税收是国家财政收入的最主要来源，依法纳税是国家赋予企业的义务。税费计算和纳税申报是企业经营管理中的重要环节，事关企业的生存和发展。税务成本也是企业经营中重要的成本项目，企业决策时需要将税收支出作为重点考虑因素之一。实际工作中，财务相关人员应及时学习税收法规，正确解读税收法律条款，严格执行税收征管流程，不仅做到依法纳税、避免企业受到不必要的损失，还要能提出合理的税收建议，为管理层决策提供有用的信息。

纳税申报是企业履行纳税义务的重要环节，办税人员在纳税申报时，首先要关注企业运营的形式和实质，正确计算应纳税额；其次要关注纳税申报表的填写是否规范，纳税申报的地点、形式和期限是否正确等。

本次实训采用专用的模拟操作平台，进行网上纳税申报（数据电文方式）的操作。在进行申报时，基础数据的取得在有关企业资料的“背景资料”中，可以通过直接点击或查看的方式，获得有关申报数据和原始凭证。

（二）增值税应纳税额的计算和纳税申报操作

增值税是企业最重要的税种，也是企业普遍适用的税种。通过该税种的纳税申报操作，学习不同类型纳税人和不同企业类型纳税人的增值税申报，掌握不同纳税人纳税申报的特点和主要内容。

纳税人主要包括一般纳税人和小规模纳税人两种身份形式，以及生产企业和服务企业两种典型企业类型。

实训中应掌握以下内容：

（1）各种发票开具的格式和内容

包括增值税专用发票、增值税普通发票、机动车销售统一发票以及电子发票。

（2）正确使用和填写有关纳税申报表

一般纳税人申报表包括：增值税纳税申报表（主表），增值税纳税申报表附列资料（一）（本期销售情况明细），增值税纳税申报表附列资料（二）（本期进项税额明细），本期抵扣进项税额结构明细表和固定资产进项税额抵扣情况表。

小规模纳税人申报表包括：增值税纳税申报表（小规模纳税人适用），增值税纳税申报表（小规模纳税人适用）附列资料。

（三）消费税应纳税额的计算和纳税申报操作

消费税是以特定的消费品流转额为课税对象的一种流转税。通常在特定环节一次性征收，已交过消费税的消费品一般不会重复征收。消费税是我国税制体系中另一项重要的流转税税种，它与增值税税额计算有较大差异。

消费税纳税申报表按税目划分为：烟类应税消费品纳税申报表、卷烟应税消费品纳税申报表（批发）、酒类应税消费品纳税申报表、小汽车应税消费品纳税申报表和其他应税消费品纳税申报表。

该税种的纳税申报操作，将练习不同企业类型纳税人的消费税纳税申报，包括卷烟生产企业、酒类生产企业和其他应税消费品中的一种类型企业。

实训中应掌握不同类型的消费税纳税申报表主要格式和相应的填制方法。

（四）企业所得税应纳税额的计算和纳税申报操作

企业所得税是与企业增值税并重的一个税种，是以纳税人的各种应纳税所得额为征税对象的一种税。该税种主要是调节国家与纳税人的利益分配关系，使国家、企业、个人三者的利益分配关系很好地结合起来。科学合理的所得税可以促进社会经济的健康发展，调动纳税人的积极性。

该税种的纳税申报操作，将练习纳税人预缴纳税申报表和年度纳税申报表的填列，学习掌握不同时期纳税申报表的特点和主要内容。

实训中应掌握以下内容：

（1）预缴纳税申报表的填制

根据系统资料完成企业所得税月（季）度预缴纳税申报表的填制。

（2）企业所得税年度汇算清缴申报实训

根据系统资料完成年度纳税申报表主表及相应附表的填制。包括企业所得税年度纳税申报表填报表单；企业基础信息表；企业所得税年度纳税申报表（主表）；一般企业收入明细表；一般企业成本支出明细表；期间费用明细表；纳税调整项目明细表；视同销售和房地产开发企业特定业务纳税调整明细表；职工薪酬支出及纳税调整明细表；广告费和业务宣传费跨年度纳税调整明细表；捐赠支出及纳税调整明细表；免税、减计收入及加计扣除优惠明细表；资产折旧、摊销及纳税调整明细表；研发费用加计扣除优惠明细表等的填制。

（五）其他小税种的纳税申报操作

通过前述有关案例公司的资料，了解学习印花税、城建税、房产税、车船税等小税种的纳税申报表的格式、内容和填制方法；了解小税种纳税申报的基本流程。